遠藤 薫 著

日米政権交代に見るメディア・ポリティクス

間メディア社会における〈世論〉と〈選挙〉

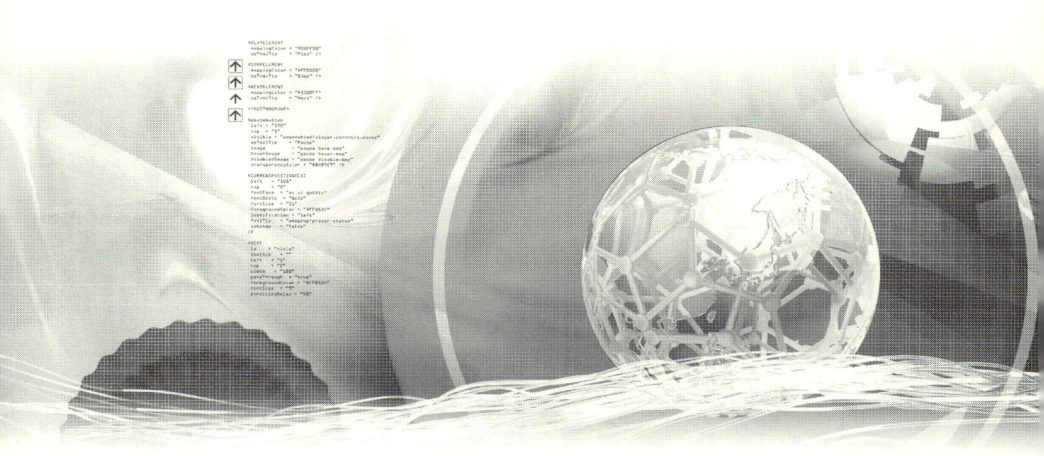

東京電機大学出版局

目次

序　章　政権の間メディア・ポリティクス 1
　1．はじめに 1
　2．間メディア社会と政治とジャーナリズム 2
　3．本書の構成 3

第1章　アメリカのメディア・ポリティクス
　　　　――映像メディアと大統領選2000〜2008 4
　1．アメリカにおけるメディアと政治 4
　2．アメリカのインターネット・ポリティクス，2000〜2004 6
　3．2008年大統領予備選と映像コミュニケーション 10
　4．おわりに――ネットと世界と民主主義 40

第2章　日本のメディア・ポリティクス
　　　　――小泉政権から麻生政権まで 43
　1．日本におけるメディアと政治――これまでの流れ 43
　2．小泉以後のメディア政治 46
　3．秋葉原と政権 50
　4．秋葉原演説と劇場政治 53
　5．おわりに 62

第3章　2009年政権交代と間メディア社会
　　　　――新聞・テレビ・ネットは選挙をどう論じたか 64
　1．はじめに――2009年総選挙の背景と間メディア分析 64
　2．「政権選択」／「政権交代」というフレーミング
　　　　――新聞・テレビ・ネットはどう報じたか 70

   3. 2009年総選挙におけるテレビ報道の概観 82
   4. 2009年総選挙と新聞報道の概観 89
   5. ソーシャルメディアとしてのインターネット
      ――間メディア社会に向かって 92
   6. 2009年総選挙におけるインターネット上の選挙関連サイト 95
   7. おわりに――ネット・テレビ・新聞の間メディア性分析 108

第4章 2010年参議院選挙と間メディア社会
――政権交代のその後とソーシャルメディア 112
   1. 参議院選挙を終えて 112
   2. 2010年参議院選挙における投票行動 114
   3. 人びとはどのメディアから情報を得たか 125
   4. ソーシャルメディアを介した政治活動――間メディア社会の選挙 133
   5. 海外の動向 141
   6. 公職選挙法という壁 144

第5章 オバマ政権とソーシャルメディア
――ネットルーツは統合の運動か，分裂の運動か 145
   1. はじめに――オバマ・ポリティクス 145
   2. 大統領就任後のオバマ・コミュニケーション 146
   3. 共和党の反撃とオバマの停滞 159
   4. ティーパーティとコーヒーパーティ――ネットルーツの多様性 167
   5. ネガティブ・キャンペーン問題 171
   6. おわりに――ポピュリズムの振動 177

第6章 インターネットを介した政治活動の自由と倫理
――選挙キャンペーン・小口献金・公職選挙法 179
   1. ネットと公職選挙法 179
   2. 公職選挙法とインターネットに関するこれまでの経緯 180
   3. 2009年総選挙前のインターネット選挙へ向けての各党の姿勢 185
   4. ネガティブ・キャンペーン問題 186
   5. ネガティブ・キャンペーンに対する有権者の反応 187
   6. アメリカにおけるネガティブ・キャンペーン 189

7. 日本の人びとは公職選挙法をどう考えているか 196
　　　8. 小口献金について 201
　　　9. 選挙における広報活動 204
　　10. 今後のゆくえ 209

終　章　間メディア社会のジャーナリズムをもとめて 212
　　　1. はじめに 212
　　　2. メディアの現状——希少性という〈価値〉の喪失 213
　　　3. マスメディアの公共性 218
　　　4. マスメディア産業の経営悪化 221
　　　5. 旧来ジャーナリズムと新興ジャーナリズム 227
　　　6. 変わる政治発信——ジャーナリズムの中抜き 231
　　　7. 間メディア社会のジャーナリズム
　　　　　——ミクロのジャーナリズム，マクロのジャーナリズム，
　　　　　　ミクロ－マクロのジャーナリズム 238

注 242

参考文献 250

あとがき 253

索引 254

序章

政権の間メディア・ポリティクス

「あらゆるメディアは，透明性（窓）と反映性（鏡）の間で揺れている」[1]

「メディアを透してばかり見ていると，われわれの経験が，いかにメディアによって形作られているのか理解できない」[2]

1. はじめに

　本書では，主として2008年〜2010年の日米における選挙，すなわち2008年アメリカ大統領選挙，2009年日本衆議院選挙，2010年日本参議院選挙，2010年アメリカ中間選挙を対象として，間メディア社会における報道・世論・政治の相互作用プロセスを分析・考察する．

　最初に，「間メディア社会」という言葉について説明しておこう．

　従来，メディア論的観点から社会を論ずるとき，「対面的コミュニケーションの時代」，「活字の時代」，「テレビの時代」，「インターネットの時代」といったように，それぞれの時代を特定のメディアの性格から論ずるということが，多く行われてきた．

　しかし，インターネットが社会的コミュニケーションの媒体として利用されるようになったからといって，対面コミュニケーションや文字によるコミュニケーションや映像によるコミュニケーションが駆逐されるわけはない．

　それらは，新たなメディアの登場によって，さらにコミュニケーションの場を広げて

いく．すなわち，新たなメディアの登場は，さらに多様なコミュニケーションの場を同時並行的に，重層的に，あるいは入れ子状に開くことになる．

しかも，〈コミュニケーション〉という行為は，包括的かつ相互的なものである．

したがって，〈コミュニケーション〉行為は，いかなるものであれ，必然的に口頭コミュニケーションや文字コミュニケーションや映像コミュニケーションの要素を含み，また，それらの相互性のなかから立ち現れる．それが，「間メディア性」というコンセプトとして著者が提唱する視座である[3]．

新たなメディアの浸透は，この間メディア性の作動に影響を及ぼす．いいかえれば，社会における〈コミュニケーション〉の作動の構造を変化させるのである．

かつてアンダーソンは，印刷メディアの登場が「想像の共同体」としての「近代国家」の形成を促したと論じた．メディアは，「われわれにとっての〈現実〉」を創り出す，とリップマンはいう．このような事態を古くプラトンは批判したが，われわれはそこから逃れることはできない．

そして，メディアのこのような性質を，良かれ悪しかれ政治的権力の構成に利用しようとするのが，メディア・ポリティクスである．

2.　間メディア社会と政治とジャーナリズム

ネットメディアの台頭は，一方で，既存メディアの衰退をもたらす．

いや，このような言い方は，ミスリーディングの恐れがある．

冒頭にも述べたように，インターネットがメディアとして発達したからといって，対面コミュニケーションやテキスト・コミュニケーションが圧迫されるわけではない．

他方，もう一つの論点として，メディアは空中楼閣ではない，という現実がある．印刷産業の発達以来，メディアは常に「産業」すなわち営利企業によって運用されてきた．新たなメディアの登場は，こうしたメディア企業のビジネスモデルを揺るがすことになる．

今日，既存ビジネスモデルのゆらぎは，以下の点から生じる：

● 希少性の価値の低下
● 収益構造の変化

だが，メディア企業の特徴は，それが私的営利企業であると同時に公共的企業でもあるという点である．一般の営利企業は，もしその経営システムが状況適合性を失ったならば自己解決（または自己消滅）が当然であるが，メディア企業については，このロジックが一概には通じない．現在メディア企業が担っているジャーナリズム機能を，社会は失うわけにはいかないのである．

このジレンマもまた，間メディア・ポリティクス問題と合わせ鏡のように，現代社会に突きつけられた喫緊の課題である．

3. 本書の構成

冒頭にも述べたように，本書では，主として2008年〜2010年の日米における選挙を対象として，間メディア社会における報道・世論・政治の相互作用プロセスを分析・考察する．

まず第1章では，メディア・ポリティクスに積極的なアメリカの状況を概観し，とくにその後のメディア・ポリティクスに多大な影響を与えたと考えられる2008年大統領選について論じる．アメリカでは，新しいメディアが誕生すれば，直ちにそれを政治活動に活用しようとしてきた．インターネットの一般利用を推進したのはクリントン−ゴア政権だったが，それ以後，インターネットは主要な選挙活動の場となった．2008年の大統領選で，メディア・ポリティクスは新しい段階を迎えた．YouTubeに代表される使いやすい動画共有サイトが，映像による政治コミュニケーションの可能性を大きく開いたのである．

第2章では，相対的にメディア・ポリティクスには懐疑的な日本の状況を論じ，小泉以降，2009年の衆議院選挙に至るまでの政治的プロセスを考察する．

第3章では，2009年衆議院選挙を，テレビ報道，新聞報道，インターネット言説，有権者の意識調査などの相互関係から多面的に分析（間メディア分析）する．

第4章では，2010年参議院選挙を，テレビ報道，新聞報道，インターネット言説，有権者の意識調査などの相互関係から多面的に分析（間メディア分析）する．

第5章では，2008年大統領選挙で顕著に見られた，ソーシャルメディアを活用したネットルーツ運動（ネットを媒介とした草の根市民運動）について議論する．その成功によって大統領の座についたオバマ大統領は，さらにこの仕掛けを政権運用にも用いている．オープン・ガバメントと呼ばれるプロジェクトである．その一方，ネットルーツによる保守派の反オバマ運動もさかんになりつつある．2010年中間選挙に向けた，間メディア・ポリティクスの現状について議論する．

第6章では，選挙活動におけるインターネット活用を規制する公職選挙法について検討する．また，これと関連して，ネットの活用によって選挙の泥仕合化を招く恐れのあるネガティブ・キャンペーン問題，さまざまな社会的可能性を秘めた小口献金問題についても論じる．

そして最後の終章では，新たな段階に入った間メディア社会において，ジャーナリズムに求められること，またその将来を展望する．

第1章

アメリカのメディア・ポリティクス
——映像メディアと大統領選2000〜2008

1. アメリカにおけるメディアと政治

アメリカでは，政治領域は常に新しく出現したメディアに敏感に反応してきた．

図1-1 「炉辺談話」放送直後の
F.ルーズベルト[1]

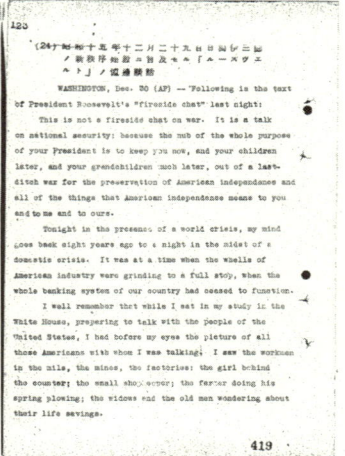

図1-2 1940年12月28日
「民主主義の兵器廠」談話[2]

フランクリン・ルーズベルト大統領（1933〜1945）は，1920年代に登場したラジオで「炉辺談話（fireside chats）」という週1回の番組をもち，ホワイトハウスから国民に直接語りかけた．たとえば，昭和15年（1940年）12月29日の炉辺談話では，同年9月27日の三国条約の成立によって，アメリカが新たな危機に直面していることを強調し，「われわれは，民主主義の大兵器廠とならなければならない」と訴えた[3]．

テレビが登場するや，1948年から党大会の模様が放映されるようになった．共和党から大統領選に立候補したアイゼンハワーは，選挙運動に初めてテレビCMを使い，大統領となった．

図1-3　1952年大統領選挙におけるアイゼンハワーのテレビCM
（http://www.livingroomcandidate.org/commercials/1952）

もっと有名なのは，1960年大統領選におけるニクソンとケネディの対決である．当初はニクソンが優勢と見られていたが，テレビ討論という新しい公共的イベントをフルに活用することによって，ケネディが逆転したといわれる．

図1-4　1960年大統領選挙でのテレビ討論におけるケネディとニクソン
（http://www.livingroomcandidate.org/commercials/1960）

アメリカにおけるこうしたメディア・ポリティクスの先進性は，①民主主義を標榜するアメリカという国家においては政治的指導者たちが常に公衆との対話的関係を誇示する必要があった，②大統領制をとるアメリカでは政治的身体は象徴的身体と（時限つきで）一致するものであり常に公衆の視線をひきつけておくことが重要である，③そのためには個人的身体の露出が不可避である，④新しく出現したメディア技術は先端産業としてアメリカの経済的優位性を高めるものであり，政治家たちはこれを積極的に応用していく必要があった，などきわめて複合的な要因によると考えられる．ただし，このようにメディアへの積極的対応を不可欠とする政治権力が，同時に，常にメディアとのコンフリクトに悩みつづけてきたことも事実である．最近のWikiLeaks問題も，この延長線上にある．

2. アメリカのインターネット・ポリティクス，2000〜2004

インターネットとアメリカ政治

ネットメディアの開発もまた，アメリカが世界をリードしてきた．1993年，情報スーパーハイウェイ構想を掲げてクリントン－ゴアが政権の座につくと，アメリカにおける情報インフラストラクチャは急速に整備された．時を同じくして，使い勝手のよいWWWブラウザが開発され，クリントン政権は，就任後直ちにホワイトハウスのサイ

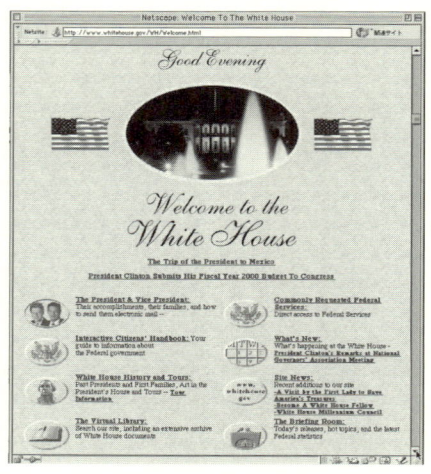

図1-5 ホワイトハウスのサイト（1995年）
（http://www.whitehouse.gov/）

トを立ち上げた．この美しく魅力的なサイト（その後各国が立ち上げた政府のサイトのモデルとなった）には，ホワイトハウスのバーチャル・ツアーや，大統領・大統領夫人・副大統領の個人的な語りかけのページがトップを飾っていた．大統領のページには，所信表明や活動記録のほかに，家族との写真や愛犬に関するページなどがあり，これらが人気を博した．それは，インターネット普及の初期段階に，世界中の無名の人びとが立ち上げた個人サイトとよく似た構成であった．ネット空間におけるアメリカの象徴的身体は，こうして「会ったことはないけれどよく知っている人」として現れたのである．

だが，クリントン政権は従来メディアの管理は決して十分ではなかった．性的なスキャンダルの暴露とそれに対する不適切な対応は，大統領就任以前から彼に付きまとっており，モニカ・ルウィンスキー問題では，弾劾裁判にまで発展することとなった．赤裸々な公式報告書が，ネット上にアップされた．世界中の人びとが（いくぶんか興味本位で）それを読んだ．大統領サイドは直ちに官邸サイトから反論し，この一連の応酬へのアクセスは膨大な数に上った．

一連のスキャンダルは，それが世界中の人びとの目にさらされたことも合わせて，大統領の象徴的身体を著しく傷つけた．にもかかわらず，クリントン支持率があまり下がらなかったことは驚きであった．その理由としては，①人びとがスキャンダル報道にすでに飽き飽きしてしまったこと，②クリントン政権のIT政策とその結果としての経済安定が評価されたこと，などが挙げられる．2010年オバマ政権の中間選挙とは大きく異なる様相であった（後述）．

2000年アメリカ大統領選——本格的ネット選挙の始まり

インターネットは爆発的に普及していった．その結果，2000年大統領選挙は，ネット選挙とでもいうべき様相を呈した．共和，民主両党の全国大会がインターネット中継され，10月には大統領候補のテレビ討論会もネット中継された．テレビにならぶメディアとして，インターネット利用が本格化してきたのである．

当然，候補者たちの選挙活動にもインターネットは大きな役割を果たした．

しかし，インターネット選挙の「新しさ」を印象づけたのは，むしろ，無名の候補者や一般の人びとの行動だった．

大統領選挙に先立つ1998年10月のミネソタ州知事選挙で，泡沫候補とみなされていたジェシ・ベンチュラが当選した．資金力を欠く彼は，ネット上に開いたサイトから，多くの資金とボランティア要員を集めたのだった．

大統領選では多くの候補がウェブサイトの活用をはかった．なかでも注目を集めたのは，ニューハンプシャー州の予備選に挑んだブラッドリー候補とマケイン候補だった．

彼らのサイトも選挙資金とボランティア集めに大いに力を発揮し，とくにマケイン候補はブッシュ候補を相手に予想外の善戦をした．

こうした無名候補のウェブ戦略に反応したのは，これまで政治に高い関心をもたなかった大学生や無党派層だといわれる．彼らは，ワン・クリックで，候補者の奇抜なキャラクターグッズを買い，少額の献金をし，ボランティア要員に応募した．

一般の人びとのこうした行動は，結局，前節で指摘したような，ネットメディア環境における中心的身体の縮小，個人駆動型の状況創出という特性がここに現れているといえる．

2004年大統領選挙——ネットと映像

2004年11月，アメリカ大統領選挙が行われた．実質的には，共和党のブッシュ大統領と民主党のケリー上院議員の対決であった．

最終的な選挙人獲得数は大統領が286，民主党のケリー上院議員が252で確定した．AP通信によると，5日午後2時（日本時間5日午前4時）現在，ブッシュの得票数は5945万9765票（得票率51％）で，ケリーは5594万9407票（同48％）であった．

2004年選挙は，両陣営ともメディア戦略にしのぎを削った．

史上最大といわれるCM制作費，熾烈な中傷合戦，インターネット上にあふれるパロディは，まさにメディアが政治そのものであるかのようにさえ見えた．

ネガティブ・キャンペーンによる国家の分断

2004年の大統領選では，これまでにもまして多くのテレビCFが放送された．スタンフォード大学の政治的コミュニケーション研究所（Political Communication Lab）が収集したCFだけでも，2004年6月～10月の間で，ケリー陣営が60本以上，ブッシュ陣営も40本以上のCFを製作している[4]．そして，とくにブッシュ陣営のCFは，ケリー候補に対する（感情的ともいえるような）批判が目立ち，対するケリー候補のCFはそれに対する応答に終始しているとも見える．今回の大統領選が，ネガティブ・キャンペーンを基調としたものだったというマスメディア等の認識の所以である．

こうしたネガティブ・キャンペーンは，争点に関する議論ではなく，感情的な対立だけを煽る．その一方で，政治への関心を高めるという効果もあった．

インターネット利用の拡大とブログの登場

調査[5]によると，今回の選挙に関してインターネットから情報を得ようとする人は，全体では，2000年大統領選の10％から17％に上昇した．この傾向は特に若者層（18歳～29歳）で著しく，2000年選挙では22％であったものが2008年は28％となっている．

インターネットが選挙に関する情報メディアとして，ますます重要度を増していった．

大統領選におけるインターネット利用の中でも，2004年大統領選挙でとくに新たに注目されたのが，ブログであった．

ブログは誰にでも容易に情報発信できることから，今日では多くの人が日常的に利用している．リンク機能だけでなく，トラックバックやRSS機能によって，ブログ同士が緊密につながり合ったコミュニケーション空間を創出する．これをblogsphere（ブログ公共圏）と呼ぶ人もいる．

映像メディアへの注目

2004年大統領選挙の特徴は，何より映像メディアの多用であった．そして，その映像メディアを自由に大量に流通させる媒体として活用されたのがインターネットだったといっても過言ではない．

これまで，映画（映像）という表現形態は，その制作に多くの資金や組織やノウハウが必要であった．したがって，そのような資源をもつ人や組織にしかこれを活用することはできなかった．

しかし，インターネットを介した情報の受発信の特長は，第一に，個人が簡単に情報発信できるということ，第二に，映像を用いた表現が個人にも容易に行えるということ，第三に，他の情報を容易に収集・複製・加工できるということである．とくに2000年代以降，QuickTime, Windows Media Player, Flashといったソフトは，誰にでもきわめて簡便に映像制作を可能にした．こうした背景のもとで，インターネット上には，いまや，膨大な数の個人による映像作品が流通している（遠藤 2002，2004など参照）．

世界の中の大統領選

もう一つ，2004年大統領選挙で特徴的だったのは，アメリカ国内と同様，世界からの視線がこの状況に注がれたことといえよう．無論，アメリカの大統領選挙となれば，世界中の注目が集まるのは当然とはいえる．しかし，2004年選挙で目立ったのは，一般人を対象として国境を越えたネット調査が数多く見られたことである．

国際社会からのまなざしについては，アメリカ国内でも意識されていた．

このような国際社会からの視線は，現代の世界情勢におけるアメリカの位置そのものによるものといえよう．

すなわち，アメリカは，とくに冷戦以降のグローバリゼーションの流れのなかで，ハートとネグリ（Hartdt & Negri 2000）が（その適否についていまだ検討の余地があるとしても）〈帝国〉と呼ぶように，世界全体にその動向が重大な影響を及ぼす．アメリ

カは，世界のほとんどの国に浸透しており，アメリカと他の国とを明確に切り分けて考えることは不可能になっている．いいかえれば，他の国家主権は，従来の意味からすれば，きわめて弱いものになっているのが現在である．

したがって，他国の人びとにとっても，アメリカ大統領選の行方は，決して彼岸のことではない．ある意味では，自国の政府の動向よりも重大な結果を人びとの生活にもたらしかねないのである．

日本においても，大統領選関連ニュースは，常にトップの扱いとなっていた．

2004年大統領選をめぐる他国からの視線は，その事実を，改めて明らかにしたものといえる．

3.　2008年大統領予備選と映像コミュニケーション

間メディア環境と選挙――映像コミュニケーションの時代

世界的に見て，2007年から2008年にかけては，いわば「選挙の当たり年」であった．アメリカ大統領選挙／予備選挙をはじめとして，2007年はブレア退陣をにらんだイギリス統一地方選挙（5月3日），フランス大統領選挙（5月6日決選投票，サルコジ選出），韓国大統領選挙（2007年12月19日投開票，李明博選出）などがあり，2008年に入ってすぐロシア大統領選挙（2008年3月2日投票，メドベージェフ選出），台湾総統選挙（3月22日投開票，馬英九選出）があった．

日本でも総選挙に関するさまざまな憶測が流れた．

選挙に際して，候補者たちがメディア戦略（広報戦略）にしのぎを削るのは，近年では当たり前の光景になっている．なかでも，映像を用いた広報戦略がその中心である．

とくにアメリカでは，アイゼンハワー大統領就任時から，テレビCMに大きな影響力が認められてきた．熾烈な闘いを繰り広げた民主党の大統領予備選でも，オバマ，クリントンの両氏は，いずれも数百本以上のプロモーション・ビデオ（PV，宣伝用映像）を制作している．

そして今日では，それらプロモーション・ビデオは，単にテレビで流されるだけでなく，インターネット上にも流され，膨大なアクセスを集めている．候補者たちも，まさにそのことを意識して，映像広報戦略を展開している．

すなわち，現在では，新聞，テレビなどの従来からのマスメディアと，新しいメディアであるインターネットとが相乗効果を上げるかたちで，選挙の情報流通が活性化されているといえる．このような，新旧さまざまなメディアが相互に関連し合って作り上げ

ている複合的なメディア環境を「間メディア環境」と呼ぶ．
　この潮流は，選挙の環境をどのように変化させているだろうか．
　本章では，2008年アメリカ大統領予備選の様相を，
　（1）"映像"を介したコミュニケーションはどのように作動するか
　（2）多様なメディアから複合的に構成される「間メディア環境」とはどのような性格をもつか
　という二点を念頭に置きつつ，考察する．

重要性を増すネットメディア

メディア露出の重要性

　イギリスの社会学者であるトンプソン（Thompson 1995）は，現代の政治活動において，最も重要なのは，「可視性（visibility）のマネジメント」であると指摘している．すなわち，政治家たちの勝敗を決定するのは，リアルな政治情勢や政策や人格ではなく，「有権者たちの目にどう映るか」なのだというわけである．
　日本でも，小泉元首相のメディア戦略が華々しく語られたことは記憶に新しい．
　実際，2008年のアメリカ大統領予備選が始まって以来，人びとはそれが「予備選」であることを忘れたかのように，クリントン vs. オバマの対決に目を奪われている．
　それはまさしく，「目を奪われている」のである．図1-6，図1-7を見ていただきたい[6]．これは，The Project for Excellence in Journalismという研究組織が，2008年1月14日～4月25日の期間における，政党ごとのメディア露出の推移を示したものである．一見して明らかなように，民主党が圧倒的に共和党を抑えている（図1-6）．また図1-7は，候補者ごとのメディア露出度の推移である．当初あまり差のなかった三候補のうち，2月半ばからはクリントン，オバマに焦点が絞られ，3月半ば以降，さらにオバマがクリントンを圧し，その差がどんどん広がっていくことを示している．

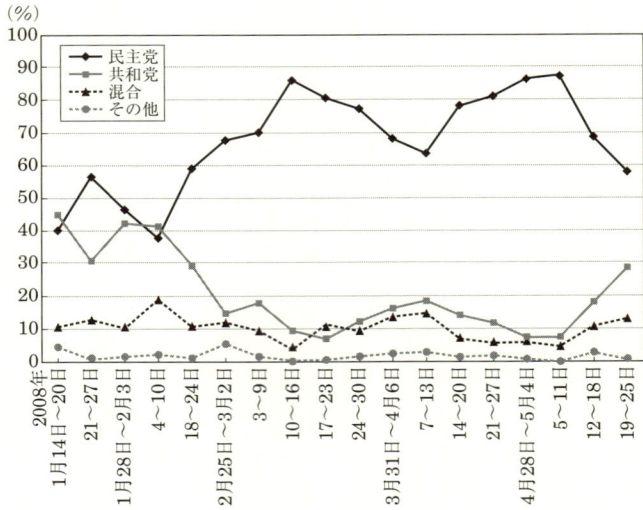

図 1-6 政党によるメディア露出度の推移（％，データ出所：http://www.journalism.org）

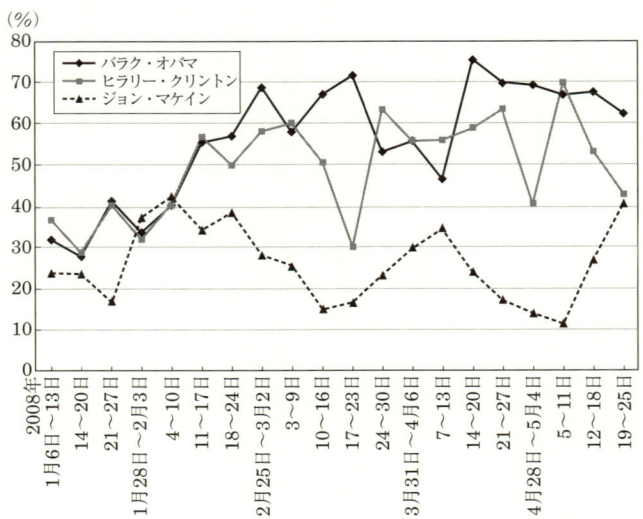

図 1-7 各候補者のメディア露出度の推移（％，データ出所：http://www.journalism.org）

情報源としてのネットメディア

　近年，政治における「可視性」すなわち「メディア露出」に新たな要素が加わった．

　先にも触れたように，先進諸国では，インターネットはきわめて一般的な社会インフラとなりつつある[7]（図1-8）．そして，そのような国々では，ネットから社会や政治，経済に関する情報を得る情報行動が増大している．

　また図1-9は，非営利の調査機関であるピュー・リサーチ・センターによる「2008年大統領選で大きくなったインターネットの役割」調査[8]の結果をグラフ化したものである．これによれば，大統領選挙に関して人びとがインターネットを重要な情報源とする割合は，年を追うごとに高くなっている．

　このような傾向は，とくに若年層で強い．図1-10は，同じ調査で，若年層のみの傾向をグラフ化したものである．2007年時点で，大統領選に関する一番目または二番目に重要な情報源としてインターネットを挙げたものは50％近くに達している．

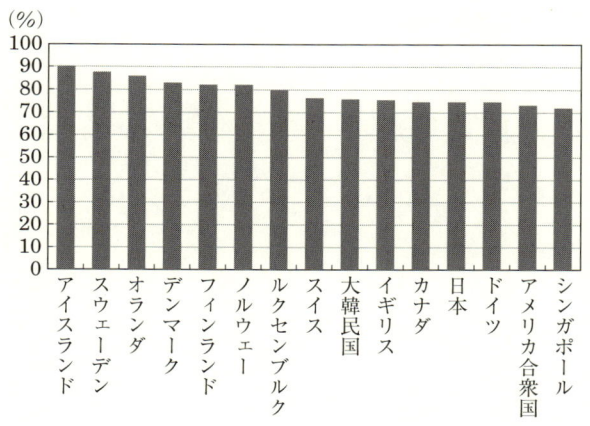

図1-8　世界各国のインターネット普及率（2008年）
　　　　（データ出所：http://www.itu.int/ITU-D/ict/statistics/）

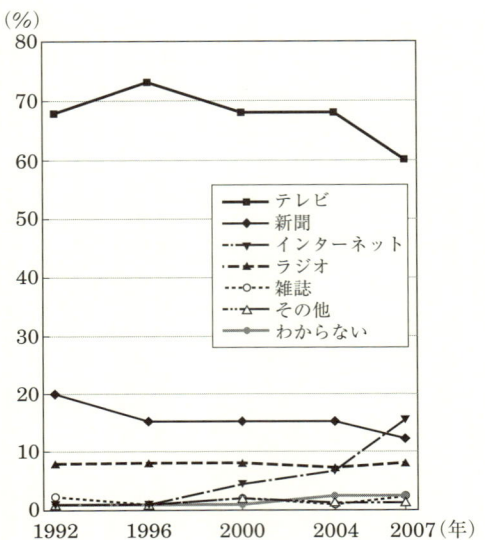

図1-9 大統領選挙に関する最も重要な情報源
（データ出所：http://people-press.org/reports/display.php3?ReportID=384）

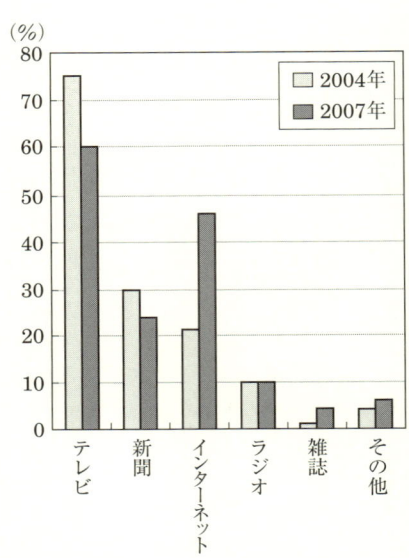

図1-10 18歳～29歳の若者層における大統領選に関する1番目または2番目に重要な情報源
（データ出所：http://people-press.org/reports/display.php3?ReportID=384）

ネット上の選挙関連情報

だが，インターネットで選挙情報を見るという人びとは，ネット上のどのようなサイトを情報源としているのだろうか？

図1-11は，同じくピュー・リサーチ・センターのレポートのデータをグラフ化したものである．これによると，MSNBC.comやYahoo! Newsなど，オンラインのニュースサイトが多くの利用者を集めている（図1-12）．ネット上であるから，当然といえば当然にも思える．とはいうものの，MSNBC.comは，ケーブルテレビのMSNBCが母体であり，その名が示すとおり，マイクロソフト社とNBCが共同出資している企業である．

また，CNN.comやFoxNewsなどの明らかにテレビ局のニュースサイト（図1-13）も，それぞれに視聴者を獲得している．オンラインニュースサイトの画面とテレビ局ニュースサイトの画面とを比較してみても，当然それぞれが独自の構成を目指してはいるが，その差は，オンラインニュースサイトであることとテレビ局ニュースサイトであることによるというより，単に個体差であるように見える．

3. 2008年大統領予備選と映像コミュニケーション

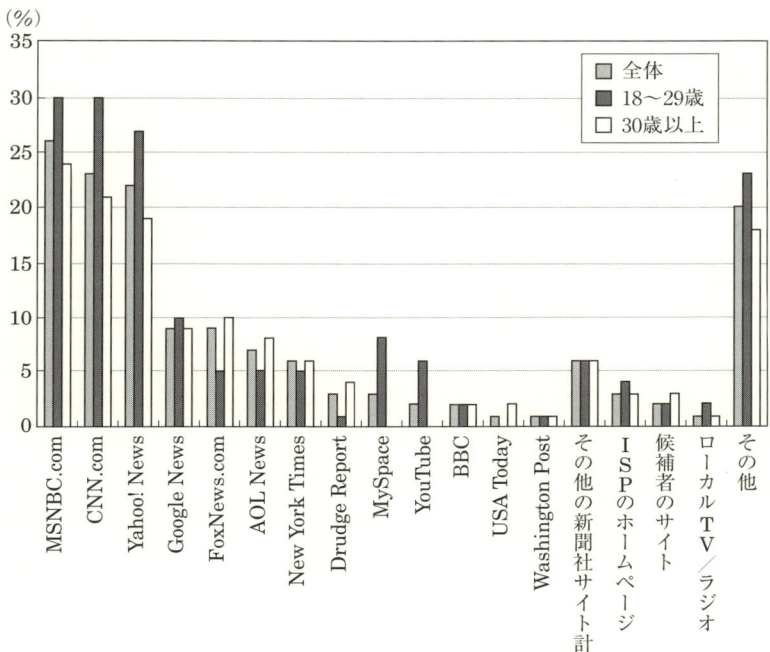

図1-11 大統領選に関するニュースをどのサイトで見るか？（複数回答，％）
（データ出所：http://people-press.org/reports/display.php3?ReportID=384）

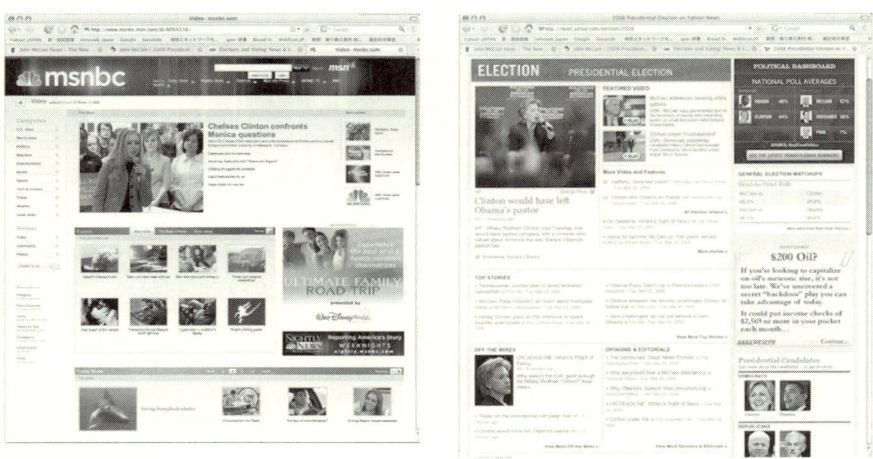

図1-12 インターネット・ポータル・サイトの選挙特集サイト
（左：MSNBC.com，右：Yahoo! News，2008.3.26時点）

図1-13　テレビ局による選挙関連ニュースサイト（左：CNN　右：FOX，2008.3.26）

いずれのサイトも，①蓄積された膨大な情報，②画像を多用した見やすい情報構成，③大量のビデオ映像，など，ネットのメリットを最大限に生かそうとしている．

新聞サイトの試み

　この傾向は，新聞や雑誌など，従来，「文字」媒体とされてきた機関のサイトでも同様である．各紙とも，ネットの特質を生かそうと，さまざまに工夫を凝らしている．むしろ，ネット専門のニュースサイトやテレビ局サイトなどより，厚みのある作り込みがなされているともいえる．

　たとえば，図1-14は，ワシントン・ポスト紙のサイト上のクリントン候補関連情報の一部である．ここには，クリントン候補に関する最新ニュース，選挙活動日程，選挙資金状況などの一般的な情報のほか，クリントン候補が演説などで言及している論点を，彼女の力のいれ具合を表現するような図で表したり，ヒラリー候補の映像（YouTubeとリンク）をブログ形式の解説付きで掲載している．そしてこの映像ブログには，読者からのコメントも随時アップされている．

3．2008年大統領予備選と映像コミュニケーション

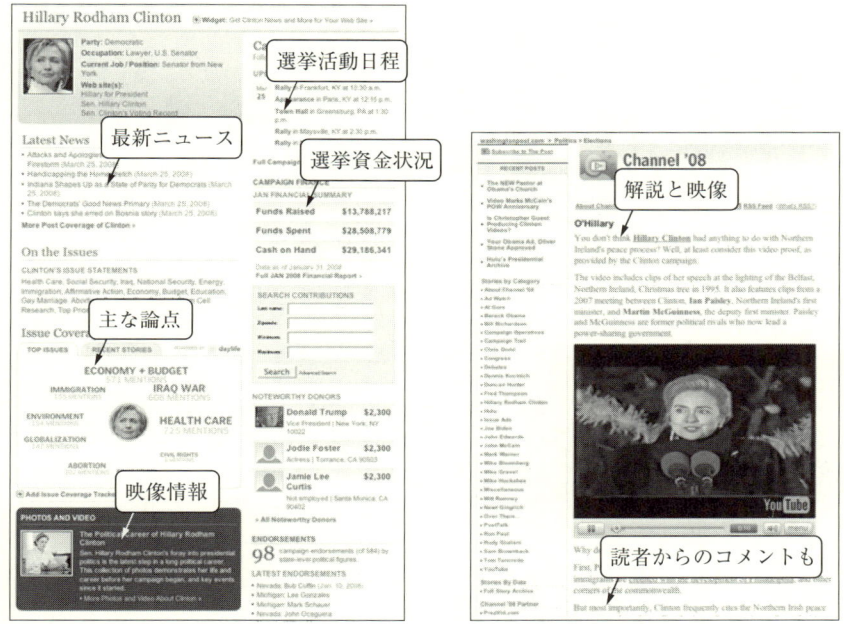

図 1-14 ワシントン・ポスト紙のサイト上のクリントン候補関連情報（2008年3月26日）の一部
(http://projects.washingtonpost.com/2008-presidential-candidates/hillary-clinton/, http://blog.washingtonpost.com/channel-08/2008/03/ohillary.html)

　同じく図1-15は，ニューヨーク・タイムズ紙のサイト上のオバマ候補関連情報（2008年3月26日）の一部である．ニューヨーク・タイムズ紙も工夫を凝らしたサイト構成である．とくに，ワシントン・ポスト紙とくらべて，関連情報の参照に力を入れているようだ．また，演説の映像とともに，演説のテキストも掲載しているのが特徴的である．
　このように詳細な情報が随時見られる状態におかれていると，候補者たちも一言一句おろそかにできないだろう．

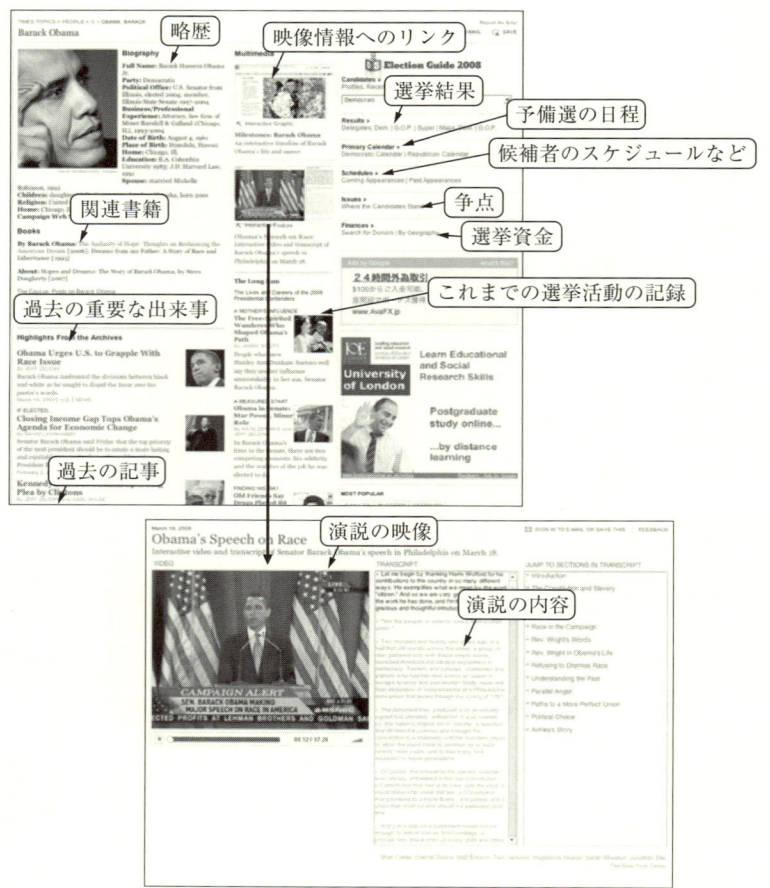

図 1-15 ニューヨーク・タイムズ紙のサイト上のオバマ候補関連情報（2008年3月26日）の一部
(http://topics.nytimes.com/top/reference/timestopics/people/o/barack_obama/index.html,
http://www.nytimes.com/interactive/2008/03/18/us/politics/20080318_OBAMA_GRAPHIC.html)

候補者たちのメディア戦略

　メディアによるこのような膨大な情報呈示に対して，候補者たちはどのように自分をアピールしようとしているだろうか？

　候補者の最も基本的な訴えの場は，演説など，公的な場におけるさまざまな発言であろう．メディアがそれと認めた有力候補の演説，あるいはインタビューなどは，テレビやラジオ，新聞など，既存のマスメディアを通じて報じられる．さらにそれらは既存マ

スメディアがネット上に開いたサイトでも流されるだろう．ネット上では，テキスト情報だけでなく，映像情報も流されるのが今日では普通である．

しかし，既存マスメディアを介した報道では，候補者たちから有権者へのアピールのどの部分をどのように伝えるかは，マスメディア側に任されている．いいかえれば，候補者たちの可視性をマネージするのはマスメディアであって，候補者自身ではない．したがって，マスメディアへの露出は，各候補者にとって，大きなチャンスであると同時に，恐るべきリスクでもある（マスメディアによってスキャンダルを報じられ，失脚した政治家は枚挙にいとまがない）．

この点で，ネットメディアは，候補者たちにとって福音ともいえる．

ネット上に自ら開設するサイトを介せば，まさに自分自身のコントロールのもとで，自らの主張もイメージも思うがままに伝えることができるのである．

1996年の選挙以来，大統領選挙において，候補者たちはネットメディアに選挙サイトを開いて，大々的に広報戦略を展開してきた．2008年大統領選挙でも，各候補とも，美しい公式サイトを開き，膨大な情報提供を行った（図1-16）．

（http://www.hillaryclinton.com/）（http://www.barackobama.com/）（http://www.johnmccain.com/）

図1-16 各候補者の選挙用公式サイト．左からクリントン，オバマ，マケインの各候補者（2008.4.2時点）

また前回の大統領選以来，選挙サイトは，単に広報だけでなく，選挙資金を集める場ともなった．サイトに設置された寄付ボタンをクリックするだけで，誰でも，少額から候補者への寄付をすることができる．候補者は，大企業からの寄付だけに頼らなくてもよくなったのである．

寄付だけではない．サイトには，Tシャツなどのグッズが陳列され，有権者たちにオンラインショッピングしてもらうことができる．

いまや，候補者たちにとって，ネットは無くてはならない選挙活動の場なのである．

SNSと動画共有サイト――ソーシャルメディアの時代へ

SNSと動画共有サイトの展開

だが，2008年大統領選挙で，候補者がコントロールできるネット上の場は，自らの公式サイトだけではなくなった．

「図1-11　大統領選に関するニュースをどのサイトで見るか？」において，ニュースサイトやテレビ局サイト以外に目立つのが，MySpace（マイスペース）とYouTube（ユーチューブ）である．

MySpaceは，ソーシャル・ネットワーキング・サービス（Social Networking Service, SNS）と呼ばれるインターネットサービスの一つで，2004年1月にアメリカでスタートした．2007年10月現在，登録ユーザー数は2億人以上（ユニークユーザー約1億1千万人）で，世界中の20を超える国と地域でサービスを展開している．米国内の月間ページビューはYahoo!（ヤフー），MSN，Google（グーグル）を抜いて450憶に達した．ユーザーは，自由にカスタマイズが可能な「プロフィールページ」をベースとして，動画や音楽などを使った自己表現を行うことができる．また，MySpaceはそもそも音楽制作を核としており，全世界で800万組を超えるアーティストやクリエイターが，自らの「プロフィールページ」を公開することでプロモーション活動を行っている[9]．

一方，YouTubeは，2005年12月にスタートした動画共有サイトである．「あなた自身が放送局（BroadCast Yourself）」をキャッチフレーズとし，自分の動画を簡単にアップロードすることができ，また他の人びとがアップロードした膨大な数の動画を簡単に見ることができる．スタートから2年足らずで，数千万の利用者を集めている（2008年2月現在，7000万の視聴者になっている）．

これら，一見したところ選挙とは関係なさそうなネット上の交流サイトが，今回の大統領選挙では大きな存在感を示しているのである．

SNS／動画共有サイトの役割

2004年選挙のときには，ブログとフラッシュ動画が，新たなネット・ツールとして注目を集めていた．これらに加えてYouTubeなどの動画共有サイトやSNSの存在感の高まりが目立つようになったのが，2008年選挙の風景であった．

さまざまな意見をもつ一般のネット利用者にも，また自らをアピールしようとする候補者たちにも，共通の議論のプラットフォームを提供するという面では，SNSや動画共有サイトは，ネットメディアをまた一段発展させたといえる．

2008年アメリカ大統領選にあたって，多くのSNS／動画共有サイトは，選挙用の特

別サイトを設けた（表1-1）。先陣を切ったのはYouTubeで、2007年3月1日にYou Choose'08を開設した。YouChoose'08は、各候補者がYouTube上に開いたチャンネルへのリンク集のような形式となっている（図1-17）。続いて、世界最大のSNSであるMySpaceも、大統領選挙のための情報ハブとして、Impact Channelを開設した（図1-18）。その他、50歳代以上をターゲットにしたSNSであるEONSや、イベント情報交換サイトのEventfulも、大統領選挙サイトを開設している。

こうしたSNSなどの選挙サイトは、画像中心で、見やすく、親しみやすい。多彩なリンクも魅力である。

表 1-1　各サービスの選挙特設サイト

サービス	特設サイト	開設日	URL
YouTube	YouChoose's08	2007年3月1日	http://www.youtube.com/youchoose
MySpace	Impact Channel	2007年3月18日	http://www.myspace.com/index.cfm?fuseaction=impact （2008年選挙終了後サイト削除）
Facebook	Politics	2006年9月	http://www.facebook.com/politics/ （同上）
EONS	Eons Campaign Central	2007年7月25日	http://www.eons.com/microsite/election2008 （同上）
Eventful	Eventful Politics	2007年1月	http://eventful.com/politics

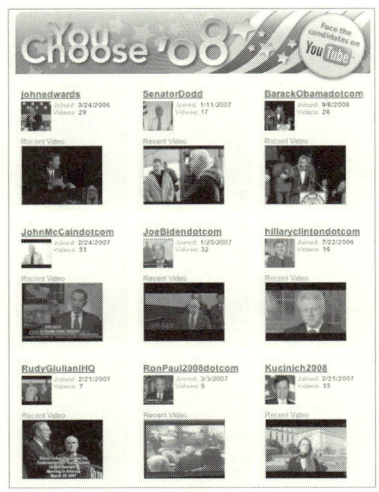

図 1-17　YouChoose'08

図 1-18　Impact Channel

各候補者のコミュニティ・サイト

SNSや動画共有サイトは，単に，選挙情報のハブ的サイトを開設しているだけではない．各候補者に対して，特別の場を提供している．こうした場は，フォーマットが規格化されることによって，候補者間の違いが明確化されるという利点がある（図1-19）．

また，候補者側にしても，SNSに特有の「友人登録」システムによって，自分の支持者を把握し，また彼らと（擬似的に）直接対話できるという大きなメリットがある．表1-2に，各候補者の支持者数を示す．これによれば，ネットでは圧倒的にオバマ候補の人気が高いことがわかる．

こうして候補者たちは，図1-20にまとめたようなさまざまな媒体を，相互に連携させながら（間メディア的に）自らのイメージや主張を有権者たちに訴えたのである．

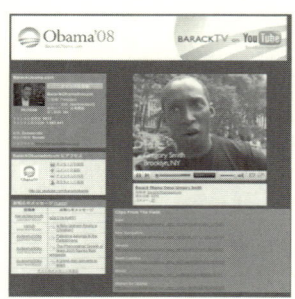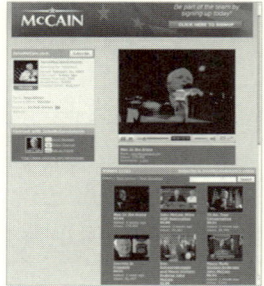

図1-19 YouChoose'08の各候補者のサイト．左からオバマ，クリントン，マケインの各候補者（2008.4.2時点）

表1-2 各SNSにおける候補者ごとの登録「友人」数（2008.5.2時点）

SNS	クリントン	オバマ	マケイン
MySpace	68,248	360,458	49,648
YouTube	13,592	48,061	4,555
Facebook	153,168	804,353	120,521
EONS	361	270	3

3. 2008年大統領予備選と映像コミュニケーション

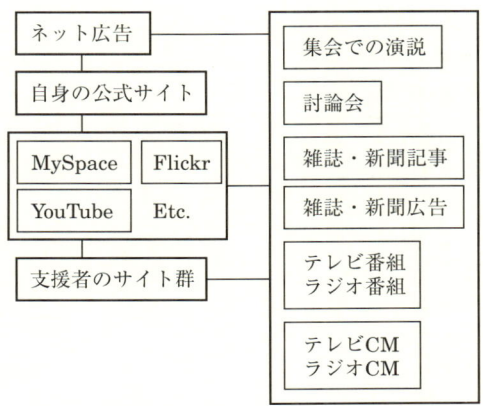

図 1-20　候補者たちの間メディア戦略の媒体

既存マスメディアとのコラボレーション

　新聞やテレビなど既存マスメディアも，SNS／動画共有サイトと協調の動きを見せている．

　2007年6月14日，CNNは，YouTubeと協力して大統領候補者たちの公開討論会を行うと発表した．市民からYouTubeにビデオで送られた質問状に対して候補者たちが答える様子をCNNが生中継するという試みである．2007年7月23日に民主党候補者たちの公開討論会が行われた．

　また2007年10月18日には，MySpaceとMTVが共同で，オバマ候補との対談を開催した．　対談はアイオワ州のコー大学で行われたが，その模様は，MTVのサイトからストリーミング放送され，また，テレビでも放送された．

　一方，CNNやMTVは，自ら市民記者によるSNSサイトを立ち上げるというプロジェクトを開始した．MTVのサイトはThink.MTV.com，CNNのサイトはiReport.comであり，いずれも一般の市民記者から寄せられた記事で構成されている（図1-21）．

　もはや，テレビなど既存マスメディアと，「新しいメディア」であるネットとは相互に分かちがたく絡まり合っているのである．

（http://think.mtv.com/）　　　　　　　　（http://www.ireport.com/）

図 1-21　Think MTVとiReport

大統領選をめぐる映像コミュニケーション

候補者たちの自己プロモーション・ビデオ

　では，実際に候補者たちに関して，どのような映像が見られているのだろうか？

　候補者たちが，自らのプロモーションのために，公式サイトやYouTube，MySpaceなどの自分のページにアップロードしているのは，主に，演説やディベートなどの録画ビデオ，それにテレビCMとして作られた動画である．

　2004年の大統領選でも，キャンペーンに膨大な数の動画が使われたが，2008年はそれを大幅に越えた．

　表1-3に，有力候補者たちが，公式サイトとYouTubeにアップした動画数などを示した．これによれば，YouTubeでの公開動画数は公式サイトを上回る数であり，視聴回数も天文学的な数に上っている．

　これら公式動画は，丁寧に作られているし，情報としては興味深いが，必ずしも見て面白いとはいえないものも多い．もしネット上を流通する動画がこの種のものだけであれば，それらが時代にいくらかでも影響を与える可能性は小さいだろう．

表 1-3　候補者たちの公式プロモーション・ビデオ

		調査時点	クリントン	オバマ	マケイン
公式サイト	掲載動画数	2008年3月30日午前11時頃	89	96	47
YouTubeの公式チャンネル	開設		2006年7月21日	2006年9月5日	2007年2月23日
	掲載動画数	2008年4月25日午前11時54分	339	937	189
	視聴回数 channel views	2008年4月25日午前11時54分	1,462,382	13,543,373	634,223
	登録者数	2008年4月25日午前11時54分	13,360	47,396	4,433

「午前3時」の闘い

　とはいえ，こうしたプロモーション・ビデオは，候補者の主張やイメージを有権者に伝えるだけでなく，他の候補者を批判する媒体にもなる．とくに，選挙戦が熾烈になり，候補者同士の対立が激しくなれば，なおさらである．

　クリントン vs. オバマの闘いも，実際に予備選挙が始まり，絶対優勢とみられていたクリントンが押され気味になるなど，戦局が厳しくなってくれば，ライバルに対する批判も露骨になりがちである．

　たとえば，2008年2月に流されたクリントンのテレビCM「子どもたち（Children）」は，3月4日の投票日をターゲットに，かなり挑発的なものとして話題になった（図1-22）．時刻は午前3時．愛らしい子どもたちは自分のベッドでぐっすり眠っている．しかし，忍び寄る影．ホワイトハウスの電話が鳴る．受話器を取るのはヒラリー．どんな時にも危機に対応できるのは，経験豊かなヒラリー・クリントンである，というメッセージが込められている．

　このCMに対して，オバマ陣営は直ちに反応した．

　2月29日に行われたテキサス州での集会で，オバマはクリントンの攻撃的CMについて激しく反論し，その様子を写したビデオがYouTubeにアップされている（図1-23）[10]．

　同時に，クリントンCMに対する反論CMも制作され，YouTubeにアップされた（図1-24）．このCMは，子どもたちが眠っている場面まではクリントンCMの映像をそのまま使うが，深夜に子どもたちを脅かす電話は鳴らない．代わりに，演説しているオバマの姿が映し出され，「オバマが大統領であれば，深夜に電話が鳴ることはない．イラク派遣に反対したのはオバマだけだ」という趣旨のテロップが出る．国民に不評なイラク派遣にかつてクリントンが賛成したことを皮肉っているのである．

| 午前3時 | 子どもたちは眠っている | 忍び寄る不安 | ヒラリーはいつでも直ちに問題に対応する |

図 1-22 クリントン陣営のテレビCM "Children"
（http://www.hillaryclinton.com/，2008年時点）

ヒラリーの「子どもたち」動画に反論するオバマ候補

図 1-23 YouTubeにアップされたオバマ議員のテキサス州サンアントニオでの演説
（http://www.youtube.com/watch?v=7kPpRb1oK2Y）

| 午前3時 | 子どもたちは眠っている | オバマはイラク戦争に反対した | そもそも不安の種をまかないのがオバマ流だ |

図 1-24 オバマ陣営からの反論CM
（http://www.barackobama.com/，2008年時点）

　この反論CMに対して，クリントンサイドはさらに反論する（図1-25）．「きっとオバマは忙しすぎて，アフガニスタンに関する電話にでることもないのだろう」と．「ヒラリー・クリントンは，忙しくても，国防の問題を等閑にしたりはしない」[11]．

　この批判に対して，オバマ陣営は，"Children" で子役を勤めた少女が，現在は成人してオバマの支援者であることをビデオで流した．この少女は，マスメディアでも発言して，話題となった（図1-26）[12]．

3. 2008年大統領予備選と映像コミュニケーション

オバマはCMで反論している　　しかし、オバマはイラク戦争に　　いつでも問題に対応する
　　　　　　　　　　　　　　　関して何もしなかっただけだ　　のはヒラリー・クリントン

図 1-25　クリントンの再反論CM "True"
(http://www.hillaryclinton.com/video/145.aspx, 2008年時点)

FOXのニュースショー　「子どもたち」CMの　その番組を見る家族　家族の一人が、「私があ
　　　　　　　　　　　紹介　　　　　　　　　　　　　　　　　　の子役だけれど、今は
　　　　　　　　　　　　　　　　　　　　　　　　　　　　　　　オバマ支持よ」と語る

図 1-26　"Children" の子役の告白
(http://www.youtube.com/watch?v=dOxaYKHJu3k&NR=1, 2008年時点)

このような候補者間での激しい応酬を眺めつつ、第三者的な立場からの冷やかし的パロディ動画も、YouTubeにはアップされている。図1-27は、"Children Pt. 2 Hillary Clinton Campaign Ad Commercial Parody" と題するその一例である[13]。子どもたちが眠っている深夜3時にそっと誰かが子ども部屋に入ってくるところまでは同じで、そこから「夜中にやってくるお化けを退治するならゴーストバスターを呼んだ方がいい」と笑うのである。

クリントンは同じ映像を用いて、マケインをも攻撃する。"Ringing" というCMである（図1-28）。むろんこれもネット上でも流された。「今度の危機は経済である。だがマケインは何もしない。ベルは鳴り続ける。電話を取るのは、クリントンである」と、経済にも強いクリントンをアピールした。

マケインもまた直ちに反撃する。図1-29に示した "READY" という動画である。同じ画像を使いつつ、「経済危機に対して、クリントンもオバマも、増税という方法しか考えていない。マケインはもっとましな手を打つ」と、余裕を見せた。

図 1-27 "Children" のパロディ動画
（http://www.youtube.com/watch?v=08hNCjNdGHw）

図 1-28 クリントンのマケインに対する攻撃CM "Ringing"
（http://www.hillaryclinton.com/，2008年時点）

図 1-29 マケインのクリントン，オバマに対する攻撃CM "READY"
（http://www.johnmccain.com/，2008年時点）

〈勝手連〉たちの動き

　上記のような「公式」の動画だけでなく，ネット上には無名の人びとがつくった「勝手に応援」動画もあふれていた．

「オバマ・ガール」

　なかには，保守的な人びとにとっては眉をしかめるような「応援」動画もアップされる．

有名なのが,「オバマ・ガール」である.

「オバマ・ガール」とは,2007年6月にYouTubeにアップされた,オバマ応援ビデオ""I Got a Crush...On Obama" By Obama Girl"に登場する女性である(図1-30).セクシーなオバマ・ガールが,「オバマに首ったけ」とアピールするこのビデオは,あっという間に話題となり,数百万のアクセス(2008年4月7日時点での視聴回数は772万247回,4月30日時点で808万5137回)を集めた.

オバマ・ガールの登場するビデオは,その後,何種類も作られ,その多くが数百万アクセスに達している(表1-4,図1-31).

「オバマに夢中よ」と歌い,踊るオバマ・ガール

図 **1-30** "I Got a Crush...On Obama" By Obama Girl
(http://www.youtube.com/watch?v=wKsoXHYICqU)

論戦中のクリントンとオバマの間に割って入り,「オバマをいじめないで」とささやくオバマ・ガール

図 **1-31** Hillary! Stop the attacks! Love, Obama Girl
(http://www.youtube.com/watch?v=axxooGIgOKs)

表 1-4 オバマ・ガールの登場するビデオ

タイトル	アップされた日付	2008年4月30日時点での視聴回数	URL
"I Got a Crush…On Obama" By Obama Girl（図1-43）	2007年6月13日	8,085,137	http://www.youtube.com/watch?v=wKsoXHYICqU
Debate '08: Obama Girl vs Giuliani Girl	2007年7月16日	2,426,816	http://www.youtube.com/watch?v=ekSxxlj6rGE
Obama Girl Returns for Iowa!（Why Obama Won）	2008年1月2日	2,297,471	http://www.youtube.com/watch?v=ENCRu-2d35g
Sexy! Flashy! Wonky! Super Obama Girl!	2008年1月31日	4,178,344	http://www.youtube.com/watch?v=AIiMa2Fe-ZQ
Hillary! Stop the attacks! Love, Obama Girl（図1-44）	2008年3月25日	1,552,166	http://www.youtube.com/watch?v=axxooGIgOKs

Umbrella

もっときわどいパロディもある．

図1-32は，音楽に合わせて，クリントンとオバマに扮した男女がエロティックなダンスを踊るという動画である[14]．これは，バルバドス出身の歌手リアーナの "Umbrella" という大ヒット曲のプロモーション・ビデオを下敷きにして作られている．オリジナルのプロモーション・ビデオ自体が，2007年5月25日にYouTubeにアップされて以降，2008年3月31日時点で3452万7817回も再生されている．そして，パロディの方も，2008年2月9日にアップされ，2008年3月31日時点で529万2417回視聴されている．

"We Are The Ones Song by will.i.am - Obama"

さらにオバマには，これまでにない応援ビデオも作られた．

オバマの演説のうまさには定評がある．オバマが最初に注目されたのも，4年前の大統領選で，ケリーのために行った応援演説が素晴らしかったからだともいう．

新星のように現れたオバマは，その語りの力を一つの武器として人びとをひきつけ，支持を集めた．予備選直前の2007年末には，クリントン候補と肩を並べるところまでになったのである．そして2008年1月3日，最初の予備投票が行われたアイオワ州で，クリントンに10ポイント以上の差を付けて圧勝した．続く1月8日のニューハンプシ

図 1-32 "Barack Obama Hillary Clinton – Umbrella"
(http://www.youtube.com/watch?v=DMs-p5y6cvo)

図 1-33 "Yes We Can"
(http://www.youtube.com/watch?v=jjXyqcx-mYY)

ャー州でも，選挙前の世論調査ではオバマの優勢が伝えられていた．気丈なクリントンが涙を見せたのもこの時である．だが驚いたことに，結果はクリントンの圧勝であった．

　勝負がついて，オバマは敗戦スピーチを行った．このスピーチが，多くの人を感動させた「ニューハンプシャー演説」である．

　"There is something happening when ..." で始まる預言者的な前半の数段落．それが後半になると，"Yes We Can" という革新的な言葉で人びとの心をひとつにまとめていく．力強い教会の説教，あるいは黒人霊歌のような響きは，まさに人びとの心をわしづかみにする力を備えている．

　この演説に刺激されて，人気ヒップホップグループであるブラック・アイド・ピーズ（Black Eyed Peas）のウィル・アイ・アムが曲を付け，他のミュージシャンをも巻き込んだミュージック・ビデオとしてネット上に公開した（図1-33）[15]．このビデオは，YouTubeにもアップされ（2008年2月8日），瞬く間に数百万アクセスに達したのである．

　その後，ウィル・アイ・アムは，"We Are The Ones Song by will.i.am - Obama" という曲を作り，やはり多数のミュージシャンの協力を得て，ミュージック・ビデオをネットにアップした（図1-34）[16]．こちらも，100万を超えるアクセス数を獲得している．

　面白いことに，マケインについても，"john.he.is" というミュージック・ビデオが作られている（図1-35）[17]．

図 1-34 "We Are The Ones Song by will.i.am-Obama"
(http://www.youtube.com/watch?v=ghSJsEVf0pU)

図 1-35 "john.he.is"
(http://www.youtube.com/watch?v=3gwqEneBKUs)

「草の根」か?

　ただし,これら「勝手に応援」(または「勝手に批判」)動画が,言葉の本来の意味で,「草の根」の自由な個人たちが「勝手に」作ったものと言い切ることは難しい.

　今日,YouTubeなどの動画共有サイトを沸かしている動画には,本当に素人が自分の趣味で作った作品も少なくはない.しかし,かつてのように,ネット利用がマニアックな人びとに限定されていた時代とは違う.本節の冒頭にも述べたように,現在,先進国では社会の大多数の人びとがネットを利用し,そこから情報を得ているのである.

　それはつまり,社会に対する影響力とネットを介した情報発信が深く結びついていると多くの人びとが認識することである.そして,ネットを介した情報発信の正当性は,(マスメディアが専門性を正当性の根拠とするのに対して),草の根的な民意の表れであると見なされることによって,担保されるのである.

　党派に左右されない,素朴な草の根民主主義への憧れが,そこにはある.

　反対にいえば,名もない人びとのボランタリーなメッセージ表出のように装った,組織的に作り出された動画も,ネット上に提示されているということでもある.

間メディア空間のパワー闘争

　以上見てきた2008年大統領予備選における多様なアクターたちの相互関係を図にま

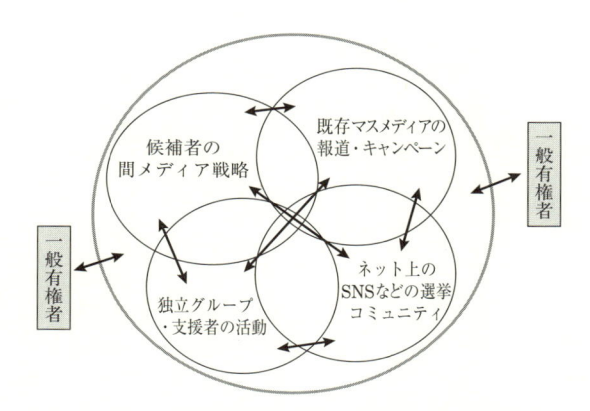

図 1-36 2008年大統領予備選における各主体間の関係

とめると，図1-36のようになる．アクターたちが，間メディア環境での影響力を我がものにしようと，熾烈で錯綜した闘いを行っていることがわかる．しかも，個々のアクターは，必ずしも，他と独立してはいないのである．

ペンシルバニア以後の攻防と大統領選の行方

「ロッキー」と「バラッキー」——"諦めない！"

4月22日は最後の大規模州であるペンシルバニアでの投票が行われた．

ペンシルバニアでの勝利を逃せば，すでに獲得代議員数で大きく後れを取っていることから，撤退の圧力を逃れることはできない．

4月1日，クリントンはペンシルバニア州フィラデルフィアで演説を行い，フィラデルフィアを舞台とした映画『ロッキー』の主人公のように「決してあきらめない（I never quit.）」と述べた．このたとえについて，ABCニュースは「ロッキーは結局負けたが」と揶揄し，オバマは「ロッキーは結局物語にすぎない」と反論した．また，映画でロッキーを演じたスタローンは，自分がマケイン支持であると主張した．

さらに，ネット上では，"BARACKY THE MOVIE"という，映画『ロッキー』を下敷きにしたパロディ動画が人気を集めた．この動画では，オバマがロッキーに擬えられ，クリントンはその敵役を割り当てられていた．この動画は数十万のアクセスを集め，多くのブログで取り上げられた．

恐怖の顔

一方，クリントン陣営は投票日直前，"Kitchen"という動画を流しはじめた．この動画は，ルーズベルト大統領やケネディ大統領の映像のあとにオサマ・ビンラディンの映像を流し，"HELP"との大文字や米軍兵士たち，そして低迷する株式市場やガソリン高騰の様子を映し出す．アメリカの危機を露わにし，経験豊かなクリントンの必要性を訴えたCMである．クリントン陣営のCMは，前の"Children"にせよ，国民の恐怖や不安をあおるようなものが多い．

オバマ陣営は，このCMに対しても，「恐怖をあおる」と批判した[18]．

しかし，オバマ陣営がこのCMに敏感に反応したのは，直前にもAP通信理事長がオバマ候補を「オサマ候補」と紹介するなど，オバマ＝オサマの言い間違いが，故意か偶然かは別として，予備選中に頻発しているという背景があるかもしれない．

結局，勝利は，55％対45％という微妙な差でクリントンの手に渡った．クリントンは，勝利演説で，「潮目は変わった」と高らかに叫んだ．この結果により，勝負はさらに持ち越されることとなった．

なおも続く泥仕合

その後の世論調査では，オバマとクリントンの差が縮小した．

原因の一つは，オバマとの間に20年来の親交があるジェレミア・ライト師の発言に対する，共和党からの攻撃である．

ライト師の発言についてはそれ以前にも時折，問題化されてきた．

だが，3月中旬以降，大量の画像（多くはフォックスニュースによるライト師のビデオ）がYouTubeにアップされるようになった．アメリカにおける黒人差別と白人支配への憤激を語るライト師の映像は，「初の黒人大統領を」というオバマ候補のキャッチコピーの裏側にあるものを，人びとに思い起こさせざるを得ない．

さらに，4月22日付でYouTubeにアップされた"Extreme"という動画は，5月6日に予定されているノースカロライナ州の予備選挙に向けて，ノースカロライナ州のNPOの名によって有権者に呼びかけられている．このような「過激な」政治思想は，ノースカロライナ州にはなじまない，というわけである．

窮地に立たされたオバマ候補は，ライト師から距離を置くようになり，ライト師に対して否定的な言い方もするようになった．「ダーティな」イメージ攻撃も辞さないのが，アメリカ大統領選なのである．

予備選の終わり……

5月6日,ノースカロライナ州とインディアナ州で予備選が行われた.ノースカロライナ州でオバマが勝ち,インディアナ州ではクリントンが勝った.

5月13日,ウェスト・ヴァージニア州の予備選は,クリントンの圧勝だった.

この間,トム・ハンクスなどの有名人やジョン・エドワーズなど大物政治家がオバマ支持を表明し,特別代議員獲得数でも5月半ばにオバマがクリントンを上回った.

そして5月20日,ケンタッキー州とオレゴン州で予備選挙が行われた.ケンタッキー州ではクリントンが勝ち,オレゴン州ではオバマが勝った.オバマの一般代議員獲得数は過半数を超え,民主党の大統領候補指名をほぼ確実にした(図1-37).

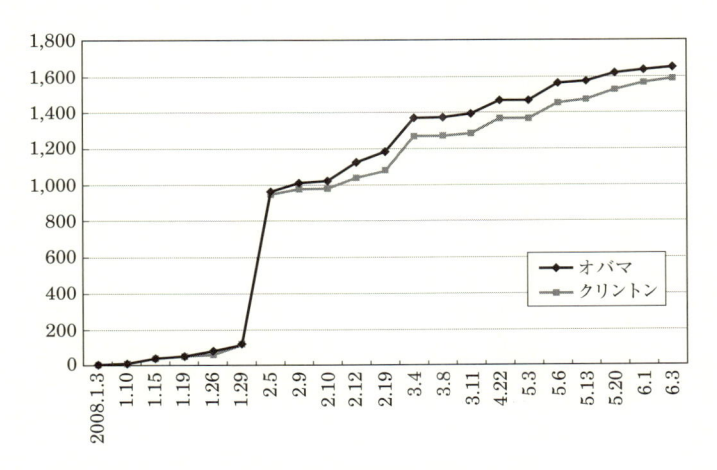

図1-37 オバマ候補とクリントン候補の獲得代議員数推移
(一般代議員のみ.ニューヨーク・タイムズの集計による.計算法の詳細については http://politics.nytimes.com/election-guide/2008/results/delegates/index.html参照)

間メディア環境下における選挙戦についての評価

祝祭と参画

　このような間メディア環境を縦横無尽に飛び回る，白熱した選挙戦は，政治的，社会的にどのように評価されるだろうか？

　アメリカの大統領選挙は，きわめて変則的ではあるが，一般投票によって大統領を選ぶとみなされていること，またそのために選挙期間がきわめて長いことから，劇場性が高く，政治的祭儀の特徴が顕著である．この祭儀は，全国民を闘争的な選挙の興奮のなかに巻き込み，その結晶として，新たな大統領のもとに国家的団結を再確認する．大統領候補たちがアメリカ全土を「行幸」するのも，映像コミュニケーションが最大限に用いられるのも，まさにこの「祭儀」性を最大化するためであるといえる．

　しかし，そこには大きな陥穽もひそんでいる．

ネガティブ・キャンペーン

　映像コミュニケーションは，使い方によっては，きわめて説得力，訴求力の高い表現となり得る．その一方，（少なくとも現状では）映像コミュニケーションは，視聴者の情緒に訴えることが第一で，ロジカルに積み重ねられた「論争」にはなりにくい．

　2004年の大統領選挙でも見られたことだが，メディアに媒介されたイメージ選挙では，政策に大きな差がなく，闘いが熾烈になればなるほど，ネガティブ・キャンペーン（中傷合戦）へと傾きがちである．2008年予備選挙でも，クリントンを「モンスター」と罵ったり，オバマをイスラム教徒に見立てたりする，根も葉もない，子供のケンカなみのネガティブ・キャンペーンが横行している．

　公式のメディア・チャネルを介して実名で発言した場合には，当然，根拠のない誹謗中傷に対しては批判と謝罪または反論がなされる．だが，本節で見てきたように，ネットメディアが一般化されることにより，匿名者による言葉の暴力が，どこからともわからぬままに飛び交うことも頻繁に見られるようになる．

メディア・ポピュリズム

　人びとの情緒への訴えは，ときに「メディア・ポピュリズム」と呼ばれるような現象を引き起こす．

　2004年選挙では，ブッシュ，ケリーいずれの候補に対しても距離を置いたシニカルなパロディ動画が目立った．

本選挙と予備選挙の違いはあるだろうが，今回の予備選では，いずれかの候補を応援するタイプの動画が多いように見受けられる．そのためにかえって，全体状況を見渡すような視線が弱くなっているようにも見える．

予備選がすでにオバマで決まりという空気が漂い始めた5月になると，クリントンがコーヒーメーカーをうまく使えずに困っている様子を映した"Hillary vs. the coffee maker (ヒラリーとコーヒーメーカーの対決)"（図1-38．YouTube掲載：2008.4.30，5月22日時点再生回数約95万回）や，『スター・ウォーズ』の"THE EMPIRE STRIKES BACK (帝国の逆襲)"をパロディにした"THE EMPIRE STRIKES BARACK (帝国のバラック襲撃)"（図1-39．YouTube掲載：2008.5.1，5月22日時点再生回数約139万回）など，単に面白おかしい動画ばかりが注目を集めている．

もっとも，全体を俯瞰する風刺作品がないわけではない．たとえば，図1-40に示した"Welcome To The 2009 Job Market（2009年の労働市場へようこそ）"という動画は，立派な服装をしたエリートたちの集団のところへ，貧しい身なりの運転手がトラックを運転してやってくる．格差社会を表しているのかなと見ていると，そのトラックの荷台にエリートたちが乗り込み，トラックは走り出す．2009年には，エリートたちも日雇いの職探しをしなければならなくなるかもしれない，というメッセージだろう．

問題は，クリントンかオバマか，ということではない．民主党か共和党か，ということでもない．問題は，いままさに深刻化しつつある労働問題であり，市場問題であり，戦争なのだ．

コーヒーメーカーと格闘するヒラリー　　ダースベーダー（クリントン）と戦うルーク（オバマ）

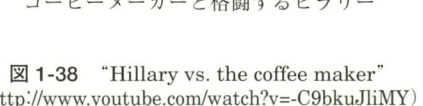

図1-38 "Hillary vs. the coffee maker"
(http://www.youtube.com/watch?v=-C9bkuJliMY)

図1-39 "THE EMPIRE STRIKES BARACK"
(http://www.youtube.com/watch?v=a8lvc-azCXY)

| 貫禄のある紳士たちが並んでいる | そこにやってくる日雇い労働者を集めるトラック | 社会の過酷な格差……と思ったら, | 日雇いの求人トラックに乗り込んだのは紳士たちだった |

図 1-40　最近の風刺動画の例 "Welcome To The 2009 Job Market"
　　　　（http://www.jibjab.com/view/235346）

共和党の予備選──マケインの位置

　一方，政治的にはどうだろうか．

　本章第3節でみたメディア露出度のデータからもわかるように，今回の選挙では，民主党対共和党という二大政党対立は忘れ果てられているようだ．

　とはいえ，マケインは手をこまねいているわけではない．当初から，オバマとクリントンの激しいデッド・ヒートは，マケインを利するのではないか，といわれてきた．民主党支持派が分裂した結果，自分が支持する候補が大統領候補に指名されなかった場合，むしろマケイン支持に回ってしまうのではないか，との危惧である．実際，いくつかの世論調査は，この仮説を支持している．

メディア世論はいかなる〈現実〉を映すか

　このような「漁夫の利」が予測されてしまうのは，われわれが，あまりにも眼前で展開される光景のめまぐるしさに圧倒されているからだろう．ここで「われわれ」というのは，一般のメディア視聴者だけではない．情報の識別を専門とするジャーナリズムでさえ，この弊に陥っている可能性がある．実際，5月半ばにクリントン陣営が公開した"What's Right（正しい事）"という動画（図1-41）[19]は，「ワシントンで重要なことは，誰が浮上し，誰が沈んだかということばかりらしい．しかし，政治で重要なのは『何が正しいのか』ということだ」と，辛辣に訴えている．

　メディア研究者であるポール・ヴィリリオ（Paul Virilio）は，今日のメディア環境の特徴を「速度」としてとらえた．メディアのリアルタイム性が進化するにつれ，膨大な情報がすさまじい速度でメディア上を流通する．それを追うだけ，右から左へ受け流すだけの「ジェットコースター・ジャーナリズム」に堕す危険はいつもそこにある．

　今日では，われわれは誰しも，あふれかえる一次情報，二次情報，誤情報，捏造情報

3. 2008年大統領予備選と映像コミュニケーション　39

| ワシントンでは政治家の人気の浮き沈みばかりが取りざたされている | 政治で重要なのは「何が正しいか？」ということなのに |

図 1-41 "What's Right"
(http://www.hillaryclinton.com/, ただし, 現在は削除)

等々のなかから，自分にとって有用な情報を検索し，収集し，選別しなければならない．そのための教育について，もっと考えられてよい．

そして，重要な問題を見逃してはならない．はじめに，現代では「メディア露出」の多寡が政権の行方に大きな影響を与える可能性について述べた．しかしながら，ネット上での注目度については，いや間メディア環境全体での露出度でも，オバマ候補は他を圧している．その注目度が，オバマの予備選での強さを後押ししたことは確かだろう．

共和党の予備選に目を転ずれば，このことはいっそうはっきりする．早々に候補者指名を決めたマケインは，メディア的には比較的地味な候補である．これに対して，共和党でありながら反戦を強く訴えたロン・ポール候補は，驚くようなメディア露出であった．にもかかわらず，党内での対立もあって，彼はあっけなく撤退したのだった．

メディア露出と選挙結果との乖離については，考えるべき点が多い．

いずれにせよ，メディアがすべてではないことをわれわれは常に意識すべきである．

4.　おわりに——ネットと世界と民主主義

　以上，本章では，2008年アメリカ大統領予備選の状況を見つつ，ネットメディアの登場によるメディア環境の変化，すなわち間メディア環境における，政治的言説のダイナミック・プロセスを考察してきた．最後に，これを踏まえて，ネットの現在を再考し，また，国際社会の今後を遠望して，いったんこの章をとじよう．

現在の状況

　先にも述べたように，日本では，小泉元首相という例外を除いて，ネット選挙はおろか，テレビを通した選挙活動さえ，いまだ市民権を得ているとは言い難い．

　日本以外でも，ネットの政治的活用は，踊り場に来ているともいえる．

　2001年，フィリピンの「ピープルパワー2」[20]は，ネットを活用し，腐敗したエストラーダ大統領を追放した．しかし，2008年3月，アロヨ政権の腐敗が明らかになり，「ピープルパワー3」の結集が呼びかけられたとき，人びとの運動が大きな盛り上がりを見せることはなかった．繰り返される権力の腐敗に，人びとはもはや「革命」にも期待を持てなくなったのか．皮肉と言うべきか，今回のアロヨ大統領に対する批判は，国家の情報通信システム購入をめぐる収賄疑惑であった．

　また，2002年に「386世代」と呼ばれるネットに親しんだ世代が盧武鉉大統領誕生に力を発揮したことが記憶に新しい韓国では，2007年12月に大統領選挙が行われた．パンドラTV（http://www.pandora.tv/）などの動画共有サイトで，政治的映像を使った運動が活発化されると予想されていたが，結果的に大きな動きとはならなかった．その理由としては，①ネットを中心に大きな支持を集めた盧武鉉大統領は大統領就任後に信任を失った，②386世代が社会の中核に位置するようになり現実的な政治意識を持つようになった，③ネットに対する規制が厳しくなりネット上での自由な発言が抑制されるようになった，④その結果ネット上を流通するのは「公式情報」「公式動画」ばかりになり若者をひきつける魅力を失った，などが考えられる．

　メディアの草創期ならではの自由さが失われつつあるといえるかもしれない．

国際関係とネットメディア

　その一方，ネットを介した情報流通は国際関係にも大きな影響を及ぼしはじめている．

　2005年春に中国で大規模な反日行動が勃発した．このとき，ネットを介して反日行動への動員が呼びかけられ，大衆行動の大規模化が促進されたといわれた．ただし，この反日行動が沈静化したのも，中国政府による，ネットを介した呼びかけだった．

しかし，それ以前からもそれ以後も，中国，韓国，日本のネットユーザーたちの間で，ネットを介した罵倒合戦のようなものは継続しており，「サイバー三国志」と呼ばれたりしている[21]．

2007年12月23日には，「白豪主義オーストラリアと反捕鯨」という動画がYouTubeにアップされた[22]．オーストラリア政府や反捕鯨活動団体を激しく批判する内容で，瞬く間に数十万のアクセスとなり，1万5000以上のコメントがついた．この事態にオーストラリア政府は，公共放送を通じて「日豪関係には何の影響もない」とのコメントを出した．誰が投稿したともわからない風刺動画に対して，国家が正式なコメントを出さざるを得ないほどにネット情報の存在感が大きくなっていることを示す例である．

さらに，2008年3月14日にチベットで起こった暴動についても，ネット上でさまざまな情報が行き交っている．直後の3月15日，中国国営の新華社通信は民間人10人が死亡したと報じたが，インドに亡命しているダライ・ラマ率いるチベット亡命政府は，犠牲者はもっと多数に上ると反論した．ネット上には，中国の対応を批判する動画が数多くアップされた．これに対して，中国側もまた，マスメディアを通じた公式の反論以外に，ネットにもチベット亡命政府を批判する動画を掲載しはじめた．ネットでは，チベット暴動に関する双方の主張，その他の視点からの主張が，入り乱れつつ流通している．こうした状況を受けて，中国内部からのインターネットへのアクセスが制約を受ける事態となった．中国政府はまた，外電によるチベット報道を歪曲であると批判し，現地への外国人記者による取材を拒否した．しかし，多くの国で中国に対する非難が起こり，2008年夏に開催された北京オリンピックの聖火リレーには数々の妨害行動がなされた．そして，その模様は，新聞，テレビ，インターネットを通じて，世界中でリアルタイムに，人びとの元に届けられたのである．

未完の民主主義を求めて

ネットメディアを介して，あらゆる方向から発信され，あらゆるところで受信される膨大な情報の流れは，われわれの社会にとって，福音なのか，あるいはおそるべき洪水なのか．その答えは，おそらくはわれわれ自身にかかっている．

かつてナイーブな理想主義者たちが夢見たように，ネットは，そのままで「草の根民主主義」を実現するものではない．むしろ現時点ではネットは，本章で見たように，資金力や政治力を総動員した熾烈な情報戦の前線となっている感がある．

そしてもしかしたら，今後，ネットメディアはまさに爆薬をぎっしり詰め込んだ火薬庫のように，世界を危険に陥れる可能性さえ考えられる．

そのような現実を見据えたうえで，それでもなおわれわれは，この新しいメディア環

境――ネットメディアと既存マスメディアが相互に連携しあう間メディア環境を,「未完のプロジェクト」としての民主主義を目指すための舞台として活用する道を探し続けたいと願うのである.

付記:本章は,著者が『朝日総研リポート』2008年6月号(No.217)に掲載した論文「ネット映像メディアと米大統領予備選2008」を大幅に加筆修正したものである.

第2章

日本のメディア・ポリティクス
―― 小泉政権から麻生政権まで

1. 日本におけるメディアと政治 ―― これまでの流れ

メディア政治の登場

　日本では長い間，必ずしも政治領域とメディアは親和的ではなかった．第二次世界大戦後の変革によって，「表現の自由」は保証されたが，日本の政治家たちは，しばしばメディア嫌いを広言した．ジャーナリズムはこれを，「永田町の論理」とか「密室政治」と呼んで批判した．政策の多くは，その決定過程が国民に説明されないまま，議会に提出された．議会においても，その決定は，十分な議論を経るよりも，野党の怒号を与党の多数派が押し切る形で進むことが多かった．

　第1章で見たように，アメリカではアイゼンハワー以来，政治にテレビが利用されるようになって，少なくとも透明な政治を目指す方向へと移行した．これに対して日本では，政治的身体も象徴的身体もあくまで権威のベールの陰に不可視のまま隠匿された．その結果，新聞もテレビも政治を公共的イベント化できず，人びとは政治をブラックボックスとして関心の外におく傾向を示した．それはいかにも不自然な状態であった．にもかかわらずそのような状態が長期にわたって存続したのは，「隠蔽によって権威が保持される」という前近代的な感覚が，政治的指導者の側にも一般人の間にも残存していたからかもしれない．

こうしたなかで『ニュースステーション』(1985年10月7日放送開始)の登場は、政治の公衆化に一定の役割を果たした。これに続く『朝まで生テレビ』や『News 23』も、ニュースとくにポリティカルな問題とエンターテインメントの間に回路を結び、人びとの政治関心をある程度ひきつけた(このようなひきつけ方に批判はあるとしても)。

1993年に問題化した「椿発言」は、椿氏の認識の当否あるいはこれを暴いた側の意図はともかくとして、日本においてもメディアがアクターとして作動しうる可能性を示唆した。もっともこの発言に対する多くの論調は、椿氏の「傲慢さ」を批判するものであった。このことは、メディアあるいは情報の問題を表層的なものあるいは技術的なものとしか捉えない日本社会の根深い問題を暗示している。

2000年に成立した森政権は、歴代内閣のなかでも際だって、メディアに対して警戒的であった。そもそも小渕前首相の死を受けた森首相の指名が密室の中で決定されたことで、その正当性に疑問がもたれていた。にもかかわらず、森氏にはメディア的身体性に関する意識はほとんどなかったように思われる。その結果森氏は、トンプソン(Thompson 1995)の指摘する、政権のメディアに対する脆弱性をすべて露呈し、これを管理できなかった。森氏がマスメディアに対して自らを露出しないようにすればするほど、そのことが繰り返しマスメディアの取り上げるところとなり、最終的には氏を退陣へ追い込んだ。

新たな展開——政治的身体か象徴的身体か

ところが、2001年4月に小泉政権が誕生すると、状況は大きく様相を変え始めた。小泉首相個人の身体性が、メディア上に大きく露出されたのである。それは、小泉政権が、与党実力者の合議でなく、森氏の失敗に危機感をもった地方議員たちのある種の反乱によって成立した経緯と無関係ではない。小泉政権は、擬似的な大統領選によって成立したともいえるのである。したがって小泉氏は、党内関係よりも、幅広い公衆の支持に依拠せざるを得なかった。その実現のためには、小泉氏は自らの象徴的身体と政治的身体を意識的に操作する、日本ではまれな政治的リーダーとなった。

日本でも過去に政治家個人の身体がメディアに大きく取り上げられたことはある。たとえば、「今太閤」と呼ばれた田中角栄元首相、「マドンナブーム」の先頭を走った土井たか子元社会党委員長、55年体制崩壊後の細川元首相などである。しかし彼らはあくまでも自らを政治的身体として呈示し、象徴的身体としての呈示には無頓着だった。彼らはいずれも政治的転換期に登場した政治的指導者であり、その意味で、象徴的身体としての自己にも意識的であるべきだった。彼らの無頓着さが、期待された転換を貫徹できなかったひとつの理由かもしれない。

これに対し，近年は意図的に自らの（テレビ的）象徴的身体性を演出する方向が，伏流として存在した．小沢一郎自由党党首のテレビCM，土井たか子社民党党首のテレビCMなどは，むしろ自らを戯画的に描くことによって，視聴者の話題を呼び，CMの賞を受け，選挙での得票率にも貢献したといわれる．一方，野党第一党である民主党は，インターネットを利用した政治活動で先行した．

小泉氏は，これら先行例をふまえ，政権担当者としての利点を付加した戦略を積極的にとったといえる．小泉氏は，まず，シンプルでイメージの明確なキャッチフレーズを反復するという，テレビ的な政策提示を行った．その「わかりやすさ」は，メディアの歓迎するところであった．そして，メディアに積極的に対応し，メディアとの友好的な関係を築いた．また議論は，「改革」の味方／敵という二分法によって単純化され，X Japanの音楽をBGMとしつつ，「米百俵」という物語性を付与した．これは，従来の政党政治に対する挑戦でもあり（小泉氏は首相公選制を主張した），「必要とあれば自民党をも壊す」という刺激的な言い方で，自身の強い象徴的身体＝政治的身体をアピールしたものである．さらに，自民党ではなく，「小泉」という個人性を主張するテレビCMを相次いで製作した．

また，小泉戦略の巧妙な点は，小泉氏だけでなく，複数の政治的アイドルによって複合的にショーが構成されていた点である．政権発足と同時に組閣された内閣には，田中外務大臣，扇千景国土交通大臣，石原伸晃行政改革担当大臣，塩川正十郎財務大臣，竹中平蔵経済財政政策担当大臣など，メディア的話題に事欠かない人びとが並んだ．彼らは，多様な個性によって注目を集め，その結果，ニュースショーだけでなく，これまで政治関連のトピックスを取り上げることの少なかったワイドショーまでをも席巻した．

こうしたメディア戦略は，遅れ馳せながら，アメリカで発達してきたメディア戦略を後追いし，さらに大衆化（アイドル化）したものといえる．小泉氏の戦略は，かなりの程度成功したといえる．が，日本においては，こうしたメディア戦略がこれまでほとんどなかったために，その効果が過剰に発現した可能性もある．小泉首相自身をはじめとして閣僚たちの失言も多いにもかかわらず，マスメディアは相対的に寛容であった．一般の受け手たちはまた，この新奇な内閣を，あたかも彼らがテレビCMに対してそうするように，自分たち流に読み替えて愉しもうとしているかにも見えた．

小泉氏は，ネットメディアに関しても積極的であった．2001年5月7日には，メールマガジンの発行を国会で発表した．それが話題を呼び，6月10日の登録開始からわずか3日で登録数は20万を突破し，創刊号は78万部送信された．登録数はその後さらに200万以上に達した．また，自民党のサイトには，テレビCMがアップされ，自由にダウンロードできた．一時は，CMの人気投票も行われていた．

それに呼応するように，とくに学生たちの間で小泉メールマガジンを読むよう勧誘するメールが流れたり，また「小泉」応援サイトや「塩爺」応援サイトの登場も目立った．

しかし，ネットメディアの埋め込まれた社会では，政治的リーダーには，象徴的身体であるよりも，個人や小集団の多様なアクションを集約し，政策的に実現する機能が求められていると考えられる．だとすれば，一時的に「変化」の表徴としての象徴的身体が求められることはあるとしても，遠からぬ将来には，象徴的身体よりも，公衆の論議を吸い上げ実現する機能的政治身体の確立が求められていることは間違いない．

日本においても，vote.comのような試みはすでに始まっている（たとえば，vote.comの日本版であるwww.vote.co.jpなど[1]）．こうした試みを単なる「遊び」の次元で消費して終わらせることなく，政策へと結び付けていく制度構築もまた急務である．

2. 小泉以後のメディア政治

「KY」と呼ばれた安倍——象徴的身体の渇望

小泉首相の正統な後継者として権力の座に着いた安倍晋三は，当初，そのいかにも貴公子然とした風貌が，小泉政権の後継者というイメージにふさわしいと見られたのか，華々しい人気を得た．

安倍の政治理念を象徴するのが，「美しい国」という言葉だった．彼は，『美しい国へ』という本を書いて数十万部を売り上げ，第165回国会における所信表明演説[2]でも，次のように述べている：

> 私が目指すこの国のかたちは，活力とチャンスと優しさに満ちあふれ，自律の精神を大事にする，世界に開かれた，「美しい国，日本」であります．この「美しい国」の姿を，私は次のように考えます．
> 一つ目は，文化，伝統，自然，歴史を大切にする国であります．
> 二つ目は，自由な社会を基本とし，規律を知る，凛とした国であります．
> 三つ目は，未来へ向かって成長するエネルギーを持ち続ける国であります．
> 四つ目は，世界に信頼され，尊敬され，愛される，リーダーシップのある国であります．
> （後略）

彼の主張するところは，「日本」という象徴的身体の再構築であるのだろう．それは，

彼のもう一つのキーワード「戦後レジームからの脱却」ともつながる．第二次世界大戦によって破綻した「日本」を，「美しい日本」として再構築することが自らの役割であり，「美しい日本」を体現する象徴的身体としての自分を構想したのであろう．

その信念のために，安倍政権は，メディア戦略にも積極的に取り組み，官邸サイトはさらに充実したものとなった．「ライブ・トーク官邸」は，総理が定期的に国民に語りかけを行うもので，この新しい媒体を通じて，安倍は熱心に持論を語った（図2-1）．また，これまであまり表に出ることのなかった総理夫人が，欧米のファーストレディのように，積極的にメディア露出するようになったのもこのときであった．安倍夫人は，テレビなどに出るだけでなく，「安倍昭恵のスマイルトーク」というブログを開設して安倍家のプライベートな生活ぶりを公開した（図2-2）．

だが，彼のメディア戦略は必ずしもうまくいかなかった．小泉に比べて，安倍の語りはパワーに欠けていた．彼の主張は，彼がいかに肩に力を入れようと，空理空語に聞こえた．大衆の人気を獲得しようとした昭恵夫人のブログも，セレブぶりが鼻につくと批判されることになった．挽回しようとすればするほど，安倍の言葉は空回りし，「KY」（空気読めない）という揶揄が広まるなか，支持率はあっという間に下がっていった．2007年7月29日の第21回参議院選挙では，過半数を大きく下回る惨敗を喫した．安倍は続投を表明したものの，党内からも厳しい批判を浴び，1年足らずで退陣に追い込まれたのだった．

安倍の間違いは，自らを日本国家の「象徴的身体」として確立しようとしたところにある．前の節で論じたように，現代社会においては，一時的に「変化」の表徴としての象徴的身体が求められることはあるとしても，遠からぬ将来には，象徴的身体よりも，

図2-1　官邸のインターネットTV

図2-2　安倍夫人のブログ
　　　（http://www.akie-abe.jp/）

公衆の論議を吸い上げ実現する機能的政治身体の確立が求められている[3]，のである．

にもかかわらず，そのような「時代」を理解せず，「象徴的身体」にこだわり続ける彼は，（一般にいわれているような，些細な言動のずれではなく）まさにその時代感覚のなさが「KY」との揶揄を広める違和感につながったのかもしれない．

「あなたとは違うんです」——幕の向こう側の実務型政治身体

安倍の後を継いだのは，銀行員から政治家になり，小泉内閣のときに官房長官を務めた福田康夫だった．小泉が退陣したときには，安倍と並んで総裁選に出馬するものと取りざたされたが，あっけなく身を引き，もはや政治に野心は失ったともささやかれた．

しかし，安倍が辞任すると，総裁選出馬を表明し，ほぼ全党の支持を得て，対立候補の麻生を破った．首班指名選挙は，参議院では小沢一郎が指名されるという「ねじれ選挙」だったが，法規により衆議院の議決が優先され，福田が総理大臣に指名された．

福田は，安倍のように理念に奉じるのではなく，むしろ着実に政策を進めていく実務型政治家であった．安倍政権の一種の自己崩壊に失望した国民は，地味ながら安定感のある福田を歓迎した．期待は当初の高支持率として表現されたが，短期間で不支持率が支持率を上回ることとなった．その理由は，「ねじれ国会」のために政策の遂行が支障を来していたことが大きい．一時期，小沢との間で「大連立」の合意がなされたとも報じられたが，激しい拒否反応によって，自民・民主の対決構図が続くこととなった．

福田は，広報の電子化も推進した．YouTubeに自民党の公式サイトであるLDP channelを開設し，自らのメッセージ動画もアップロードした．また，総裁選の動画や外国向けの英語のスピーチも掲載している（図2-3）．

図2-3 YouTubeにアップされた2008年年初の福田首相の英語でのメッセージ
（http://www.youtube.com/profile?user=LDPchannel#p/search/0/SwtDu1KDYo4）

このように，福田は必ずしもコミュニケーションを軽んずる政治家ではなかった．しかし，彼の風貌や，プライドが高くシャイな性格が，彼に「語らない」政治家のイメージを付与したようだ．

2008年9月1日の辞任記者会見で「一般に，総理の会見が国民には他人事のように聞こえるというふうな話がよく聞かれておりました．今日の退陣会見を聞いても，やはり率直にそのように印象を持つのです」という記者の言葉に対して，「他人事のようにというふうにあなたはおっしゃったけれども，私は自分自身を客観的に見ることはできるんです．あなたと違うんです」と応じたことが，大きな話題となった（図2-4）．

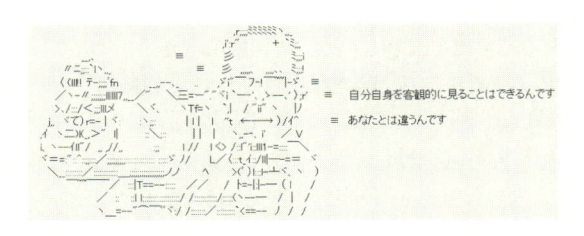

図 2-4 「あなたとは違うんです」のAA
（http://society6.2ch.net/test/read.cgi/gline/1220273731/）

この「あなたとは違うんです」発言は，まさに彼の政治家としての資質を集約する言葉であるといえる．彼は，客観的な視点に立ち，選良として自らの果たすべき責務を遂行しようとする良心的な政治家であったかもしれない．「客観的に見る」ことは，政治家にとって不可欠の手順であったとしても，それ自体を主張すべきものではない．「あなたとは違う」といったとき，彼の脳裏にあったのは，家父長的な支配者イメージであったように見える．

たしかに，福田は実績を上げる力を持ち，彼の内閣が短命で終わったのは状況が悪すぎるという一種の不運だったかもしれない．しかし，繰り返し述べているように，現代の政治的リーダーには，実務性だけでなく，大衆とのコミュニケーション能力が必要とされている．福田は，決して意図したものではないにせよ，大衆との双方向的なコミュニケーションを演出する，という能力（あるいは意志）が不足していた．それは，たとえ「ねじれ国会」という悪条件がなかったとしても，彼を長く政権の座にとどまらせなかったかもしれない．

3. 秋葉原と政権

「おたく」の麻生——虚像と実像

　福田の後を継いだのは，反対に，「語りすぎる」とさえ見える麻生であった．

　麻生もまた，安倍，福田と同様，政治的名家に生まれ，早くから首相候補と見なされてきた．しかし，小泉，安倍，福田が次々と首相の座につくなか，麻生はずっと待たされ続けた．ようやく順番が回ってきたとき，福田政権の支持率は20％（2008年9月，NHK調査）まで落ち込んでいた．麻生新政権も，発足時でさえ48％（2008年9月，NHK調査）と，すでに半数を割り込んでいる状態だった．

　堅実な実務家のイメージを押し出した福田に対して，麻生は「サブカルチャー／若者文化」にも親しんでいる，というイメージを打ち出した．

　麻生はもともと資産家の出であるにもかかわらず，べらんめえ口調で，やや斜に構えた態度が特徴であった．これに加えて，2005年頃，2ちゃんねるで「羽田空港で『ローゼンメイデン』を読んでいる麻生を見た」という書き込み[4]があり，これがネット上で噂になり，さらにマスメディアも面白おかしく取り上げたことから，「漫画好きの麻生」，「オタク文化に精通している麻生」というイメージが広まっていった．

　しかし，彼がどの程度，現代のサブカルチャーに親しんでいたのかは疑問である．（麻生自身，インタビューなどでは，曖昧な応答をしている）．

　もともとの発端がかなりあやふやなものであり，ネット上で一種の「ネタ」として面白がられる説話だった．それをマスメディアが興味本位に取り上げたことから，むしろマスメディアの「信頼性」によって，説話が実話として定着していったと考えられる．麻生陣営がこの「都市伝説」をてこにして，日本のコンテンツ産業輸出政策と，ある種のナショナリズムを結びつけて，「オタクの麻生」というキャラクター・デザインが構成されたと考える方が適切だろう．

　とはいえ，このキャラクター設定が，どの程度彼の政治力を後押ししたかも不明である．

　「オタクの麻生」イメージを自ら一般に向けて強く打ち出したのは，2006年9月9日の秋葉原演説であった．この日，小泉後の自民党総裁選に向けて，安倍，谷垣，麻生の3人の総裁候補がそろって，初めて秋葉原で街頭演説を行った．安倍は「美しい日本」を説き，谷垣は「社会との絆」を語った．3番手として登場した麻生は，聴衆に向かって，「秋葉原駅前の皆さん，そして，自称秋葉原オタクの皆さん」と呼びかけた[5]．そしてまさにこの呼びかけの部分が，マスメディアで繰り返し報じられ話題になったものの，総裁選は事前の予想どおり安倍の圧勝に終わり，麻生は敗北した（表2-1）.

表 2-1　2006年自民党総裁選の結果

	得票数	議員票	党員票
安倍晋三	464票	267票	197票
谷垣禎一	102票	66票	36票
麻生太郎	136票	69票	67票

その1年後の2007年9月16日秋葉原，今度は安倍辞任を受けた総裁選に向けて，麻生は単独で演説会＆握手会を行った．「秋葉原じゃあ，結構評判がいいんだと思いますが，キャラが立ちすぎているらしく，永田町の古い古い自民党にゃああんまり受けがよくない麻生太郎です」(このときの演説より).

このときも，マスメディアはこの模様を繰り返し取り上げた．しかし，ほぼすべての派閥が福田支持に回り，総裁は福田に決まった（表2-2）．ただし，そのような圧倒的劣勢のもとでの戦いであったにしては，麻生の得票は善戦であるとの評価（国内マスコミ，ロイターなど）もあった．

表 2-2　2007年自民党総裁選の結果

	得票数	議員票	地方票
福田康夫	330票	254票	76票
麻生太郎	197票	132票	65票

福田が辞意表明した2008年には，麻生は秋葉原では総裁選に向けての演説を行わなかった．かわりに，総裁に選出された後の10月26日に秋葉原で演説を行った[6]．このときは，演説前に，同年6月に起こった秋葉原殺傷事件の犠牲者に黙祷を捧げた．

麻生の30分にも及ぶ演説は，「こんばんは．麻生太郎です．いまから2年前になりますが，2年前，場所も同じこの秋葉原で，自由民主党の総裁選挙，あの当時は安倍晋三候補，谷垣禎一候補，そして麻生太郎という3人の候補者で，この秋葉原で，総裁選挙の街頭遊説をさせていただきました．あのとき，なんだか知りませんが，麻生太郎，秋葉原じゃ，えらく受けた．おかげさまで，あれがブレークをして，多くの方々にご支援をいただきましたが，残念ながら届きませんでした．そして今回，私にとりましては再び，より3回目，4回目の挑戦をさせていただいて，結果として，このたび，自由民主党総裁にならしていただき，今回は，そのお礼もかねて，ここには，自由民主党総裁として，そして，皆様方から，応援していただいたおかげさまをもって，内閣総理大臣にもさしていただきましたので，御礼かたがた，秋葉原に来ようと思って，今日はやって

きました」[7]という言葉から始まった．それまでの演説に比べて，むしろ冗長で勢いがない感もあった．

この3度目の演説は，たしかに「凱旋」演説ともいえたが，同時に，むしろ，ある種の弁解の演説とも聞くことができる．

すなわち，たしかに2008年9月の総裁選で麻生はようやく首相の座を手に入れたが，多くの論評では，麻生は「選挙の顔」として選ばれただけだといわれていた（表2-3）．このとき立候補した顔ぶれのなかで，大衆的人気を期待できるのは，「秋葉原人気」があると見なされた麻生しかいない，というわけだった．

表 2-3　2008年自民党総裁選の結果

	得票数	議員票	地方票
石原伸晃	37票	36票	1票
小池百合子	46票	46票	0票
麻生太郎	351票	217票	134票
石破茂	25票	21票	4票
与謝野馨	66票	64票	2票

20％前後にまで低落していた福田政権支持率よりはかなり改善されたとはいうものの，発足時麻生政権の内閣支持率は，多くの調査で50％を割り込んでいた（図2-5参照）．もっとも，この結果を麻生だけに帰することはできない．なぜなら，少なくとも内閣支持率は倍増したが，政党支持率は福田政権のときからほとんど上昇することがなかったからである．

2008年9月18日の朝日新聞一面は「来月26日　総選挙へ　3日解散　自公合意」と

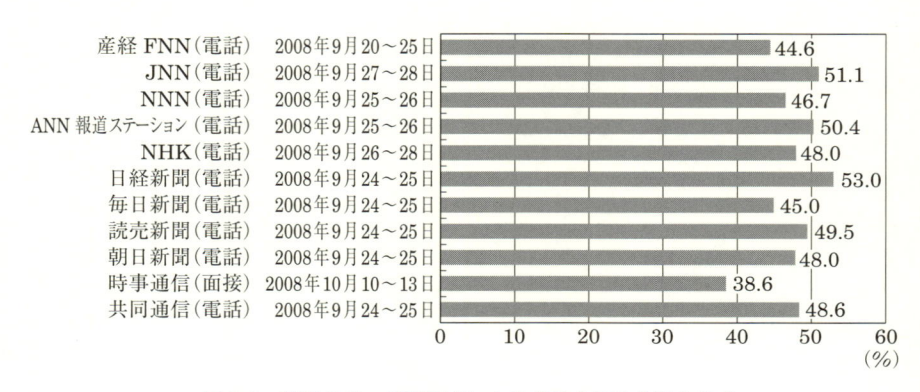

調査機関	調査日	支持率(%)
産経 FNN（電話）	2008年9月20～25日	44.6
JNN（電話）	2008年9月27～28日	51.1
NNN（電話）	2008年9月25～26日	46.7
ANN 報道ステーション（電話）	2008年9月25～26日	50.4
NHK（電話）	2008年9月26～28日	48.0
日経新聞（電話）	2008年9月24～25日	53.0
毎日新聞（電話）	2008年9月24～25日	45.0
読売新聞（電話）	2008年9月24～25日	49.5
朝日新聞（電話）	2008年9月24～25日	48.0
時事通信（面接）	2008年10月10～13日	38.6
共同通信（電話）	2008年9月24～25日	48.6

図 2-5　報道各社の世論調査による麻生内閣時内閣支持率

報じていたが，低い支持率のせいか，麻生にもともとその気がなかったのか，いずれにせよ，総理に就任した麻生は解散に踏み切ろうとしなかった．秋葉原演説が行われた10月26日とは，そういう日であった．麻生はここに集まった人びとに向かって，むしろ実質的な自民党総理としての自分への支持を確認しようとしたのかもしれない．

4. 秋葉原演説と劇場政治

秋葉原演説の政治的意味 ── 2005年衆議院選挙

　秋葉原で演説をするというパフォーマンスを初めて行ったのは，もともと小泉であった．小泉は2005年8月8日，郵政民営化法案が参議院で否決されたのを受けて，衆議院を解散した．いわゆる郵政解散（公示日は8月30日，投開票日9月11日）である．そして，2005年8月24日，つくばエキスプレスの開通を前に，秋葉原の電気街を視察した後，秋葉原駅前で街頭演説を行った．このときの小泉の演説の内容を，ロイターは「衆院解散後の記者会見で述べたものとほぼ同様で，郵政民営化が年金改革や税制改革，景気対策など全ての改革につながるとする」[8]と伝えている．

　8月8日の参議院否決前，小泉が解散・総選挙に打って出ることを予想した人は少なかった．だが，自民党からも反対22票・棄権8票が出て，賛成108票・反対125票で否決されるや否や，小泉は衆議院を解散し，夜には，いち早く記者会見を行って国民の支持を訴えた．その内容は，次のようであった：

　　本日，衆議院を解散いたしました．それは，私が改革の本丸と位置づけてきました，郵政民営化法案が参議院で否決されました．言わば，国会は郵政民営化は必要ないという判断を下したわけであります．

　　私は，今年の通常国会冒頭におきましても，施政方針演説で郵政民営化の必要性を説いてまいりました．そして，今国会でこの郵政民営化法案を成立させると言ってまいりました．しかし，残念ながらこの法案は否決され廃案となりました．国会の結論が，郵政民営化は必要ないという判断を下された．私は本当に国民の皆さんが，この郵政民営化は必要ないのか，国民の皆さんに聞いてみたいと思います．言わば，今回の解散は郵政解散であります．郵政民営化に賛成してくれるのか，反対するのか，これをはっきりと国民の皆様に問いたいと思います．（後略）

　　　　　　小泉内閣総理大臣記者会見［衆議院解散を受けて］（平成17年8月8日）
　　　　　（http://www.kantei.go.jp/jp/koizumispeech/2005/08/08kaiken.html）

この演説の中で，小泉は，2007年衆議院選挙について，「郵政選挙」というくっきりとしたフレーミングを自ら行った。記者会見の模様は，テレビで生中継され，視聴率は21.6%という驚くべき高さに達した（図2-6，図2-7）。選挙CMにもこの争点がくっき

図2-6　2005年8月27日放送『ブロードキャスター』「お父さんたちのワイドショー講座」ランキング

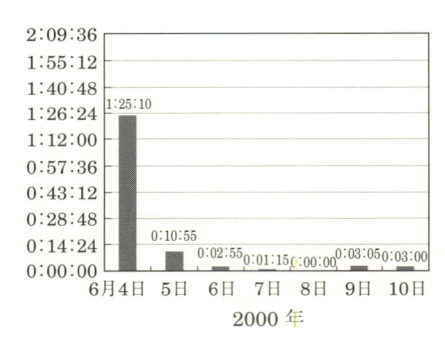

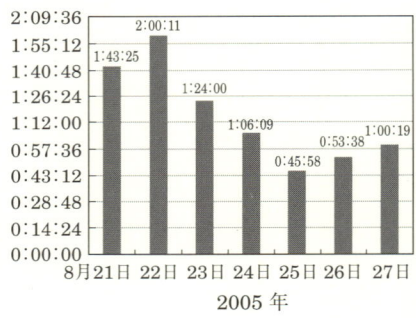

図2-7　総選挙における公示日の前週1週間の選挙関連放送時間
　　　　（フジテレビ，データ出所：2005年8月28日放送『EZ!TV』）

図2-8　2005年総選挙自民党CM
（2005年8月27日放送『ブロードキャスター』より）

図2-9　2005年総選挙民主党CM
（2005年8月28日放送『EZ!TV』より）

りと打ち出された（図2-8）．対する民主党の「政権交代」という主張はいまだ声の小さいものであった（図2-9）．

秋葉原という街

　秋葉原は，第二次世界大戦によって焼け野原になったが，電気部品を扱う露天商が集積し，それらが小規模店舗群を形成し，やがて今日のような広域電気街へと発展した．
　秋葉原電気街は，その時代その時代で主力商品を変えてきた．
　終戦直後から1950年代半ばまでは，組み立てラジオのブームで，その部品を買い求める人びとが街を賑わせた．そのほかに，鉄道模型などのパーツを売る店もあった．いずれも，零細な小規模店舗が，迷路のような小路に立ち並び，まだ貧しかった人びとが食い入るように求めるパーツを探していた．いまも，秋葉原にはこうした過去の面影が残っている（図2-10）．

図 2-10 秋葉原電気パーツ店街（2007.12.24）

　1950年代後半から1970年代までは，日本の高度成長期にあたり，人びとは豊かな生活を構成する家電製品を，安価に買い求めようとして秋葉原を訪れた．現在も，万世橋から中央通り方面を眺めれば，当時と変わらぬ風景が望める．
　1980年代に入ると，当初はマイコンと呼ばれたパソコンや，ビデオゲームが若者たちを集めた．秋葉原は，パソコン・マニア／オタクたちの街と呼ばれるようになった．1990年代後半に入ると，パソコンは一般家電並みに大衆化し，また海外から秋葉原を目当てに来る買い物客も増えてきた（それは，世界中にAKIHABARA的な街をつくり出しもした（遠藤2000など参照））．
　さらに2000年代になると，PCの低価格化が進む一方，コミックやアニメ関連の店が急激に増え始めた（図2-11～図2-13）．この頃，コミックやアニメのキャラクターのコスプレをしたウェイトレスがいる「メイド喫茶」と呼ばれる業態も秋葉原を中心に発

図 2-11　秋葉原駅前大通り（2008.1.20）

図 2-12　秋葉原駅前（2008.1.20）

図 2-13　秋葉原　大通り沿いの大広告（2008.1.20）

図 2-14　再開発された秋葉原駅前（2007.12.24）

展し始めた．日本のコミック，アニメ，ビデオゲームなど，一般に「オタク文化」と呼ばれる種類のサブカルチャーは，世界的に愛好家がいる．秋葉原は，こうした外国からの客も集めるようになった．

図 2-15　YouTube に開設された Visit Japan チャンネルにアップされている秋葉原紹介ビデオ（左：http://www.youtube.com/watch?v=cSvDN0XOsHc, 右：http://www.youtube.com/watch?v=ugeVfgS3RZM）

小泉首相の時代，こうした秋葉原文化を日本の文化外交（ソフトパワー）政策に活用しようという動きが活発化した．

2002年に「経済財政運営と構造改革に関する基本方針2002」が閣議決定され，国土交通省が策定した「グローバル観光戦略」の一環として「ビジット・ジャパン・キャンペーン」が行われている．秋葉原も，そのなかで外国人に魅力ある観光スポットとして位置づけられている（図2-15）．図2-12に，「YOKOSO Japan!」のロゴの入った旗がストリートを彩っている様子が見える．

同じ頃，石原東京都知事の「秋葉原をIT産業の世界的拠点にする」という発案により，秋葉原地区開発計画がたちあげられ，コンペの結果，2002年2月にNTT都市開発・ダイビル・鹿島建設の共同計画案が採用された．この結果，それまで小規模店舗が建ち並ぶ区域だった秋葉原駅電気街口周辺は，先端的な高層ビルの建ち並ぶ広場として，すっかり装いを新たにした（図2-14）．

2005年に小泉がまさにこの場で演説を行ったのは，この地が，彼の「改革」の重要な成果だったからにほかならない．

2007年自民党総裁選

2006年の総裁選の街頭演説会も，2005年小泉街頭演説の延長線上にあったといえよう．

総裁候補が3人そろって秋葉原を最初の演説の場にしたのは，ここが，その後の政治的重要拠点であるとの認識が，少なくとも党内に存在していたことの証と考えられる．

2006年総裁選で勝利した安倍は，この地で「美しい日本」を訴えたが，それは「Cool Japan」の標語と響き合うものでもあった．

一方，麻生の2006年秋葉原演説は，秋葉原という土地にテーマを集中させることに

よって，少なくともその場の「聴衆」にはわかりやすいものであった（反面，一般には広い視野に欠けるものとの印象を与えた）．

2006年演説会における反応の良さに気をよくしたのか，麻生は2007年総裁選に向けて，9月16日，再び秋葉原駅前に立った．このときの麻生の演説は以下のようであった[9]．

（演台から）
ありがとうございます．
（聴衆の声援）
えらく長い間，ほんとうに2時間以上立っていただいて，ここにおられた方もたくさんいらっしゃる．まことにありがたいと思っております．
秋葉原じゃあ，結構評判がいいんだと思いますが，キャラが立ちすぎているらしく，永田町の古き，古い自民党にゃああんまり受けがよくない麻生太郎です．
ぜひ，みなさんがた，ちょうど思い返せば1年前，安倍晋三候補，谷垣禎一候補と3人で，総裁選をやらしていただいた．第一声がこの秋葉原．かなり暑い日だったんですが，「秋葉原駅前，自称オタクのみなさん」，そう言って，そのオタクがえらく受けたらしくて，えらく，それ以後，オタクという言葉が使われるようになったんだそうです．
しかしみなさん，オタクのおかげで，オタクのおかげで日本の文化，サブカルチャーといわれる文化は，間違いなく世界に発信されるようになっているんですよ．
あれ以後，1年間の間に，私，外務大臣として国際漫画賞[10]というのをつくらしてもらいました．漫画，日本語だとお思いでしょうが，あの誇り高きフランスですら国立出版協会で，漫画MANGAという言葉は，これは間違いなく，フランス国立出版協会で，国立フランス出版協会で，この国立出版協会で，間違いなくMANGAというのはフランス語になった．これは・・（音声聞き取れず）・ったくそんなことはありませんよ．それが，出版協会が，正式に，ジャンルとして，MANGAをひとつたてた．それだけでもえらいことですよ．そういう中にあって，漫画大賞をつくらしてもらいましたが，そのときに，世界中から140近い応募作が，世界30数カ国からありました．
その中から選ばしてもらって，その人に漫画大賞あげます．賞金はゼロですよ．お金は一銭もあげない．ただ，日本によんであげる．秋葉原で1週間いられる．（笑）．これだけでわんわん来るんだからね．秋葉原で1週間いられるだけですよ．もう一つある．漫画を作っている，制作している，現場をのぞかしてあげる．その

ときに，そこにいたのが，モーニングのバカボンド書いてる人，誰だったっけな，モーニングのバカボンド書いてる人がそこにいたんだ．その人に会って，その受賞した4人の人からお礼状もらったけれど，あの人に会えて一生忘れない．たいしたもんだと思うね．ただよ．1円も払っていないんだから．しかし，この人たちにとっては，一生の思い出として，さらに，私は漫画を一生懸命頑張ります，といわせるものがある．それが，皆さんのはまっている，漫画という世界ですよ．
　これは単なる漫画の例を引いたけれども，ほかに，歌だって，J-POPだって，いくつも世界中に発信しているじゃない．アジアの国々に行って，いっぱい流れてくる音楽，ほとんどJ-POPなんじゃない？　しかもカラオケ，カラオケもたぶん英語にゃなった．フランス語になったかどうか知らないけど．英語にゃなったけれども，このカラオケだって，これ，みんなが好きだから，みんなが好きだから，カラオケだって世界中にこの機械が売れて，貿易摩擦はまったく起きないよ．だってみんな好きでやってるんだから．
　こっちは買ってくれなんて一言も言ってない．向こうが勝手に買う．
　回転寿司の機械だってそうだよ．あれはたぶん，石川県小松市にある会社が，日本中の回転寿司の約75％くらいはこの会社が作っていると思うけれど，この会社はいま世界中に輸出してるんだって．しかし，自分たちは輸出するつもりなんかはないから，そんなところに需要があるなんて思わない．しかし，向こうが，ものすごい勢いでそれに興味があるから，だから，みんな，こっちに買ってくれる．
　みんな，それが，いま皆さん方が消費しているものが，皆さんが好きで消費しているものが，世界中から受けているんですよ．こういうものが，われわれがもっと誇りに思ってもらわにゃいかんのではないか．私のいいたいことはそういうこと．

麻生政権と秋葉原事件

　しかし，2008年総裁選にあたっては，麻生は秋葉原で演説を行わなかった．
　この年6月に起きた秋葉原無差別殺傷事件の記憶がまだ生々しく，「事件以来，秋葉原の雰囲気はまったく変わってしまった」といわれており，それまでのように「街頭演説でオタクたちが盛り上がる」という図柄は描きにくくなっていたためかもしれない．
　「秋葉原無差別殺傷事件」は，2008年6月8日日曜日の真昼に起こった．朝日新聞によれば，事件のあらましは次のようである：

　　東京都千代田区外神田の秋葉原電気街の交差点で8日午後0時30分すぎ，男が通行人をトラックではねた後，ナイフで刺す無差別殺傷事件がおき，男性6人と女

性1人が犠牲となった．殺人未遂容疑で現行犯逮捕された男は警視庁に「秋葉原は数回来たことがある．人がたくさんいることを知っていた．2，3日前に決意した」と供述．携帯サイトの掲示板に犯行を予告し，実行までの経過を書き込んでいたという．

男は静岡県裾野市富沢，派遣会社員加藤智大（ともひろ）容疑者（25）．調べに，携帯サイトへの書き込みを認めており，同庁は携帯電話を押収した．「人を殺すため秋葉原に来た．世の中が嫌になった．生活に疲れてやった．誰でもよかった」と述べているという．（後略）

2008年6月9日15時11分

(http://www2.asahi.com/special2/080609/TKY200806080127.html)

この事件について，産経新聞は次のような地元の声を伝えている．

「悪い町になってしまった」．大勢の人でにぎわう東京・秋葉原で8日，発生した無差別殺傷事件．オタク文化やアニメブームで世界的な観光地になった秋葉原に引き寄せられたのは，健全な観光客だけではなかった．地元の商店街や町会関係者は「けんかもない町だったのに…」と困惑した表情だった．

(http://sankei.jp.msn.com/region/kanto/tokyo/080610/tky0806100248004-n1.htm)

2006年，NHKが放送したドキュメンタリー『ワーキングプア』によって，一躍，「ワーキングプア」という言葉に注目が集まった．「ワーキングプア」とは，フルタイムまたはそれと同等の働き方をしているにもかかわらず，生活の維持に困難をきたすほどの低所得しか得られない社会層をさす．実際，2000年前後から，平均給与や正規雇用者割合は下がり続け，反対に，生活保護世帯数は劇的に増加し続けてきた．その背後には，グローバル化の波の中で，企業のコスト削減がさらに進行しつつあることが挙げられる．

秋葉原殺傷事件の犯人を，こうした社会病理の象徴と見る人びともいた[11]．

それと同時に，秋葉原事件でもう一つ人びとを驚かせたのは，その場に居合わせた人びとが，事件の発生とともに，携帯やデジタルカメラで，事件をリアルタイムで記録し，インターネット上にアップしたことだった（図2-18）．

メディアの発達とともに「劇場型犯罪」という言葉がしばしば聞かれるようになった．しかし，秋葉原事件のような事件は，「オンライン劇場型悲劇」とでもいうのだろうか[12]．人びとの「まなざし」の構図に転換が観察されたことも，この事件の特徴であった．

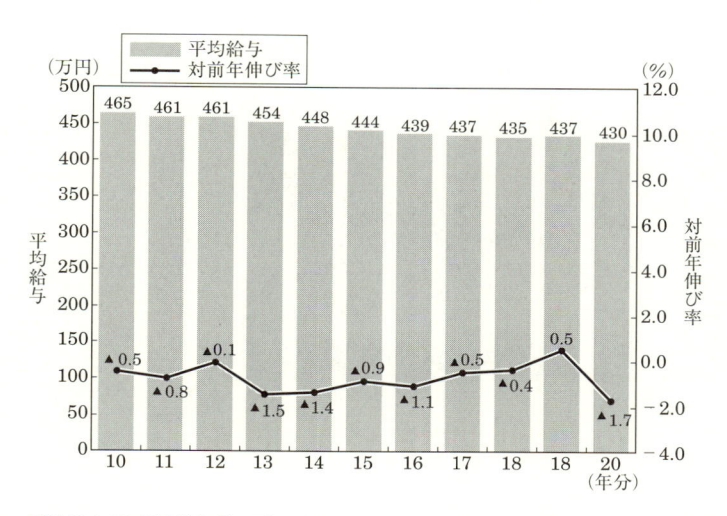

図 2-16　平均給与及び対前年伸び率の推移（データ出所：国税庁「平成20年分民間給与実態統計調査」）

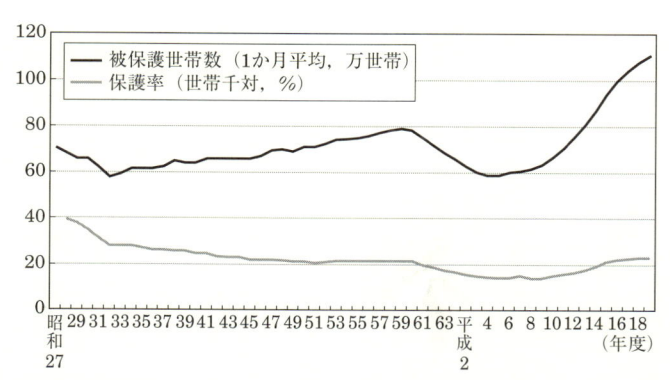

図 2-17　生活保護世帯推移（データ出所：国立社会保障・人口問題研究所　2009年7月29日（更新），http://www.ipss.go.jp/s-info/j/seiho/seiho.asp）

図 2-18　秋葉原事件の発生を伝える YouTube 画像
　　　　（http://www.youtube.com/watch?v=F88C5TLti4E，2009.4.27閲覧）

5.　おわりに

　当選した麻生政権は，メディア戦略もさらに進めた．

　秋葉原での演説が YouTube の LDPchannel にアップされたのはもちろんであるが（図 2-19），小泉以来のメールマガジンに「太郎ちゃんねる」という動画配信を加えた（図 2-20）．「太郎ちゃんねる」は，メールマガジン登録者のみが見ることができるよう

図 2-19　麻生太郎総裁 in アキバ（2008.10.26）
（http://www.youtube.com/watch?v=KE4lxOkwliI）

図 2-20　麻生内閣メールマガジン，太郎ちゃんねる第1回（2008.10.9投稿）
（http://www.nicovideo.jp/watch/sm4873359）

になっていたが，その後,「ニコニコ動画」に公式動画コーナー「麻生自民党チャンネル」を開設した．2008年頃になると，YouTubeだけでなく，ニコニコ動画にも公式ちゃんねるを開設することが，小沢一郎，志位和夫，福島みずほ，小池百合子などの政治家にも広まっていた．

メディア・ポリティクスが新たな段階に入ったことは明らかだった．

ただし，麻生内閣の支持率は，発足から短期間のうちに急落していった．

情況は雪崩のような変化を始めていた．

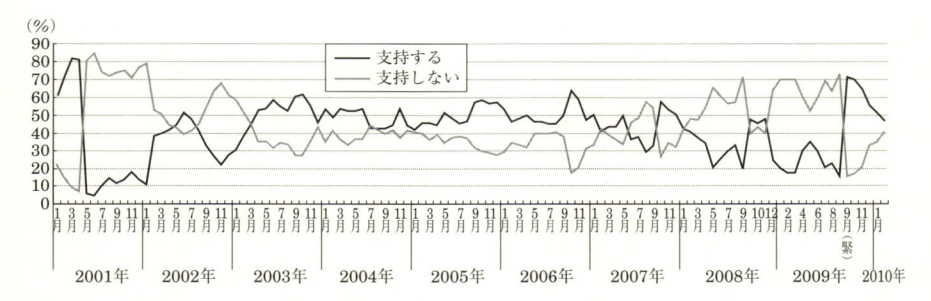

図 2-21 NHKによる内閣支持率推移（2001年1月～2010年2月）（データ出所：NHK放送文化研究所「政治意識調査」, http://www.nhk.or.jp/bunken/research/yoron/seijiishiki/list_seijiishiki1.html）

第3章

2009年政権交代と間メディア社会
―― 新聞・テレビ・ネットは選挙をどう論じたか

1.　はじめに ―― 2009年総選挙の背景と間メディア分析

　選挙とオリンピックは似ているかもしれない．

　オリンピックと同様，選挙も，間歇的にやってくる開催年に人びとの関心は爆発的に盛り上がり，マスメディアの報道もそれ一色に染められる．投票日，興奮は頂点に達し，まさに民主主義社会最大の祭儀であるといえよう．その日を境に，「明日からすべてが一から始まる」との幻想が，人びとを強く結びつけるような，そんな共在感が人びとを支配する．だが，「祭りのあと」という言葉があるように，中心祭儀が終わった後，人びとの興奮は次第に冷めていき，すべては通常のパターンに回帰し，変化への期待よりも平穏な日常生活が人びとの中心課題となる．

　だが，実際に問題なのは，華やかな祭儀ではなく，その陰に隠れている「普通の日々」である．究極的な緊張が解放されるオリンピックの決勝戦は，そこに至るまでの目につかない日々の鍛錬に支えられている．

　2009年総選挙は，ある意味で，人びとがことさらに待ちこがれた選挙だった．

　あの，サプライズに満ちた2005年総選挙の後，2006年に小泉政権が任期満了で終了した．その後に続いた安倍政権，麻生政権は，就任当初の期待はそれなりに高かったにもかかわらず，短期間のうちに国民からの支持を失った．

　その理由について，しばしば個人的な資質が取りざたされた．だが，問題の本質は，

長く続いた自民党政権が，巨大な社会変動，世界変動に気づいておらず，小手先の〈劇場性〉によって状況をしのげるとの思い込みに固着していたことかもしれない．

　2009年8月31日夜，テレビ各局は，大々的に開票速報番組を組んだ．しかし，番組が始まるやいなや，誰もが予測しつつ，だが同時に「まさか」と思っていた事態が，まさに眼前で現実となっていった．

　翌日の新聞一面には，各紙とも「政権交代」の大きな文字が躍っていた．

背景にある社会変動因子

　2009年の政権交代に裏側から作用した社会変動因子として，次の四つが考えられる．
  （1）グローバリゼーションとオバマ選挙
  （2）有権者の意識変化
  （3）間メディア社会化
  （4）マニフェスト選挙／政権交代選挙というフレーミング

　これらは独立の因子ではなく，相互に深く関係し合っている．とはいえ，一挙に語ることは理解を妨げるので，できるだけ解きほぐしつつ，以下に概要を考察する．

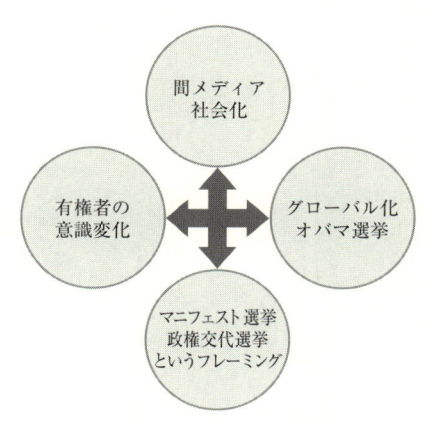

図 3-1　2009年総選挙の背景

日本の政治的流れ

まず，2000年以降の日本の政治の潮流を概観しておこう．

2000年に突然輝きを見せた小泉首相は，驚くべき大衆的人気を獲得し，「自民党をぶっ壊す」を合言葉に，日本政治にネオリベラリズム的要素を持ち込んだ．

時を同じくして，アメリカでは共和党のブッシュが僅差で民主党のゴア候補を破り，大統領の座についた．小泉はブッシュに対する親愛の情を過剰なまでに表現し，日米の信頼関係を強調した．小泉人気のなかで，2000年の衆議院選挙，2001年の参議院選挙は，自民党の圧倒的勝利に終わった．「自民党をぶっ壊す」をスローガンにした小泉は，むしろ自民党一党優位の体制を造り出したのである．

何度かの危機を乗り越えつつ，小泉政権はそれなりの支持率を維持し続けた．

しかし，2003年の衆議院選挙，2004年の参議院選挙では，自民党も議席を増やしたが，同時に民主党も大幅に議席を増やした．こうした結果は，民意は二大政党制を望んでいることを示していたのかもしれない．

2005年8月，小泉首相が政治生命をかけた郵政民営化法案が参議院で否決された．

これで小泉政権の命運がつきたかと思われた瞬間，小泉首相は国会を解散し，総選挙に打って出た．「郵政選挙」と小泉自身によってフレーミングされたこの選挙は，魔法のように，自民党（というより小泉支持層）の圧勝を導いた．

とはいえ，その後1年，小泉は，静かに任期満了までとくに目立つ行動はなかった．

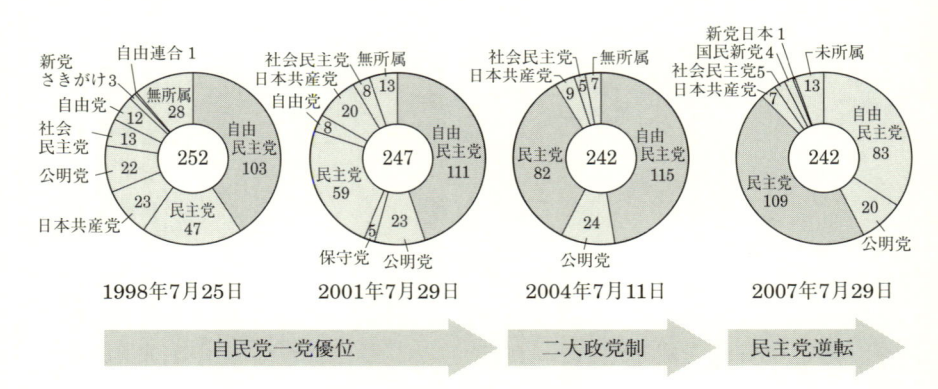

図 3-2　参議院選の議席数推移

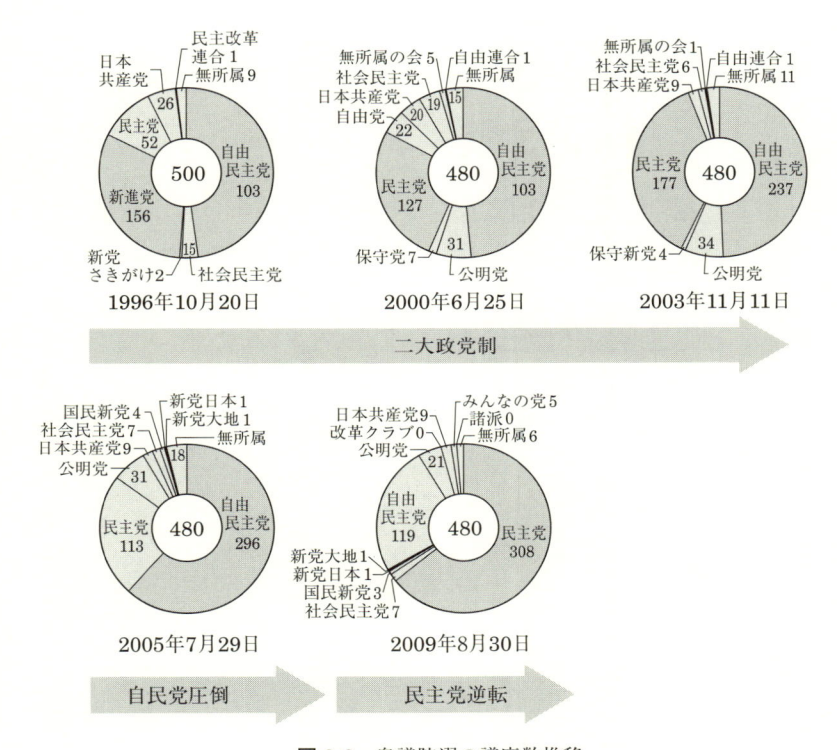

図 3-3 衆議院選の議席数推移

グローバリゼーションとオバマ選挙

　第1章でも論じたように，今日，いかなる国も世界の動きと無関係ではいられない．
　アメリカでは，必ずしも人気が高くはなかったブッシュ大統領は，2001年の9.11の悲劇で，一躍，国民統合の象徴となった．リベラルな意見は，国を危うくするというような雰囲気さえあったのが，2000年代初頭のアメリカであった．
　しかし，ブッシュ大統領が強硬に進めたイラク戦争は，次第にアメリカ国民を疲弊させていった．2004年の大統領選挙では，ブッシュの二期目は必ずしも保証されていたわけではないが，それでも何とか，ケリーを破った．だが，このときの大統領選の泥仕合は，アメリカ国家の深い亀裂を感じさせたのだった．また，ブッシュのネオリベラリズム的政策は，雇用を悪化させ，国内の貧困を拡大する結果をもたらした．
　2008年大統領選挙の前には，ブッシュ大統領の支持率は地に落ちていた．

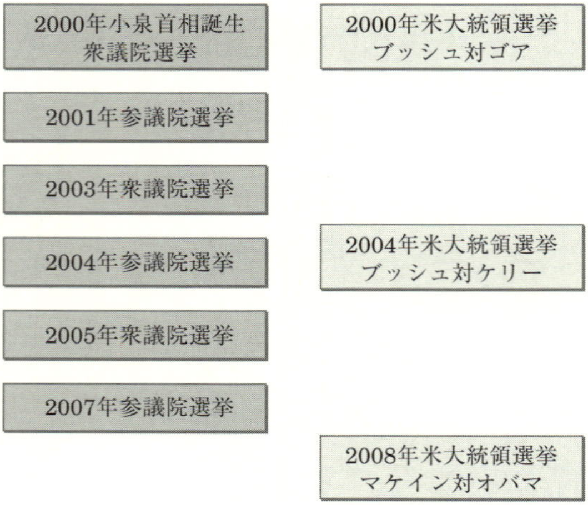

図3-4　2009年総選挙までの道程と日米政権

　アメリカ国民は，景気対策や失業対策を求め，また，社会福祉の充実を望んだ．それだけでなく，国際世論からのリスペクトを求めた．こうした流れのなかで現れたのが，オバマ候補だった．WASP[1]ではなく，理想主義と国内統合を掲げるオバマ候補は，新人政治家であるにもかかわらず，一気に大統領の座を手にしたのだった．
　オバマは，国際的にも高い人気を獲得した．日本でも，オバマ・ブームが起こった．

日本人有権者の意識変化

　これに呼応するように，小泉後の自民党政権は，いずれも国民の支持を維持することができず，次々と短期で首相の座を譲ることとなった．
　もちろんそれは単にアメリカの潮流に影響されたということではない．グローバリゼーションが進む世界では，国内問題も，グローバルに共通な構造をもっている．日米の体制はもちろん大きく違っているが，同時に同じ暴風雨の中を進む船団でもあるのだ．
　日本でも，不況は長期化し，失業率は上がり続け，国際社会の中での存在感が薄れていた．
　こうした状況を映すかのように，国民の意識にも劇的な変化が生じた．
　図3-5は，NHK「日本人の意識調査」2008からの引用であるが，小泉政権時代には，それ以前の日本的意識構造（福祉重視）が「経済の発展」を最重要視し，福祉を軽んずるネオリベラリズム的意識にドラスティックな変化を見せている．しかし，小泉政権後

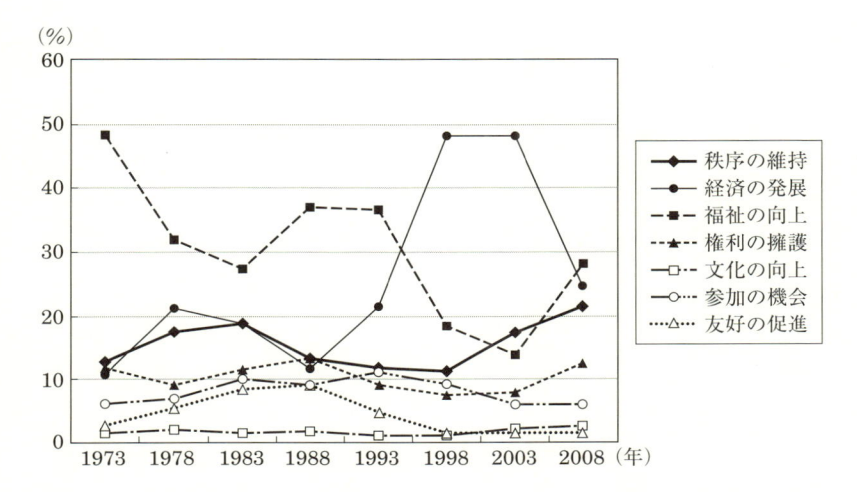

図 3-5 今，日本の政治が，取り組まなければならないいちばん重要なことがらは何か？
（データ出所：NHK「日本人の意識調査」2008）

には，再び「経済の発展」から「福祉の向上」へと劇的な変化が生じている．これは，必ずしも「小泉政権」に帰せられる潮流ではなく，むしろ（小泉人気も含めて）グローバリゼーションに対する国民的反応と考えるべきかもしれない[2]．

間メディア社会の進展——ソーシャルメディアの一般化

同時期，メディアも大きな変化の中にあった．

2005年以降，ソーシャルメディアと呼ばれる新しいインターネット上のサービスが，多くの利用者を集めている．SNSやTwitter，YouTube，Ustreamなどのソーシャルメディアは，それ以前のサービスをさらに高度化し，誰にでも使いやすいものにした．

政治情報も，ソーシャルメディアを媒介にして，従来よりも広く，双方向的に広められることになった．それを最も早く活用したのがオバマ大統領だった．しかし，彼だけでなく，アメリカでも日本でも政治家たちはこぞってその活用を探り始めた．

この流れは，有権者にも影響を及ぼしているかもしれない．

図3-6は，衆議院選挙の投票率推移であるが，小泉政権時代，どん底に落ちた投票率は，その後，大きく盛り返しつつある．

このような流れの中で，2009年総選挙は行われたのだった．

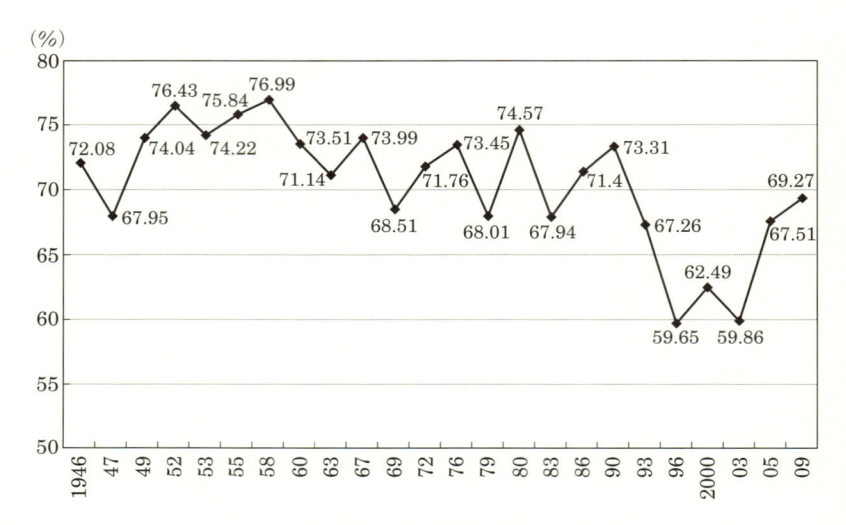

図 3-6　衆議院投票率の推移(中選挙区・小選挙区)
（データ出所：明るい選挙推進協会）

2. 「政権選択」/「政権交代」というフレーミング
    ――新聞・テレビ・ネットはどう報じたか

政権交代というフレーミング

　2009年総選挙のキーワードは，「政権選択」/「政権交代」と「マニフェスト」であった．そして，これらのキーワードによって，この選挙はあらかじめフレーミングされていたといえるかもしれない．

　しかし，それは裏を返せば，選挙に際して突如これらの言葉が浮上したというよりは，2005年郵政選挙から2009年総選挙にいたる，長い経緯の中でこれらの言葉が明瞭な形をとってきたと考えるべきではないだろうか．

　本節では，まず，2009年総選挙までの経緯を概観したうえで，2009年総選挙にあたってのメディア報道状況を分析し，いかにして「政権選択」/「政権交代」がキーワードとなっていったのかを考察する．

　分析対象は，新聞，テレビ，ネットの言説である．それらを個々のメディアごとに，定性的・定量的の両面から分析する．その後，それらの間の関係について，間メディア分析を行うものとする．

引き延ばされた総選挙

　小泉首相が退陣した後，安倍，福田と二人の首相が短命に終わった．沈滞する経済状況の中で，人心を自民党政権につなぐには，総選挙で勝つしかないと考えられた．

　麻生は，2008年9月22日に自民党総裁に選出され，24日に首相に指名された．彼が，総選挙のための首相であることは，あらかじめ自明視されていた．たとえば，福田総理が退陣表明をした直後の2008年9月7日放送の『時事放談』（TBS）でも，「解散・総選挙は近い？」と題したコーナーで，武村正義元内閣官房長官は，解散時期について，「まあ，選挙が近づいていますからね，あのー，自民党も世論に対しては敏感になってきていますから，一番世論の受けのいい時期に解散しようと，本能的にそう思っていると思うんですね．だから，そういう意味では，やっぱりどの内閣も成立した直後はちょっと高くて，日を追って沈んでいくというか，下がっていきますよね．それなら，成立した直後にやろうということになるんじゃないでしょうか」と語っている．

　たしかに，表3-1に示すように，発足直後の支持率は，安倍／福田内閣発足時よりは低いものの，福田政権末期（表3-2）よりはかなり改善された．自民党員の多くが，そして多くの報道，世論調査結果もまた，内閣の支持率が高いうちに解散・総選挙に打って出ることを自明と見なしていた．

　だが，首相となった麻生は，大方の予想を裏切る方向へ舵を切り始める．

　10月30日の記者会見で，「衆議院の解散総選挙の時期についてお伺いします．今後の国会は早期解散を求める民主党が抵抗を強めて，政策の実現は難しくなることが予想されます．党内には選挙で直近の民意を得て，本格的に政策を実現すべきという声もありますが，総理は解散総選挙をいつ断行するおつもりでしょうか」との問いに，麻生は「解散の時期につきましては，しかるべき時期に私自身が判断をさせていただきます」と答えて，早い時期の解散を否定した（図3-7）．さらに，「この3年間，国民の審判を得ないまま，3代にわたって総理大臣が代わりました．麻生総理御自身も『文藝春秋』の論文で，国民の審判を最初に仰ぐのが使命だとお書きになっていたと思うんですが，その政権で政局より政策をずっと実現することに対する正当性について，どうお考えなのか」と問いかける記者に対しても，「うちは大統領制でないということは，よく御存じのとおりだと思います．ここは議院内閣制ですから．したがって，議院内閣制によって運営されているのであって，大統領制とは全く違うということであって，その正当性ということに関しては，全く問題がないと思っております．また，今，少なくとも世の中において，政局よりは政策，何より景気対策という世論の声の方が圧倒的に私は高いと思っております」と，「政策優先」を口実に解散を否定したのである．

表 3-1　新聞各紙による麻生内閣発足直後（2008年9月24, 25日）の支持率世論調査結果

	朝日	毎日	読売	日経	共同
内閣支持率	48	45	49.5	53	48.6
内閣不支持率	36	27	33.4	40	32.9
今比例区で投票するなら自民党	36	37	36	34.9	
今比例区で投票するなら民主党	32	29.5	33	34.8	

表 3-2　福田改造内閣支持率（2008年8月）

	朝日	毎日	読売	日経	共同
内閣支持率	24	25	41.3	38	31.5
（前回からのポイント差）	(+0)	(+3)	(+14.7)	(+12)	(+4.7)
内閣不支持率	55	52	47	49	48.1
（前回からのポイント差）	(−3)	(−2)	(−14.3)	(−14)	(−5.4)

表 3-3　各メディアによる麻生内閣発足直後（2008年9月24, 25日）の解散時期世論調査結果

	日経	日本テレビ 10.10〜12	TBS 9.27〜28	フジテレビ 10.2	テレビ朝日
直ちに行うべき	24	15.1	17	25.6	14
補正予算成立後（年内）	30	29.5	40	31.6	25
年明け	6	23.6	12	24.8	54
来年春	7		9		

図 3-7　2008年10月30日記者会見（「政府インターネットTV」
http://nettv.gov-online.go.jp/prg/prg2233.html, 2009.11.5閲覧）

　麻生の思惑とは裏腹に，支持率は下がり続け，自民党内でも不満が鬱積していった．
　図3-8をみれば，10月30日の記者会見（とその後）が，かなり決定的だったことがわかる．この後，麻生内閣は1年近く「ダッチロール」[3]を続けることになる．

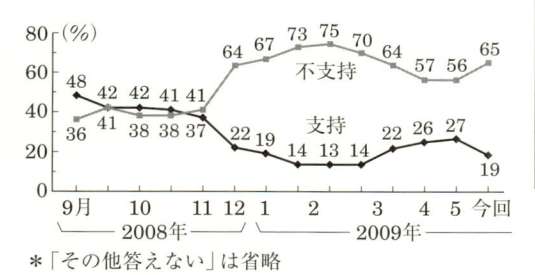

2. 「政権選択」／「政権交代」というフレーミング　73

朝日	支持	不支持	自民	民主
7.4〜5	20	68	24	25
7.18〜19	17		20	31
8.1〜2	18	63		
8.15〜16	19	65		

＊「その他答えない」は省略

図 3-8　麻生内閣の支持率推移

　この間，麻生に対しては，いくつかの周辺的な批判が巻き起こってもいた．「高級バー通い」「漢字の読み違い」「失言癖」などである．
　「高級バー通い」は，2008年10月5日放送の『時事放談』（TBS）が発端であった．このとき，首相動静の一部として，9月26日の「ホテルはしご」が取り上げられたのだった（図3-9）．

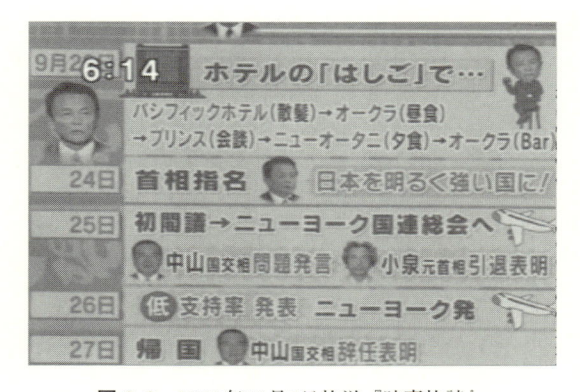

図 3-9　2008年10月5日放送『時事放談』

「政権選択」選挙というフレーミング

都議選敗退と2009年総選挙

「ダッチロール」に終止符を打ったのは，2009年7月の東京都議会議員選挙の自民惨敗だった．このとき，自民党が10議席減らしたのに対して，民主党は20議席も議席を増やしたのだった（表3-4参照）．

表3-4　2009年都議会議員選挙政党別獲得議席数

	当選者数	うち女性	現	新	元	現有勢力（欠員2）
自民	38	2	33	4	1	48
民主	54	10	31	22	1	34
公明	23	3	19	4	0	22
共産	8	5	6	2	0	13
生活者ネット	2	2	1	1	0	4
行革110番	0	0	0	0	0	1
社民	0	0	0	0	0	0
幸福実現	0	0	0	0	0	0
その他	0	0	0	0	0	0
無所属	2	2	1	1	0	3
合計	127	24	91	34	2	125

もっともそれは予想されたことでもあり，また，都議選前後に行われた地方首長選挙の結果も明らかにその方向を指し示していた．

マスメディアは，連日，地方選挙での新人候補当選のニュースで沸いていた．

表3-5　都議選直前および同時期の地方首長選挙の結果

2009.4.26	名古屋市長選，河村たかし当選
2009.5.24	さいたま市長に民主党県連が支持する新顔の清水勇人氏（47）が初当選
2009.6.14	千葉市長選，全国最年少31歳熊谷俊人（民主推薦）当選
2009.6.28	横須賀市長選，33歳新人当選
2009.7.5	静岡県知事選，民主推薦当選
2009.7.12	都議選，自民大敗
2009.7.13	奈良市長選，33歳新人当選
2009.7.26	仙台市長に奥山恵美子氏，初の女性政令市長

一夜明けて

新聞のフレーム

都議選から一夜明けた7月13日，朝刊各紙の一面には大きな文字が躍っていた．

それらはいずれもほぼ同一の内容で，民主党が圧勝し，与党が過半数割れして，首相の進退と解散への動きとがせめぎ合っていることを，報じていた．

表 3-6　7月13日朝刊一面の選挙関連見出し

新聞	一面見出し
朝日新聞	民主圧勝　第1党 自公，過半数割れ 解散先送り論広がる 問責可決なら緊迫
読売新聞	民主圧勝　都議会第1党 首相週内解散を決意 民主きょうにも不信任案 与党過半数割れ　自民最低38議席　公明は全員当選 投票率上昇54.49%
日本経済新聞	都議選　自民惨敗　与党過半数割れ 民主躍進，初の第1党 首相の責任論強まる 首相，解散の構え崩さず 自民内は先送り論が大勢
毎日新聞	自公，都議会過半数割れ 首相進退波及も 民主圧勝第1党に 38区でトップ当選 衆院選　来月下旬以降 民主，きょう不信任案

解散総選挙に向けての新聞報道

だが，流れは13日の昼には決していた．麻生首相は，党内の「麻生おろし」の動きを振り切って，解散を決定した．

解散を告げる各紙の13日夕刊，14日朝刊も，ほぼ同じ内容の見出しが躍っている．とくに朝刊では，各紙とも首相の苦しい立場を表現している．

表 3-7　7月13,14日の各紙一面見出し

新聞	13日夕刊	14日朝刊
朝日新聞	総選挙8月30日投票 首相,与党と合意 7月21日にも解散	首相　窮余の解散予告 21日にも　投開票は8月30日 民主は不信任案提出 首相,週内解散構想から一転
読売新聞	衆院選8月30日 解散今月21日にも 政府・与党が合意	8.30衆院選　首相表明 解散「14日にやる．絶対やるからな」 野党が問責案 17法案　廃案へ
日本経済新聞	衆院選,来月30日 首相,今月21日にも解散 退陣論封じ込め 政府・与党が日程合意 内閣不信任案・首相問責案　民主, 　午後に提出	内閣不信任案　否決へ 来月30日衆院選　首相が正式表明 【選択の衆院選　都議選ショック　上】 「勝てる解散」好機来ず 首相追い込まれ解散
毎日新聞	衆院選来月30日に 首相,与党と合意 解散21日にも	土壇場ぶれて決断 「都議選直後」に猛烈巻き返し 4野党が不信任案 首相「逃げずに戦う」
産経新聞		21日にも解散　8月30日総選挙 首相苦渋　自公に折れた

テレビ報道のフレーム

テレビもまた同様の傾向を示していた．

NHKの夜9時の『NHKニュースウォッチ9』(21:00〜22:00) は，午前9時半の首相公邸前の映像（図3-10）とともに，記者の次のような報告[4]から始まった．

　　（左下テロップ：首相公邸　午前9時半，映像：首相公邸前）
　　えー，いま，朝の9時半です．東京都議会選挙から一夜明け，麻生総理大臣，公邸から歩いて出てきました．麻生総理，いま，ゆっくりと空を見上げました．総理は，いったい，どのような決断を下すのでしょうか．(26秒)
　　（右下テロップ：東京都議選　自民党が大敗，映像：総理大臣官邸前）
　　昨日の都議選で，自民党は大敗．次々と総理大臣官邸を訪れる与党の幹部．麻生総理大臣は，来週早々の21日にも衆議院を解散し，来月30日を投票日とすることで，与党幹部と合意しました．(開始から52秒)
　　（下部テロップ：来月30日投票日に）

2. 「政権選択」/「政権交代」というフレーミング　77

　(左上テロップ：21日にも解散　来月30投票，映像：麻生総理記者会見)
　麻生演説：われわれは少なくとも確かな実績をもっている．そのうえで，着実に政策を進めてきた政府与党，自民・公明の連立政権．私は逃げずに公約をもとにして国民の信を問いたい．きわめて重大な安全保障上の問題である北朝鮮の船舶の検査法など，われわれにとって非常に大きな問題が，抱えたままになっている．これはぜひ挙げさせていただきたい．(開始から1分32秒)

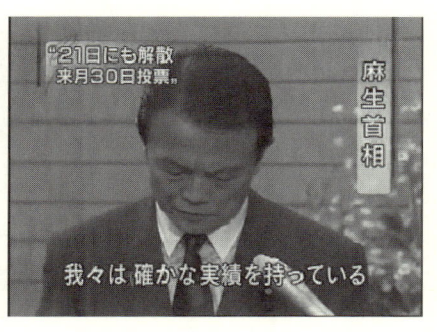

図 3-10　2009年7月13日放送『ニュースウォッチ9』のタイトル画面

表 3-8　2009年7月13日放送『NHKニュースウォッチ9』の全体構成（遠藤による）

〈全体構成〉(全体60分)	
開始　　　～27分58秒	総選挙関連ニュース
27分58秒～36分20秒	臓器移植法
36分20秒～41分 7秒	SUNTORY KIRIN 経営統合協議
41分 7秒～41分49秒	有権者ネットで質問
41分49秒～44分34秒	その他のニュース
44分34秒～48分50秒	天気予報
48分50秒～58分 2秒	スポーツ
58分 2秒～60分	警察官発砲　ウィグル自治区で死者

　一方，民放では最も高い視聴率を誇る報道番組である『報道ステーション』(21:54～23:10，テレビ朝日)は，図3-11の背景とともに，キャスターの古舘伊知郎による次のようなトークで始まった．

　えー，昨日，都議会議員選挙がありましてですね，まあ，決定したのは，はっきりでたのは自民党大敗，ということになったんですけれども，ま，それをですねー，どういう風に捉えようかとか，いろいろ考える間もなく，ポンっとですね，今日に

なりますとですねー，また新たな動きの方が打ち出されてくるわけですねー．正直言ってちょっとついて行けないなー，次の場面，次の場面ていうのは，っていう風に感じる方，いらっしゃいませんかねー．今日は今日とて，ですねー，来週，麻生総理の手によってー，いろいろ言われましたけれども，とにかく解散するんだっていう宣言があった．そして，ちょっと時間が空くんですけれども，8月の30日，総選挙ということが，どん，と，今日，打ち出されてきて，そっちに目がいくわけですけれどもね，まあ，しかし，ながら，こー，自民党の中で，新たな，それに対する火種なんかも出てきているようなんで，そのあたりも，注意深く，ちょっとお伝えしたいと思います[5]．

（左上テロップ：午後7時20分，右上テロップ：明日解散，一転「来週」に　揺れた総理「決断」の裏側）

（映像：記者会見する麻生総理）

麻生：来週7月21日の週早々に衆議院を解散し，8月30日に総選挙を実施する．国民に問うのは，どの党が皆さんの生活を守り，日本を守るか．これが争点です．
（開始から1分21秒）

このオープニング・トークの最後の部分，「どの党が皆さんの生活を守り，日本を守るか．これが争点です」すなわち「政権選択」が，2009年総選挙の基調底音であった．この日の報道ステーション（全体で76分）は，

　　開始〜31分：麻生総理による解散・総選挙の決定
　　31分〜40分20秒：キリンとサントリー「経営統合」交渉へ
　　40分20秒〜42分30秒：CM
　　42分30秒〜44分30秒：改正臓器移植法成立
　　44分30秒〜46分15秒：CM
　　46分15秒〜48分45秒：改正臓器移植法成立
　　48分45秒〜終了：その他のニュース，スポーツ，天気予報，CMなど

という構成で，選挙関連ニュースが全体の約半分を占めた．

2.「政権選択」/「政権交代」というフレーミング　79

図 3-11　2009年7月13日『報道ステーション』

解散の7月21日

テレビにおける「政権選択」というフレーミング

　麻生の決断から約1週間後の7月21日，予定どおり，衆議院は解散された．

　21日のNHK『ニュースウォッチ9』とテレビ朝日『報道ステーション』はいずれも，冒頭こそ豪雨のニュースだったものの，後の大部分は，「解散・総選挙」関連のニュースが大部分を占めた．そして，この長時間の放送の間，画面左上には，ほぼ常時「政権選択」というテロップが映し出されていた．これは必ずしもこの2つの番組だけの現象ではなかった．こうして，テレビ報道は，2009年の総選挙に，「政権選択」というフレーミングを行ったのである．

表 3-9　2009年7月21日放送『ニュースウォッチ9』（21:00〜22:20）の構成

開始からの経過時間	テーマ	タイトル／テロップ	映像
開始〜 00:09:50	山口集中豪雨	（テ）老人ホームを濁流が 　　　3人死亡　4人不明	現場映像
00:09:50〜	選挙	（タ）2009年衆院選 （テ下）解散"政権選択"選挙へ	キャスター
00:10:30〜	選挙	（テ左上）衆議院解散"政権選択"選挙へ	街の様子 麻生総理 各党党首 現場レポート
00:25:29〜	選挙	（タ）2009年衆院選 （テ下）解散"政権選択"選挙へ	キャスター
00:26:00〜	選挙	（テ左上）衆議院解散"政権選択"選挙へ	歴史的映像
00:33:28〜	選挙	（タ）2009年衆院選	キャスター
00:33:40〜	選挙	（テ下）いよいよ衆院選 　　　　その焦点は？	キャスター 記者

時刻	テーマ	タイトル／テロップ	映像
00:35:33～	選挙	（テ左上）衆議院解散 "政権選択" 選挙へ	取材映像
00:53:15	選挙	（タ）2009年衆院選 （テ下）解散 "政権選択" 選挙へ	キャスター 記者
00:59:20～	千葉市殺人事件	（テ下）買い物帰りに襲われた疑い	
01:00:20～	グーグルと宇宙航空研究開発機構が共同開発した新サービス	（テ上）月面立体的に （テ下）グーグルと宇宙航空研究開発機構会見	
01:01:02～	カリフォルニア州の財政危機	（テ上）危機は当面回避へ （テ下）カリフォルニア州シュワルツネッガー知事	
01:01:41～		（テ上）月面着陸40年	アームストロング飛行士の月面着陸の映像
01:02:12～		（テ上）一直線ルートが最適	JR東海
01:02:52～	天気予報		
01:07:04～	スポーツニュース		
01:15:35～	山口集中豪雨	（テ下）山口の大雨　5人死亡　9人不明	
01:17:56～終	天気情報	（テ左上）近畿南部・東海　激しい雨のおそれ	

表 3-10　2009年7月21日放送『報道ステーション』（21:45～23:10）の構成（ただし，CM含む）

開始からの経過時間	テーマ	タイトル／テロップ	映像
00:00:00～ 00:18:15	山口県集中豪雨	7人死亡9人不明 記録的豪雨…土砂が（タ）	キャスター 現場映像
00:18:15～	選挙	自民 "分裂回避" 民主 "野党で過半数" 衆院解散8・30「政権選択」選挙へ（タ）	キャスター 現場映像
00:18:44～	選挙	総理「謙虚に反省出直しを」 分裂回避で「政権選択」選挙（テ）	キャスター 現場映像
00:22:48～	選挙	"自民騒動" 主役たちの結末 解散の日「政権選択」選挙（テ）	キャスター 現場映像
00:25:22～	選挙	衆院解散8・30選挙 「政権選択」夏の陣40日間（テ）	キャスター 現場映像
00:33:38～	選挙	衆院解散8・30選挙 「政権選択」夏の陣40日間（テ）	キャスター コメンテータ
00:42:46～	選挙	「自民騒乱」の深層 "歴史的" 7.21解散（テ）	キャスター コメンテータ
00:45:45～	選挙	8・30「政権選択」選挙 歴史的40日決戦（テ）	キャスター コメンテータ
00:50:05～	天気情報		
00:54:07～	スポーツ		
01:00:35～ 01:16:00	山口県集中豪雨	最新情報山口で5人死亡9人不明 二次被害懸念し捜索打ち切り（タ）	キャスター 現場映像

新聞における自・民対立構図

　一方，新聞はどうであったか．
　表3-11に，7月21日夕刊と22日の各紙朝刊一面見出しを示す．
　新聞では，テレビよりも直接的に，「政権選択」が今回の選挙の焦点であり，自・民の対立構図を強く打ち出している．その結果，日経と産経を除く三紙では，麻生首相と鳩山代表の主張を並列して，大きく見出しにしているのが目立つ．
　テレビ報道が，選挙に関して形式的には態度を保留しようとする傾向が観察されるのにたいして，新聞は，選挙の構図を明確に示すことによって，むしろ，選挙の積極的なアクターとして行動することを選択しているともいえる．

表3-11　7月21日夕刊と22日朝刊の一面見出し

新聞	21日夕刊	22日朝刊
朝日新聞	衆院解散，総選挙へ 政権選択　自・民が激突 8月18日公示　30日投票 首相，好機2度逃す 追い込まれた「選挙の顔」 首相「一致結束を」■「革命的選挙」鳩山氏 自民議員懇は約30分	政権争奪　火ぶた 衆院解散　来月30日総選挙 立候補1200人超 麻生首相　「政党の責任力」問う 鳩山代表　「歴史的な使命」強調 ［論説］民主主義の未来賭けて
読売新聞	衆院解散　総選挙 政権選択　40日の攻防 8月18日公示，30日投票 首相「失言，ぶれ，深く反省」自民議員懇 民主「第1党」掲げ攻勢	8.30政権選択 「安心実現」　麻生首相 「脱官僚を」　鳩山代表 1240人が立候補予定 ［論説］スローガンより中身だ
日本経済新聞	衆院解散，総選挙へ 「自公」継続か　政権交代か 来月18日公示　30日投開票 事実上の選挙戦　規定上限の40日間 「私の発言で支持率低下」 麻生首相が陳謝 自民が公開で両院議員懇	与野党，舌戦を本格化 衆院選，各党幹部が街頭へ
毎日新聞	衆院解散　総選挙 自民混迷　民主高揚 「政権」懸け　来月18日公示 30日に投開票 自民・議員懇　退陣要求は出ず 首相，混乱を謝罪	衆院選　実質スタート 政党の責任力問う　麻生首相 革命的政権交代を　鳩山代表 来月30日投開票 変革の担い手　決着の時
産経新聞		衆院解散，総選挙へ 自民溶解 下野現実味　涙の再出発

3. 2009年総選挙におけるテレビ報道の概観

こうして,いよいよ2009年総選挙が始まった.

以下の節では,総選挙に関する報道の動きを,大きく,テレビ,新聞,インターネット(間メディア)に分けて,考察していく.

まずは,テレビ報道に関して概観しよう.

全体としての報道量減少

2009年の総選挙にあたって,テレビ報道は全般的に抑制気味であったように見える.

その理由として,2005年郵政選挙の反省が挙げられる.2005年選挙では,小泉首相(当時)の「郵政選挙」というフレーミングが強烈な効果を上げた.当初,郵政法案を国会で否決されたことで,小泉内閣は勢いを失ったと見られていた(マスメディアの論調もそちらに傾いていた).にもかかわらず,小泉首相の解散演説はこの流れを一気に逆転した.マスメディアもまた,その流れに乗って,2005年選挙を「郵政改革,是か非か」選挙として位置づけてしまった.その結果,全体的な視点が失われ,自民党の歴史的圧勝がもたらされたとの批判が強かったのである.

無論,こうしたメディア・バイアスへの批判に対して,報道量を抑制することが,ジャーナリズムとしての適切なあり方なのかという疑問は大きい.

いずれにせよ,報道量が控えめだったことは事実である.

「衆議院選挙」報道量推移

まず,全体的な報道量の推移を見てみよう.

図3-12は,「衆議院選挙」をキーワードとするテレビ放送時間の1日当たり総時間(秒)[6]の推移を示したものである.

これによれば,報道量は,解散が決定した7月13〜14日,日程が発表された7月21日,公示日の8月16日が突出して高く,各党がマニフェストを発表した7月後半と,投開票前1週間がやや高くなっているが,選挙の意味づけが行われるはずの7月半ばや,実質的な選挙中盤である8月前半に報道が激減している.

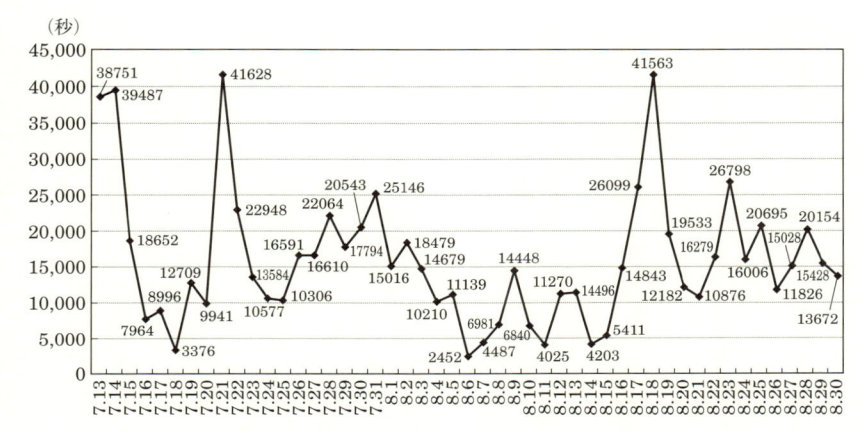

図 3-12　「衆議院選挙」の出現総時間（秒）（SPIDER PROによる計測）

各キーワードに関する報道量推移

　次に，同様の方法で，個別のキーワードの週ごとの出現総時間（秒）の推移を示したのが，図3-13である．

　これによれば，まず，序盤の7月20～26日には，先にも述べたフレーミング作用をもつ「政権選択」「政権交代」というキーワードが大量に現れる．しかし，とくに「政権交代」は，翌週からどんどん減って（終盤やや持ち直すものの）ほとんど現れなくなる．もう一つの「政権選択」も，翌週から大きく減少するが，選挙公示後，再び大きく取り上げられた．「政権選択」と「政権交代」どちらも，自民・民主の二者択一を争点とする言葉だが，後者では民主への政権の移行がはっきりと打ち出されており，強い意味を持つ．その点から考えれば，テレビ報道では，「政権交代」よりも「政権選択」という用語を多く使って，メディア・バイアスの批判を避けようとしたと考えられる．

　もう一つ，2009年総選挙の重要なキーワードとして，「マニフェスト」がある．「マニフェスト選挙」との別称もあるくらい，「マニフェスト」に注目が集まった．テレビ報道でも，各党のマニフェストが出そろった7月27日～8月2日の週は，「マニフェスト」が最大の山を構成している．ただし，翌週からはがくんと落ちて，選挙が本格化した8月には「マニフェスト」の出現量も低く抑えられていることがわかる．

　8月以降，選挙に関する報道が減少している理由としては，集中豪雨などの災害のニュースが入ったことと，酒井法子という芸能人の薬物使用事件に報道が集中したことが挙げられる．とくに，8月3日には行方不明になっていた酒井法子が発見・逮捕された

84　第3章　2009年政権交代と間メディア社会

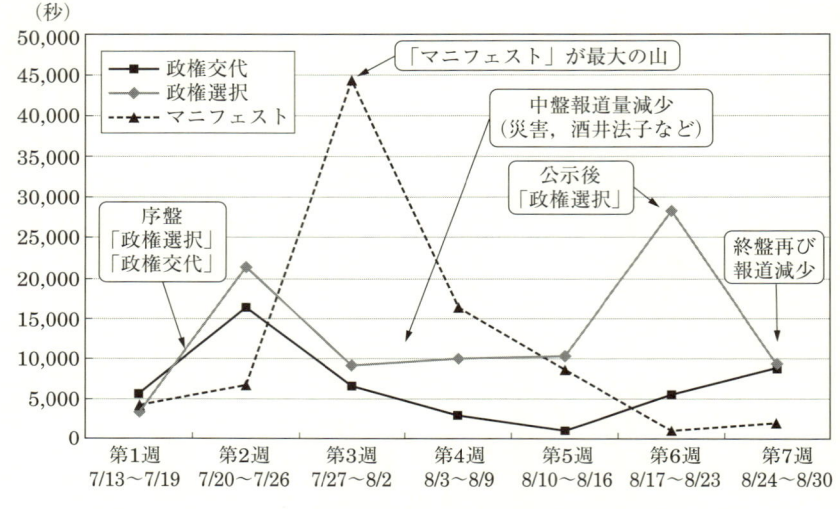

(秒)

グラフ内ラベル：
- 政権交代
- 政権選択
- マニフェスト
- 序盤「政権選択」「政権交代」
- 「マニフェスト」が最大の山
- 中盤報道量減少（災害，酒井法子など）
- 公示後「政権選択」
- 終盤再び報道減少

横軸：
第1週 7/13〜7/19，第2週 7/20〜7/26，第3週 7/27〜8/2，第4週 8/3〜8/9，第5週 8/10〜8/16，第6週 8/17〜8/23，第7週 8/24〜8/30

図3-13　各キーワードの出現総時間(秒)(SPIDER PROによる計測)

ことで，それと同じ時間帯に放送された『情報7daysニュースキャスター』(8日22時〜，TBS)の視聴率が30.4％に達したこともあって，まさに過熱報道が展開された．

このような報道姿勢がジャーナリズムとして適正か否かについては，疑問があるといわざるを得ないが，ここでは触れない．

マニフェストに関わる政策争点に関する報道

マニフェスト選挙は，マニフェストがあることに意味があるのではなく，どのような政策が約束されているのか（あるいは必要なのか）を知ることに意味がある．

では，テレビは，マニフェストとして示された個別の政策についてどのくらい報道したのか．報道量の推移を示したのが図3-14である．

これによると，各政策の出現時間は，「マニフェスト」というキーワードと同様に，各党のマニフェストが出そろった7月27日〜8月2日の週に最大の山を構成している．そして，翌週からはがくんと落ちて，選挙が本格化した8月になっても出現量は低いレベルで推移していることがわかる．

週ごとに取り上げている政策を見ると，当初は「地方分権」が最も多い．これは，6月から，東国原知事の国政選挙への移行問題や，地方自治体の首長選挙や都議選が続いていたことによると考えられる．しかし，その後はむしろあまり報道されなくなった．

最もマニフェスト報道が盛り上がった7月27日〜8月2日の週は，教育，年金，医療

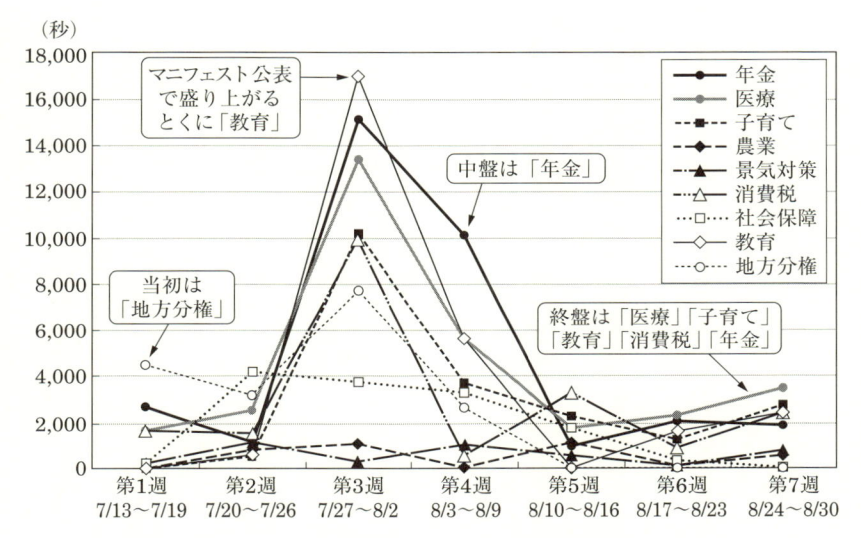

図 3-14 個別政策の出現時間（秒）推移（SPIDER PROによる計測）

が大きく取り上げられ，中盤は年金問題が最も報道された．

しかし，最も重要な終盤になると，政策はあまり取り上げられなくなってしまう．

図 3-14 では報道量の推移を見たが，選挙期間全体を通じた報道時間の総量を示したのが，図 3-15 である．これによると，全期間を通じての場合，年金，医療，教育問題の報道が最も多く，それに続いて子育て，消費税，地方分権，社会保障が続く．景気対策や農業に関する報道はきわめて少なかったことがわかる．

この意味については，本章最終節で再び取り上げる．

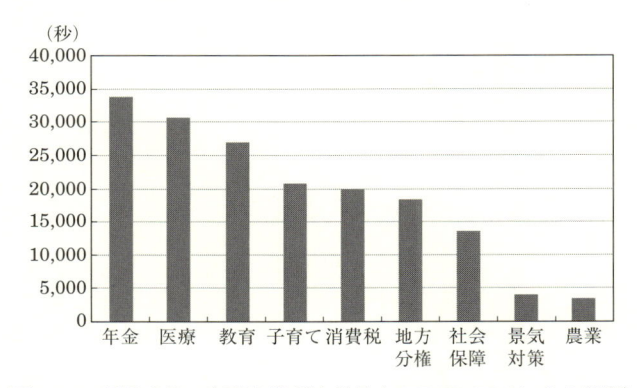

図 3-15 個別政策の出現時間（秒）総量（SPIDER PROによる計測）

テレビメディア露出

次に，有権者の投票行動に大きな影響を与えると考えられている（第1章参照）テレビメディア露出量について見てみよう．

図3-16は，自民党と民主党のテレビメディア露出（出現）時間推移である．当初民主党の方が多いが，その後はおおむね同レベルで推移し，終盤再び民主党が自民党を上回る露出となっている．

図3-17は，自民党麻生首相と民主党鳩山代表のテレビメディア露出（出現）時間推移である．全体を通じて麻生首相の方が鳩山代表を上回る露出で推移している．選挙結果とは異なる露出量であるが，これは，今回の選挙が麻生対鳩山であるよりは自民党対民主党の対立であったためか，あるいは日本の政治文化によるものかは一概にはいえない．

いずれにせよ，アメリカに比べて（第1章参照），テレビ報道量の差は顕著ではないようである．

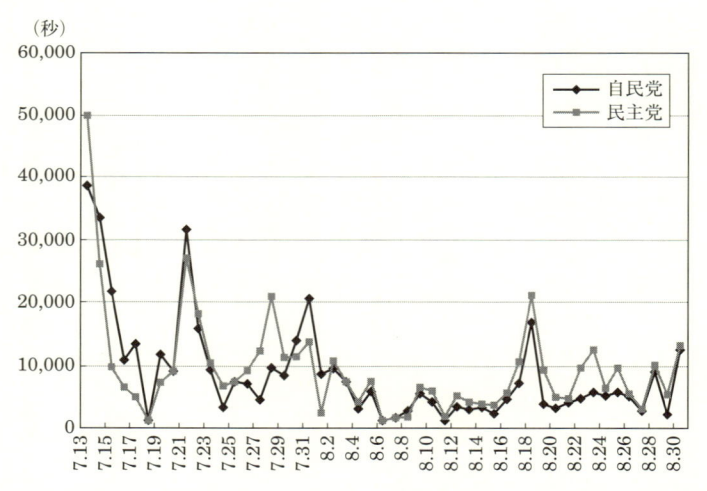

図 3-16 自民党と民主党のテレビメディア露出（出現）時間推移（SPIDER PROによる計測）

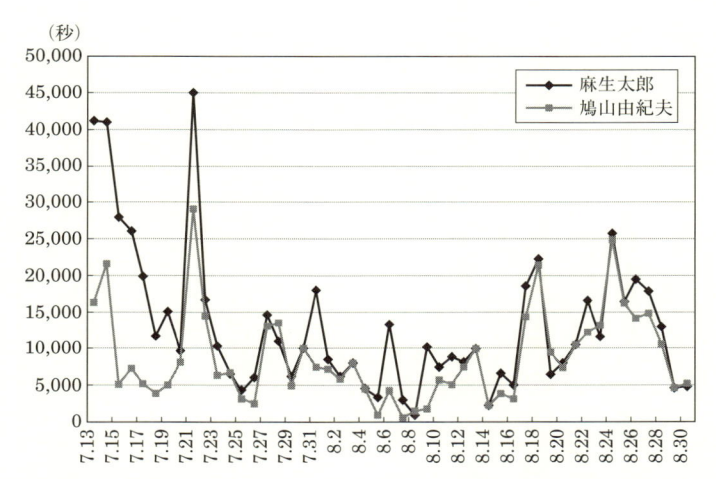

図 3-17 麻生首相と鳩山代表のテレビメディア露出（出現）時間推移（SPIDER PROによる計測）

有権者はどの番組から選挙情報を得たか

　この章では，ここまで，テレビメディア側が，2009年総選挙に関して，どのような報道を行ってきたかを分析した．では，このようなテレビ報道に対して，有権者は，どのような視聴行動をとっただろうか．以下の節では，有権者の視聴行動と投票行動との関係を，「2009年 間メディア社会研究会調査」（以下，「間メディア調査 2009」という）結果[7]から分析することとする．

　有権者は，2009年総選挙に関する情報を，どの報道／情報番組から得ただろうか？「間メディア調査 2009」の回答を集計した結果が，図3-18である．

　これによれば，『報道ステーション』が突出して高い割合を占めており，それに続いて，『NEWS ZERO』（日本テレビ），『NHKニュース7』が情報源として活用されている．そのあとは，平日夜の番組としては『ニュースウォッチ9』が続き，さまざまな番組がなだらかな曲線を描いて並んでいる．

　平日朝の番組としては，『みのもんたの朝ズバッ！』『おはよう日本』『めざましテレビ』が高い．週に1回の番組としては，『TVタックル』『サンデーモーニング』『サンデージャポン』が高い．また，『朝まで生テレビ』は月1回深夜の放送であるにもかかわらず，10％近い回答者が，この番組から選挙情報を得たと回答している．

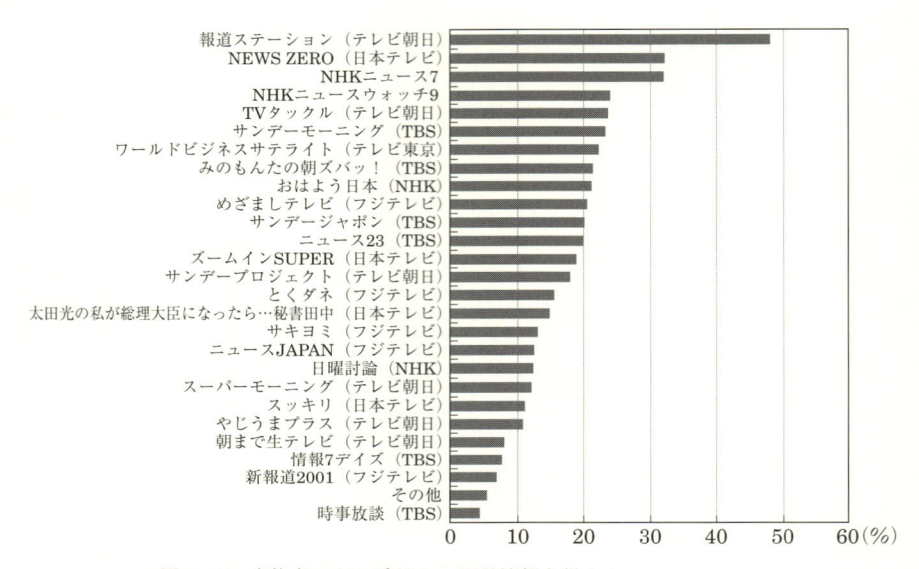

図 3-18 有権者はどの番組から選挙情報を得たか
（％，複数回答，データ出所：「間メディア調査 2009」）

報道番組視聴と年代・支持政党の布置

　情報／報道番組のうち情報取得割合の高かった番組を，朝番組，夜番組，週間番組に分けて，情報取得者の平均年齢と，自民－民主への投票割合を軸としてマッピングした図を図3-19に示す．

　平日毎日放送される夜の情報番組では，民主党投票層が見る番組（『報道ステーション』『News23』『NEWS ZERO』）と，自民党投票層が見る番組（『ワールドビジネスサテライト』）に分かれており，『NHKニュース7』『NHKニュースウォッチ9』はほぼ中間に位置する．年齢的には，およそ平均40代であるが，『NEWS ZERO』が最も若く，NHKの2番組が最も高年齢層である．

　平日毎日放送される朝の情報番組では，民主党投票層が見るのは『みのもんたの朝ズバ！』，自民党投票層が見るのは『おはよう日本』で，『ズームインSUPER』『めざましテレビ』はほぼ中間に位置する．年齢的にはかなり分散しており，『みのもんたの朝ズバッ！』『おはよう日本』は平均50歳弱，『めざましテレビ』が最も若い．

　週に1度放送される情報番組では，ほぼすべて民主党投票層が見る割合が高かった．年齢的には高年齢層が多く，とくに『サンデープロジェクト』の視聴者は高齢層に偏っ

ているようである.

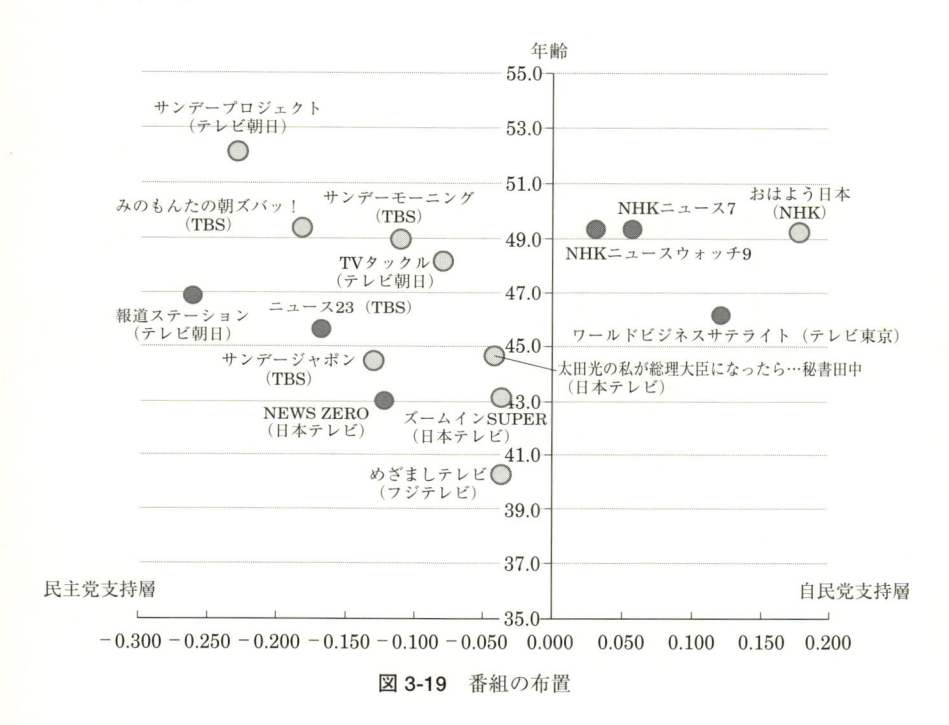

図 3-19 番組の布置

4. 2009年総選挙と新聞報道の概観

新聞報道の影響力

　次に新聞報道を見てみよう.

　新聞の衰退がいわれて久しいが,果たして新聞は選挙過程に影響力を失ったのだろうか.たしかに,近年,新聞社の経営状況は悪化しているといわれる.広告収入が低下し,2009年秋の決算では,多くの新聞社が赤字に落ち込んだ.

　ただし,注意すべきことは,新聞の社会的影響力,社会的機能,そして,経営状態とは,全く独立とはいわないまでも,必ずしも一致してはいないということである.すなわち,新聞社の経営状態の悪化は,直接に新聞ジャーナリズムの意義の低下や,社会的影響力の低下を意味するわけではない.逆もまた真である.

　この節では,2009年総選挙における新聞報道の様相について,定量,定性の両面か

ら分析し，これと，選挙結果および選挙後の筆者等が行った「間メディア調査 2009」と照合することにより，その意味を探る．

「政権交代」と「マニフェスト」をキーワードとする記事件数推移

新聞報道で，「政権交代」と「マニフェスト」をキーワードとする記事件数推移を見たのが図3-20である．

新聞では，「政権選択」という言葉はあまり使われておらず，一貫して「政権交代」をキーワードとする記事が多い．とくに終盤，「政権交代」記事が急激に増えている．

「マニフェスト」についても，各党のマニフェストが出そろった7月27日～8月2日の週にがくんと報道量が増え，その後も投票日まで報道量は漸増で推移する．7月27日～8月2日の週だけ報道量が多いテレビとは大きく異なる様相を見せている．

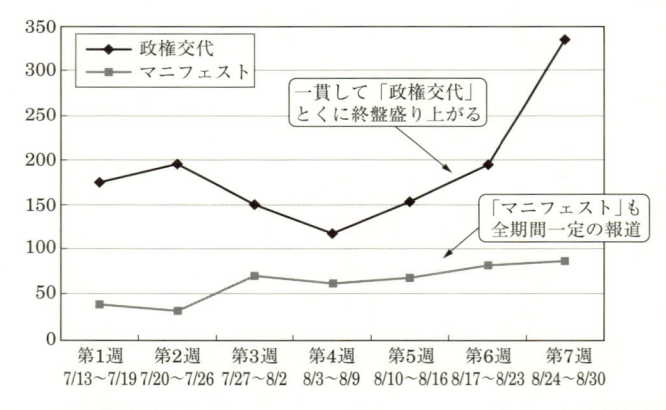

図 3-20 「政権交代」と「マニフェスト」をキーワードとする記事件数推移
（ELNETによる計測）

個別政策をキーワードとする記事件数推移

新聞は，マニフェストとして示された個別の政策についてどのくらい報道したのか．報道量の推移を示したのが図3-21である．

これによると，各政策の出現時間は，「マニフェスト」というキーワードと同様に，全期間を通じて，投票日に向かって漸増していく．テレビとは違い，7月27日～8月2日の週が飛び抜けて多いとはいえず，むしろ，マニフェスト公表と報道量があまり関係していない．

当初は「景気対策」「年金」が非常に多い．テレビとは異なり，「地方分権」に関する記事は，当初から最後まで非常に少ない．

マニフェストが出そろった7月27日～8月2日の週は，「社会保障」と「消費税」が大きく取り上げられた．「社会保障」に関する記事はその後減少するが，中盤は消費税問題が最も報道された．

選挙戦終盤になると，政策関連記事は全体にどんどん増えていく．再び「景気対策」が大きく取り上げられる．また，全期間を通じて，「年金」が安定的に多く取り上げられている．

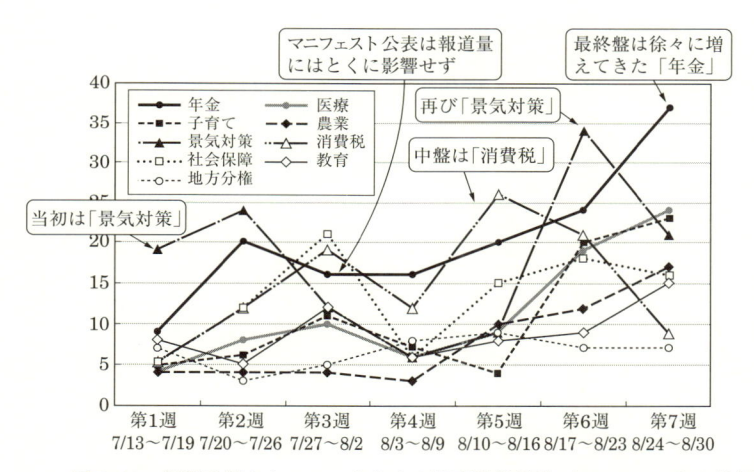

図 3-21 個別政策をキーワードとする記事件数推移（ELNETによる計測）

選挙期間を通じた個別政策をキーワードとする記事件数総量

選挙期間全体を通じた個別政策をキーワードとする記事数の総量を示したのが，図3-22である．これによると，全期間を通じての場合，「年金」「景気対策」「消費税」が最も多く，「農業」「地方分権」が最も少ない．

テレビと比較すると，「年金」が多く，「農業」が少ないことが共通している一方，「地方分権」や「景気対策」の扱いがずいぶん違うことが目につく．

この現象については，本章最終節であらためて取り上げる．

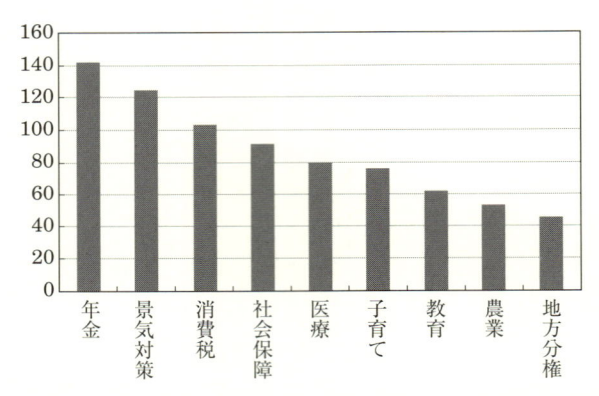

図 3-22 選挙期間を通じた個別政策をキーワードとする記事件数総量（ELNETによる計測）

5. ソーシャルメディアとしてのインターネット
―― 間メディア社会に向かって

　ソーシャル・コミュニケーションが，今後，新聞，テレビ，ネットの三者を核として構成されるようになるとき，注意すべきは，それらの間の相互関係である．メディアは，いつの時代も単独ではなく，さまざまな技術の発展によりますます輻輳化するようになってきた．そうした状況にあっては，個別のメディアをあたかもそれだけが孤立して機能するかのように論ずるのは，いささか現実を捉え損なうおそれがある．筆者は，現代を構成する種々のメディアの間の相互関係を「間メディア性」と呼び，その働きが顕著になってきた今日の社会を「間メディア社会」と呼んでいる．

　このようなスタンスから，筆者は，今回の選挙について，新聞，テレビ，ネットのそれぞれについて主要なキーワードに関連した報道量分析[8]を行い，これらと選挙直後に行った意識調査（「間メディア社会研究会調査」，既述）とを組み合わせることによって，多角的な選挙分析を行った．本節では，ネットを中心とした分析結果を報告する．

2009年総選挙で有権者はどのメディアを情報源としたか
―― ネットの存在感の増大

　オバマ選挙ほどではないにしても，今回の衆議院選挙では，インターネットの活用が顕著であった．2009年春に発表された総務省の「平成20年通信利用動向調査」の結果によれば，平成21年1月の時点で日本におけるインターネットの人口普及率は75.3％に達している．すでに一般的なメディアと言ってよいだろう．

5. ソーシャルメディアとしてのインターネット

　筆者が主査を務める間メディア社会研究会では，選挙直後の8月31日〜9月1日に，有権者の意識調査（以下，「間メディア調査 2009」と呼ぶ）[9]を行った．

　そのなかの，「あなたにとって次のメディアは選挙の情報源として重要でしたか？」という問いに対する回答をグラフにしたのが，図3-23と図3-24である．これによれば，今回の選挙の情報源として「非常に重要」あるいは「ある程度重要」と答えた人の割合が最も大きかったのはテレビ，次に新聞，3位がネットで，この3媒体が他の媒体を大きく引き離していた．特にネットは，大きく伸びて，6割近くに達している．しかも，20代では，テレビと肩を並べるほど重要と認識されている．

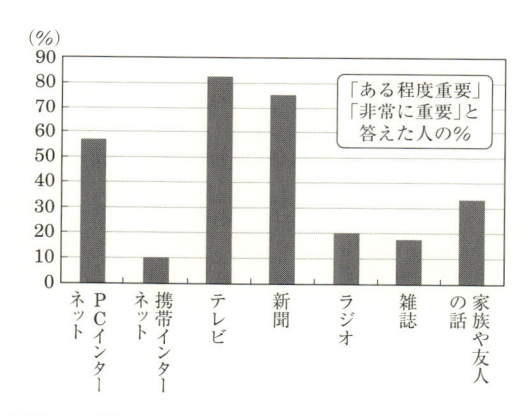

図 3-23 選挙の情報源としての重要度（データ出所：「間メディア調査 2009」）

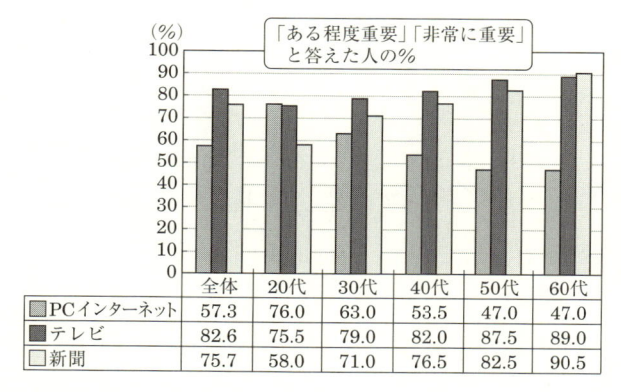

	全体	20代	30代	40代	50代	60代
■PCインターネット	57.3	76.0	63.0	53.5	47.0	47.0
■テレビ	82.6	75.5	79.0	82.0	87.5	89.0
□新聞	75.7	58.0	71.0	76.5	82.5	90.5

図 3-24 選挙の情報源としての重要度（％，年代別）（データ出所：「間メディア調査 2009」）

メディア研究では，メディアとしての重要度と信頼度との間のギャップが常に問題とされてきた．「間メディア調査 2009」でも，各メディアの信頼度を尋ねた．その結果（「非常に信頼」「ある程度信頼」と答えた人の合計）が，図3-25である．

これによれば，重要度の結果と比べて，テレビと新聞の順位が逆転している．すなわち，重要度では，テレビ，新聞，インターネットの順であるのに対して，信頼度では，新聞，テレビ，インターネットの順となっている．

しかし，ここで注目すべきは，インターネットの信頼度の高さである．従来，インターネットに対する信頼度は，特に日本では，非常に低い調査結果がでていた．（たとえば，筆者も参加した2008年「ワールド・インターネット・プロジェクト」日本調査[10]では，やや聞き方が違うので単純比較はできないが，インターネット上の情報を「全部信頼」または「大部分信頼」できると答えた人は20.2％である）．

今回の調査では，インターネット上の情報を「非常に信頼」「ある程度信頼」と答えた人は，全体で50％を超えた．しかも，20代だけをとった場合，インターネット情報を新羅する回答者は60％を超え，新聞やテレビを追い抜いて，首位に立つのである．

こうした動向を踏まえて，各メディアの重要度および信頼度を数値尺度化[11]し，重要度軸と信頼度軸の作る平面上にプロットしたのが，図3-26である．こうしてみると，従来のソーシャル・コミュニケーション空間（政治など社会全体にかかわる情報空間）は，新聞，テレビ，雑誌，ラジオなどマスコミュニケーションによって形成されてきたが，今日では，新聞，テレビ，インターネットで構成されるようになったと言っても過言ではないだろう．

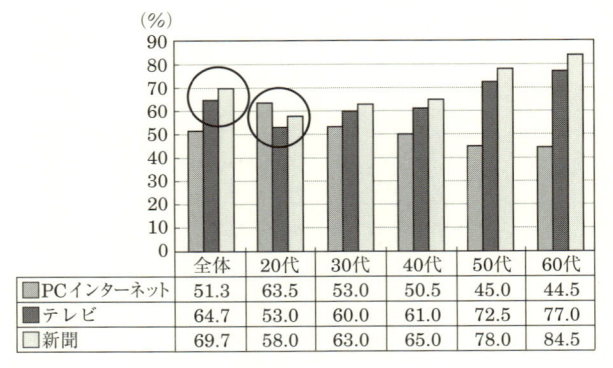

	全体	20代	30代	40代	50代	60代
PCインターネット	51.3	63.5	53.0	50.5	45.0	44.5
テレビ	64.7	53.0	60.0	61.0	72.5	77.0
新聞	69.7	58.0	63.0	65.0	78.0	84.5

図 3-25 選挙の情報源としての各メディアの信頼度(%)（データ出所：「間メディア調査 2009」）

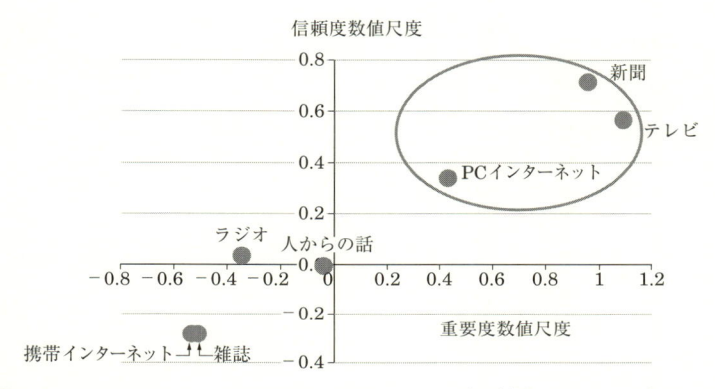

図 3-26 ソーシャル・コミュニケーションはテレビ・新聞・インターネットの時代へ
（データ出所：「間メディア調査 2009」）

6. 2009年総選挙におけるインターネット上の選挙関連サイト

政党・議員のインターネット広報活動

　アメリカでは，政党や議員が充実した選挙用サイトを開設するのは，選挙には欠かせない広報活動の一つとなっている．2000年のブッシュ対ゴアの対決以来，大統領選においても，選挙用サイトの訴求力が選挙結果を占うと見られているほどである．

　これに対して日本では，公職選挙法による規制もあり，これまで選挙用サイトが大きな注目を集めることはなかった．しかし今回は，インターネットに関する情勢変化のなかで，各党ともネット上での選挙キャンペーンに大きな力を割いた．アメリカの選挙サイトに比べればまだしもの感はあるものの，マニフェストや動画など，有権者へのわかりやすいアピールを考え始めたことは，一つの進歩といえよう．

図 3-27　民主党と自民党の公式サイト（2009.8.24時点）

　また今回の選挙では，党の公式サイトだけでなく，一般の動画サイト——YouTubeやニコニコ動画にチャンネルを開設し，多くの動画を投稿する動きも活発化した．図3-28は，ニコニコ動画の自民・民主両党のチャンネルである．
　このような動きは今後ますます盛んになっていくことだろう．
　それは，有権者が多種多様な情報をもとに選挙の意思決定をできるようになるという面では歓迎すべき事態であるが，同時に，膨大な量の情報を論理的に読み解くメディア・リテラシーが必要になることも忘れてはなるまい．

（http://ch.nicovideo.jp/channel/ch90） （http://ch.nicovideo.jp/channel/ch81）

図 3-28　ニコニコ動画の自民党と民主党のチャンネル（2009.8.21時点）

図 3-29　民主党の携帯サイト（2009.8.31時点）

多様な主体による選挙情報提供活動

　アメリカでは，政党や候補者のみならず，さまざまなアクターたちが，政治的情報発信を活発に行っている．インターネットは，そのための格好の〈場〉となる．

　この面でも従来日本は大きく立ち遅れていた．それが今回の衆院選では，まだ萌芽的とはいえ，数年前から始まったプロジェクトに加え，多くの新たな試みがあった．以下（表3-12，図3-30～図3-37）に，そのなかで代表的なものを挙げる．

　「Yahoo! みんなの政治」や「ザ・選挙」は，いまや老舗といえるほど実績を持っている．選挙情報データベースとしての機能が基本であるが，「マニフェストマッチ」（自分の意見が各党のマニフェストとどの程度一致するかを試すシステム）などもある．

　「Google 未来のためのQ&A」は，有名人を含む有権者から，政治家への質問を募集し，それらに対する回答を政治家に求めるものである．この回答は，「YouTube 日本の政治」に，政治家たちが動画として掲載されるシステムになっている．

　日本ではこれまで，アメリカでは一般的な，有権者から候補者へのネットを介した小口献金という方法が活用されてこなかった．これに今回挑戦したのが，楽天の「LOVE JAPAN」である．まだ制約は多いものの，今後の広がりが期待される．

　また，J-CASTニュースの「選挙ウォッチ2009」は，若い活動家たちのリアルなインタビューが興味深い．ivoteは，若年層を対象に投票の呼びかけを行うプロジェクトで，学生グループによって運営されている．VotersMallも，とくに若年層に向けて投票の呼びかけを行っているが，運営主体は（財）明るい選挙推進協会である．

　今回の選挙で新たに注目されたインターネット・サービスに，Twitterがある．Twitterは，Bloggerの開発者らによって2006年から創始された．140文字以内の「つぶやき」を投稿することによって，リアルタイムのゆるい関係性を生み出すところに特徴がある．2008年から日本語版も利用可能になり，現在，急速に利用者が増えている．

　Twitterには，政治家もつぶやきを投稿している．政治家のホームを一覧的に表示するサービスが，「ツイッターと政治／ぽりったー」である（図3-38）．運営主体は一般の個人である．また，Twitter上で，選挙に関連したキーワードで簡単に記事検索を行えるサービスに「Follow選挙」などがあった（図3-39）．

　このように，2009年総選挙では，今までにもまして，さまざまなサービスがさまざまな主体によって提供された．

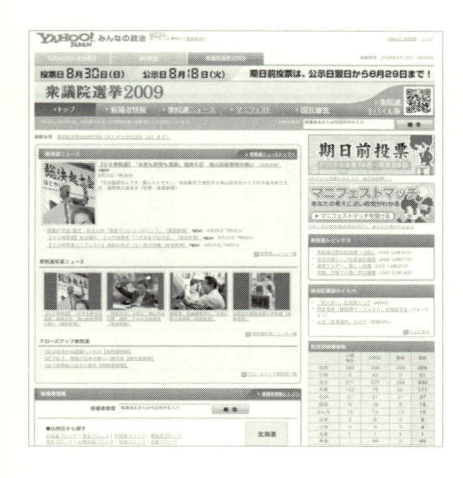

6. 2009年総選挙におけるインターネット上の選挙関連サイト　　　　99

図 3-30　Yahoo! みんなの政治
　　　　（http://seiji.yahoo.co.jp/,
　　　　2009.8.25時点）

図 3-31　ザ・選挙
　　　　（http://www.senkyo.janjan.jp/,
　　　　2009.8.25時点）

図 3-32　Google　未来のためのQ&A
　　　　（http://moderator.appspot.com,
　　　　2009.8.23時点）

図 3-33　YouTube　日本の政治
　　　　（http://www.youtube.com/jppolitics,
　　　　2009.8.13時点）

100　第3章　2009年政権交代と間メディア社会

図 3-34　LOVE JAPAN
　　　　（http://seiji.rakuten.co.jp/,
　　　　2009.8.21時点）

図 3-35　選挙ウォッチ2009
　　　　（http://www.j-cast.com/election/2009_hr.html,
　　　　2009.8.23時点）

図 3-36　ivote
　　　　（http://www.i-vote.jp/, 2009.8.26時点）

図 3-37　VotersMall
　　　　（http://www.votersmall.jp/,
　　　　2009.8.29時点）

図 3-38　ツイッターと政治／ぽりったー
　　　　（http://politter.com/, 2009.8.25時点）

図 3-39　Follow選挙
　　　　（http://www.followsenkyo.jp/, 2009.8.24時点）

表 3-12　インターネット上の新たな選挙情報サービスの例

サイト名	開設時期	運営者	内容
Yahoo! みんなの政治	2006.2	Yahoo!	選挙情報データベース
ザ・選挙	2006.7	JANJAN	選挙情報データベース
Google 未来のためのQ&A	2009.7.13	Google	立候補者と有権者の間の双方向コミュニケーションサービス
日本の政治	2009.7	YouTube	選挙に関する情報提供
LOVE JAPAN	2009.7.27	楽天	政治情報 政治献金サービス
選挙ウォッチ2009	2009.8	J-CASTニュース	政治情報 インタビューなど
ivote	2009.2	学生団体	投票呼びかけメールプロジェクト
VotersMall	2009.8	明るい選挙推進協会	選挙に関する情報提供
ツイッターと政治/ぽりったー（politter）	2009.7	個人	政治家によるTwitter記事
Follow選挙	2009.8	CGMマーケティング	Twitter記事を選挙関連キーワードで検索するサイト

有権者たちはどのように情報探索し，意思決定したか

有権者はいつ投票の意思決定をしたか

新たなメディア環境の中で，有権者たちはどのような投票行動をとっただろうか．

繰り返し述べているように前回の2005年総選挙から，何度も解散がささやかれてきた．その間，小泉総理から安倍総理，福田総理を経て，麻生総理が次々と政権の座に着いた．ことに麻生内閣は，2008年9月25日発足当初から「選挙管理内閣」と揶揄されていた．しかし，麻生氏がついに衆議院解散を決意したのは，都議会議員選挙で自民党の惨敗が明らかとなった2009年7月13日であり，その後，ようやくのように，7月21日解散，8月18日公示，8月30日投票という選挙日程が決まったのだった．

いわば，待たされ続けた有権者は，いったいいつの時点で投票の意思決定をしたのだろうか．「間メディア調査 2009」の結果を図3-40に示す．

これによれば，年代では60代，比例代表制投票党別では公明党投票者と自民党投票者は「いつも決めている」党に投票したと答えるものが相対的に多かったが，それ以外では投票日直前に意思決定した者の多さが顕著である．投票する直前まで熟考していたということであろうか（今回の選挙では，結果はすでに選挙期間前から決まっていたと評する論者も多いので，この結果はやや驚きである）．

一方，図3-41と図3-42は，「衆議院 and 選挙」「政権交代」「政権選択」「マニフェスト」に関連した，ブログと2ちゃんねるの記事数の推移（クチコミ@係長を利用して抽出）である．記事数が投票日が近づくにしたがって爆発的に伸びていることがわかる．選挙終盤に議論が白熱していることが推測される．

このことは，別のデータによっても裏付けられる．たとえば，図3-43は，ビデオリサーチインタラクティブによる選挙関連サイトアクセス数推移である．筆者らの調査と同様，投票日直前にアクセス数は急増している．「Yahoo! みんなの政治」サイトへのアクセス数も同様の傾向を示している．

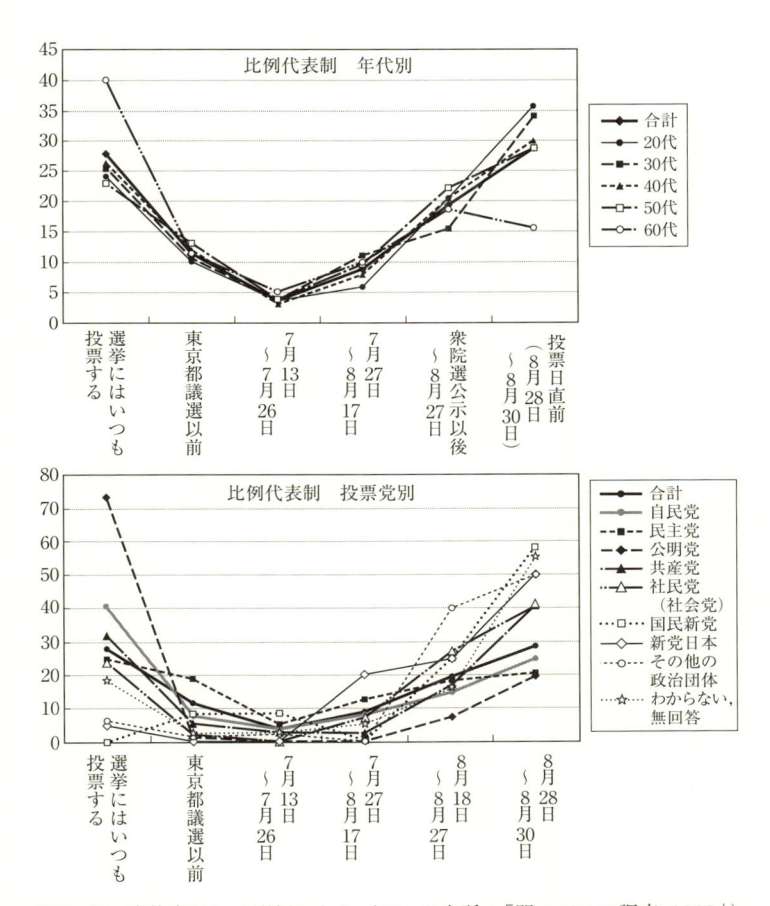

図 3-40 有権者はいつ選択したか（データ出所：「間メディア調査 2009」）

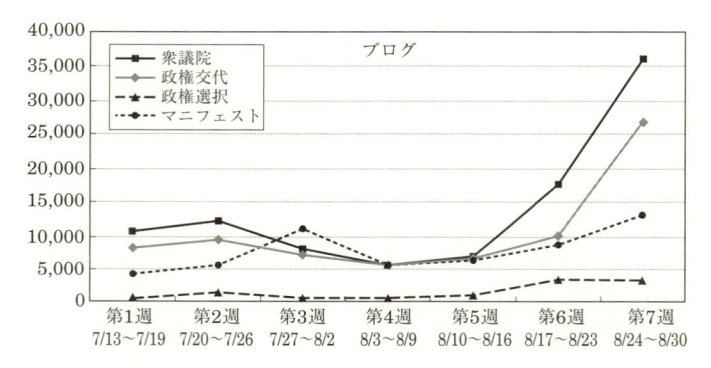

図 3-41　各キーワード関連ブログ記事数推移（クチコミ@係長による抽出）

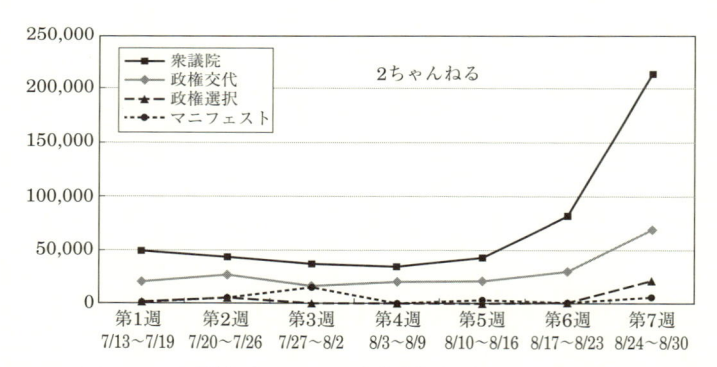

図 3-42　各キーワード関連2ちゃんねる記事数推移（クチコミ@係長による抽出）

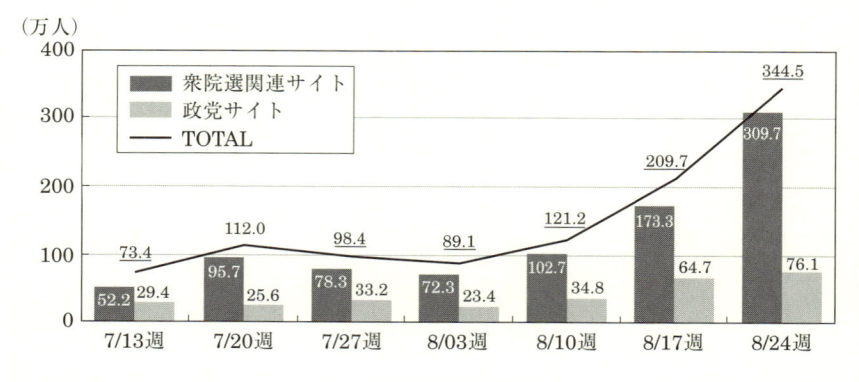

図 3-43　ビデオリサーチインタラクティブによる選挙関連サイトアクセス数推移（自宅内PCインターネット利用者の推定値）（データ出所：ビデオリサーチインタラクティブ，2009年9月10日付プレスリリース，http://www.videoi.co.jp/release/data/20090910_data.html）

有権者はネットでどのサイトを見たか

人びとは以前に増して，ネットを情報源として重要視するようになった．とはいえ，インターネットという情報空間はきわめて多種多様である．この広大な空間の中で，人びとはどのようなサイトにアクセスしたのだろうか？

「間メディア調査 2009」（図3-44）によれば，圧倒的に多かったのは，Yahoo!など，インターネット・プロバイダーのニュースサイトで，7割以上に達している．次が新聞社のサイトで，約2割の人びとが見たと答えている．それに続いて，政党のサイトや議員のサイトが見られている．

若年層に注目すると，相対的に，「2ちゃんねる」「Yahoo! みんなの政治」「mixiなどのSNS」などの利用率が高いことが目立つ．とくに20代では，YouTube，Google，ニコニコ動画などの選挙関連情報も，10％弱の人びとにアクセスされていることがわかる．今後の選挙戦を考えるうえで，重要な事実であろう．

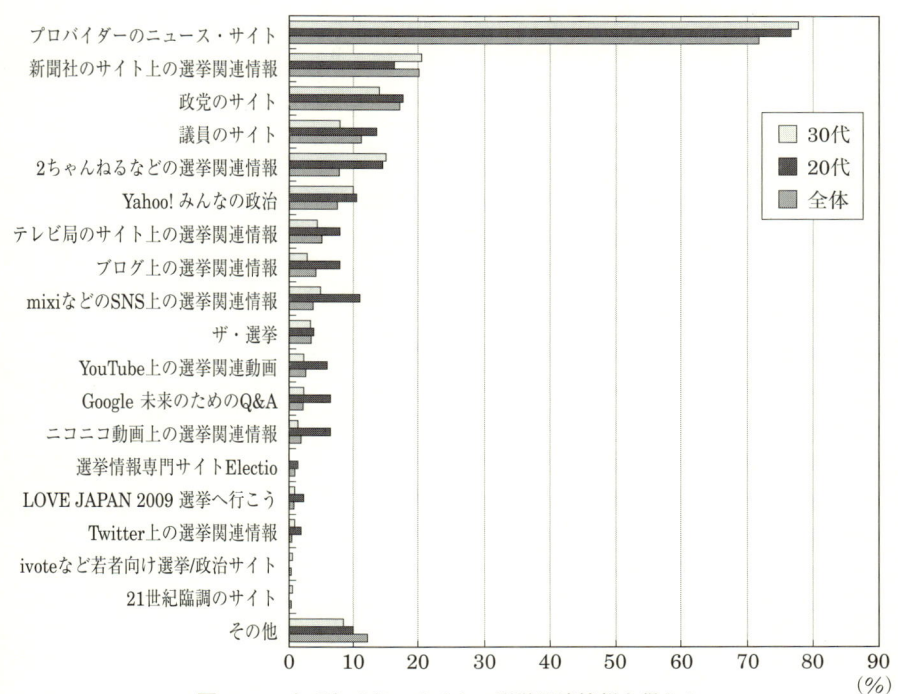

図 3-44 人びとはどのサイトで選挙関連情報を得たか
（データ出所：「間メディア調査 2009」）

人びとはネット上のサイトからどのような情報を得たか

　では，人びとはどのような情報を求めてネット上の選挙関連サイトへアクセスしたのだろうか？「間メディア調査 2009」（図3-45）によれば，回答者の3分の2は「マニフェスト」を知るためにネット上のサイトにアクセスし，また半数近くが「党首の考えや意見」「選挙全体の情勢」を知るためにネットを利用したと答えている．

　このことは，「間メディア調査 2009」の回答者の多くが，多少なりともマニフェストを読んだと答えていることと符合する．

　図3-46に，「間メディア調査 2009」で，「あなたはマニフェストを読みましたか？」と言う質問に対する回答を図示する．これによれば，「全く読まなかった」のは全体で10%強にすぎず，大部分の人が多かれ少なかれマニフェストに目を通したようである．これまで政治的関心が低いとされてきた20代でも，むしろ「熟読した」回答者の割合が高くなっている．

　今回の選挙では，有権者は，マニフェストを中心に選挙情報をよく読み，主体的に選挙にかかわろうとしたと考えられる．そのとき，インターネットは，分厚い情報も容易に入手できるという意味で，格好のメディアとされたのだろう．

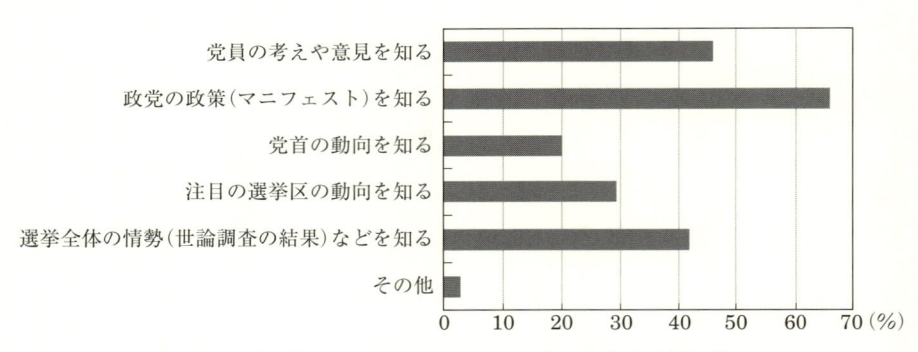

図 3-45　人びとはネット上のサイトからどのような情報を得たか
（データ出所：「間メディア調査 2009」）

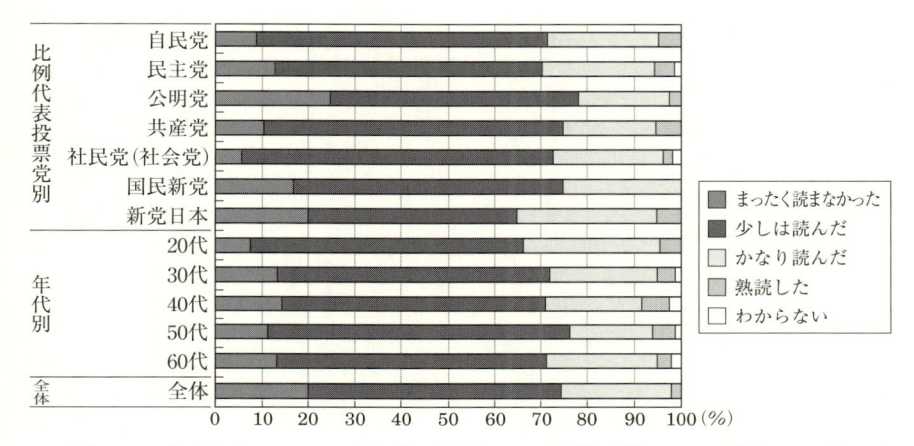

図 3-46 人びとはマニフェストを読んだか（データ出所：「間メディア調査 2009」）

人びとはネットで何を論じたか

　インターネットは，一般の有権者にとって，そこから情報を得る場であると同時に，自らが情報を発信する場でもある．

　これを知るために，政策課題をキーワードとして，記事検索を行った．

　図3-47は，ブログと，2ちゃんねるについて，今回の選挙でとくに注目された政策課題（年金）をキーワードとして検索された記事の，7月13日から各週毎に集計して，その推移を示したものである．

　これによれば，全体として，（やや意外にも）ブログと2ちゃんねるはかなり類似した傾向を示した．ブログでは一貫して，教育，年金，医療問題に関心が集まった．一方，2ちゃんねるでは，教育，年金問題が，他を圧して関心を集めた．

　また件数としては，民主党をはじめとして各党のマニフェストが公表された7月27日の週に山があり，その後，酒井法子らの事件があった8月3日の週にやや降下しているが，その後，選挙日が近づくにつれて，記事数も急伸していく．

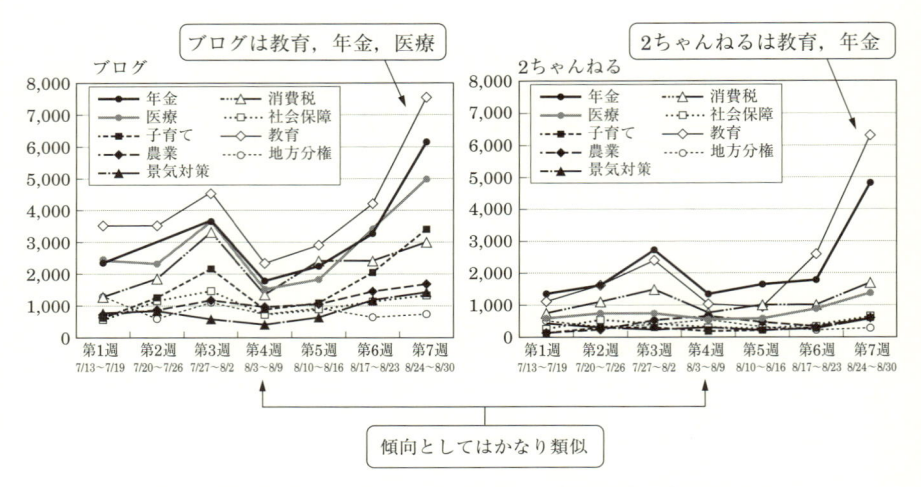

図 3-47 ブログと2ちゃんねるではどのような政策が論じられたか
（原データ：ホットリンクを利用して抽出）

7. おわりに——ネット・テレビ・新聞の間メディア性分析

　本章では，ここまで，主としてテレビ，新聞，インターネットに分けて考察してきた．しかし，先にも述べたように，今日のメディア環境においては，それぞれのメディアは孤立して存在してはおらず，相互が関係し合って，全体としての情報空間を構成している．これを「間メディア性」と呼ぶ．今回の選挙についても，その点に簡単に触れておきたい．

　前節で，各政策課題に関連したブログと2ちゃんねるの記事数の時系列変化を見た．図3-48は，それらに，テレビと新聞の報道量推移のグラフを合わせたものである．テレビについてはSPIDER PROシステムを用いてデータ（単位は秒）を抽出し，新聞についてはELNETシステムで件数を抽出した．

　一見して，新聞，ブログ，2ちゃんねるはかなり類似しており，テレビは異質である．

　これを定量的に確証するために，相対的に報道量の多い「年金」「医療」「教育」「景気」について，ネット，テレビ，新聞の報道量の相関分析を行ったのが，図3-49である．これにより，新聞，ブログ，2ちゃんねるがかなり類似しており，テレビはやや異質であることが，数値的にも確認された．

　その理由としては，前節で見たように，ネットユーザーは，プロバイダーのニュースサイトを最もよく見ている（一次情報源としている）が，ニュースサイトのコンテンツ

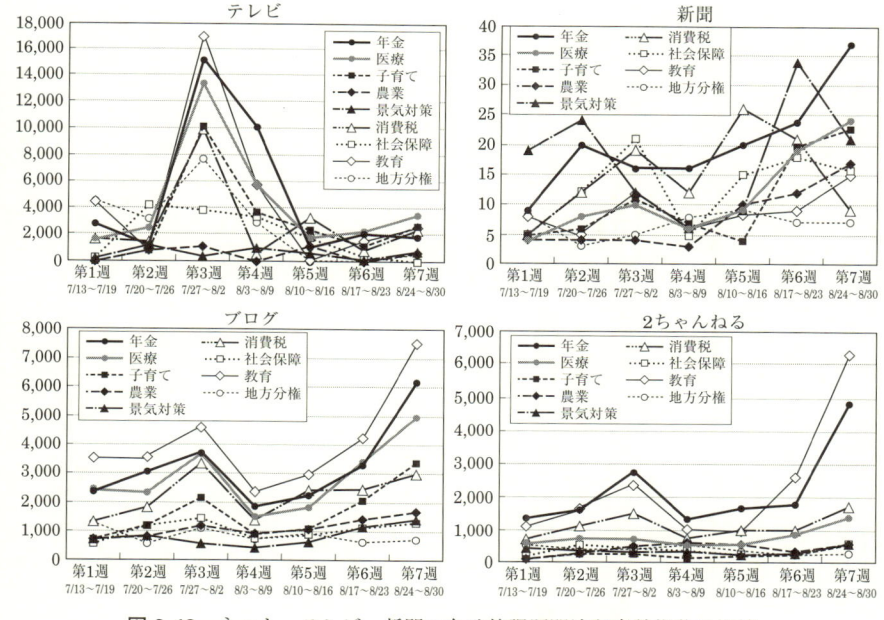

図 3-48 ネット，テレビ，新聞の各政策課題関連記事数推移の比較

の多くは新聞社が提供していることが挙げられる．また，新聞社のサイトも，ネットユーザーのよく見るサイトの第2位に挙がっている．つまり，ネットでの議論は，一般に考えられているよりも深く，新聞報道の影響を受けていると考えられるのである．

とはいえ，図3-48からもわかるように，新聞と，ブログ・2ちゃんねるの間には，距離がある．新聞ではいくつもの政策課題が，必ずしも明確な量的な違いがなく混在している．しかし，ブログや2ちゃんねるでは相対的に整然とした層状を成している．

このことを考えるために，今度は，7月13日から8月30日までの間の，政策課題毎の報道総量を比較したのが，図3-49である．図3-50では，さらに，「間メディア調査2009」で，「あなたは次の政策課題を重要だと考えましたか」という問いに対する回答を数値尺度化したグラフも加えてある．

図3-49に示された報道総量のグラフを比較してみると，今度は，テレビとブログと2ちゃんねるの間に類似性が観察され，新聞と意識調査（「間メディア調査 2009」）の間に類似性が観察される．そしてそのことは，定量的にも確認されるのである．

なぜ，報道量推移の相関と，報道量総量の相関で，このような違いが出てくるのか．ここまでの分析では必ずしも明確な答えは出せない．

しかし，間メディア社会では，メディア間に複雑に絡んだ多元的な相互関係があり，短絡的な単純化は誤った結論を導きかねないことには，十分な注意が必要だろう．
今後さらに詳細な分析を続けたい．

年金	テレビ	新聞	ブログ
テレビ	1		
新聞	−0.347166684	1	
ブログ	−0.108294892	0.83578377	1
2ちゃんねる	0.01010233	0.816429084	0.966170802

医療	テレビ	新聞	ブログ
テレビ	1		
新聞	−0.083611263	1	
ブログ	0.229264204	0.842854241	1
2ちゃんねる	−0.046684507	0.921633046	0.912063387

教育	テレビ	新聞	ブログ
テレビ	1		
新聞	0.369301692	1	
ブログ	0.10958314	0.891172638	1
2ちゃんねる	0.069703208	0.849456294	0.976218145

景気	テレビ	新聞	ブログ
テレビ	1		
新聞	−0.347947005	1	
ブログ	−0.193564188	0.758563979	1
2ちゃんねる	0.14078386	0.235834487	0.658578791

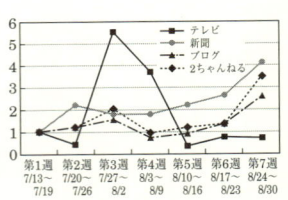

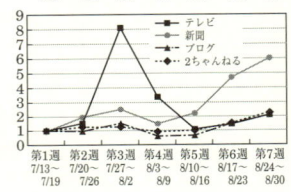

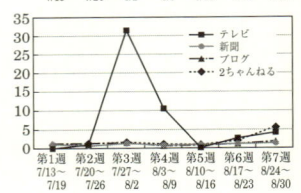

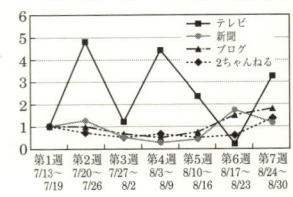

図 3-49 テレビ・新聞・ネットの「年金」「医療」「教育」「景気」報道推移比較と相関係数

7. おわりに

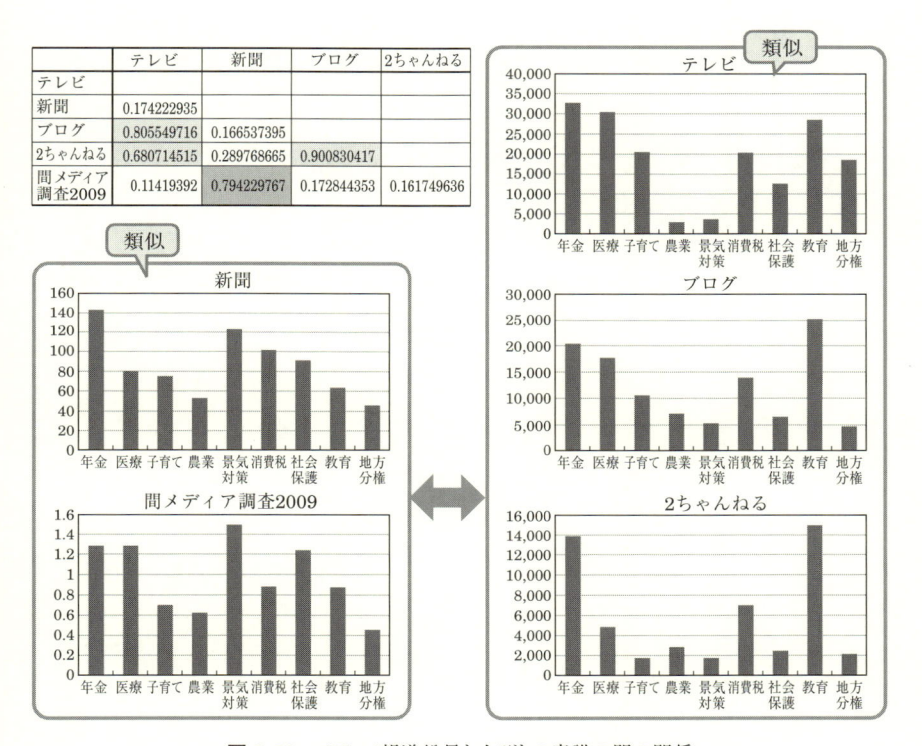

	テレビ	新聞	ブログ	2ちゃんねる
テレビ				
新聞	0.174222935			
ブログ	0.805549716	0.166537395		
2ちゃんねる	0.680714515	0.289768665	0.900830417	
間メディア調査2009	0.11419392	0.794229767	0.172844353	0.161749636

図 3-50　メディア報道総量と人びとの意識の間の関係

付記：本章の調査／集計にあたっては，間メディア社会研究会のメンバーでもある山田まさる氏（㈱インテグレート）に多大なご協力をいただいた．深く感謝します．

第4章

2010年参議院選挙と間メディア社会
―― 政権交代のその後とソーシャルメディア

1. 参議院選挙を終えて

　参院選が終わった．結果は，改選議席のうち，与党（民主）系が44議席，野党系が77議席を獲得し，与党惨敗となった．与党は，参議院で過半数を割ることとなった．といっても，自民党に風が吹いたというよりは，民主党政権への期待はずれ感によるところが大きい．今後も日本政治はぐらぐらと揺れ動き続けそうである．
　そして，その背後で，選挙「劇場」の舞台であるメディアに，いま大きな変化が起こっている．筆者が参院選直後の7月12日に実施した2010年 間メディア社会研究会調査（以下，「間メディア調査2010」とする）[1]の結果も交えつつ，選挙とメディアの関係を見ていこう．

メディアの多様化・融合と選挙情報

　選挙は一種の祭りである．そしてその祭りを最後に盛り上げるのが，投開票日の「開票速報」番組だ．今回も各局こぞって長時間にわたる特番をくんだ．関東地区では，いつもは他局の影に隠れているテレビ東京が，NHK，NEWS ZEROに続く3位の視聴率をあげて注目された．その理由は，キャスターの池上彰氏の切れ味鋭い解説であった．現代の視聴者が求めているのが，何よりも「情報」であることが図らずも現れたといえる．

1. 参議院選挙を終えて　113

　それとも合わせて興味深かったのは，これら選挙特番が，従来の「テレビ」の内部に閉じず，さまざまな情報チャネルと相互交流する作りになっていたことである．たとえばNHKの開票速報では，タイトル画面に「総合」「BS1」「ラジオ第一」「FM」とテレビ・ラジオをまたいだチャンネルが提示され，さらにその下には，「インターネット・携帯も」と書かれていた（図4-1）．他局もそれぞれに工夫を凝らしており，データ放送やTwitterと番組を連動させた局も多かった．

　一方，ネット側でも，さまざまな動きがあった．ネットを通じた「生放送」サービスである「ニコニコ生放送」は，2009年衆院選に続き，「ネット出口調査」を行った．開票後は，「毎日.jp」の当確情報の提供を受けつつ，角谷浩一氏の司会で，堀江貴文氏や西村博之氏，上杉隆氏，池田信夫氏らと各党議員をまじえた議論を生放送した（図4-2）．この生放送は，7月11日19時50分から翌12日1時16分まで行われたが，来場者数は149,518人，コメント数は1,039,074件に達した．

　同じくネット上の生放送サービスであるUstreamでは，「Infoseek 内憂外患」の提供で，ジャーナリストの高野孟氏と田中良紹氏を中心にさまざまな論客や政治家との議論が生中継され，合計視聴数59,728に達した．同じUstreamで，文化放送も「7/11 参議院選挙開票スペシャル『ロンブー 田村淳の選挙クラブ あなたの本音をぶつけてください！』」を中継した．

　こうしたメディア融合的な動きを含めて，メディアとしてのインターネットの存在感は急速に増しつつある．

図 4-1　『NHK開票速報』のトップ画面（7月11日20時）

図 4-2　第22回参院選　開票速報！ニコニコ参院選特番2010！

2. 2010年参議院選挙における投票行動

歴史的政権交代から1年

　先にも述べたように，2009年8月31日に行われた衆議院選挙では，480議席中，民主党が308議席を獲得し，長期にわたって政権の座にあった自民党は119議席と惨敗し，歴史的な政権交代が実現したのであった．

　ところが，それから1年も経たない2010年参議院選挙では，改選議席数121のうち，民主党は改選前に比べて10議席減の44議席を獲得したにとどまった．これに対して，自民党は13議席増の51議席，みんなの党が10議席増の11議席獲得と大勝した．この結果，参議院の勢力分布は，総数242議席のうち，与党109議席，野党133議席となり，与党が過半数を割った．ふたたび「ねじれ国会」現象が生じたのである（図4-3）．

　それでなくとも，政権発足後，すでに鳩山総理が辞任するなど混乱に悩まされている民主党政権の将来がますます危ぶまれる事態となったのである．

　小泉政権終了後，1年刻みで首相交代が行われ，そのたびに内閣支持率も大きく揺れ動いてきたわけであるが，この振動状態は，民主党に政権が移っても変わらなかった．

　もっとも，それは麻生政権時代から予想されたことでもあった．

　安倍内閣を継いで，2007年9月26日に発足した福田内閣は，57％という高い支持率（毎日新聞）で発足したものの，翌年5月には19.8％（共同通信）に落ちこんだ．続く麻生内閣も，高支持率で出発したが，翌年には2割をわる事態となった．しかし，その麻生内閣支持率が2009年5月には突如持ち直す（図4-4）．小沢民主党代表（当時）の献金問題が表面化したためである．この動きは，小沢氏が代表を辞任することにより収まったが，民主党政権樹立後，ふたたび，この問題が再燃した．

　政権党が変わっても，「政治とカネ」問題で内閣支持が失われていく構造は継続されたのである．その流れが，2010年参院選の結果につながったのは明らかである．

　本節では，この流れの中で，まずは，2010年参議院選挙で人びとがどのような投票行動をとったかを，投票翌日の7月12日に行った「間メディア調査 2010」から見てみよう．

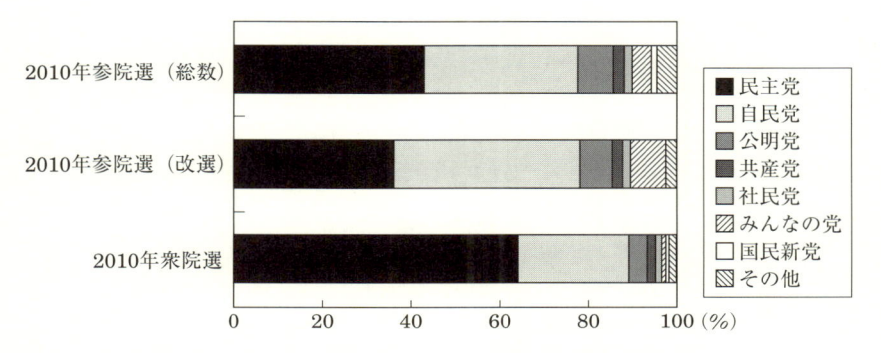

図 4-3 2009年衆議院選と2010年参議院選の各党獲得議席数

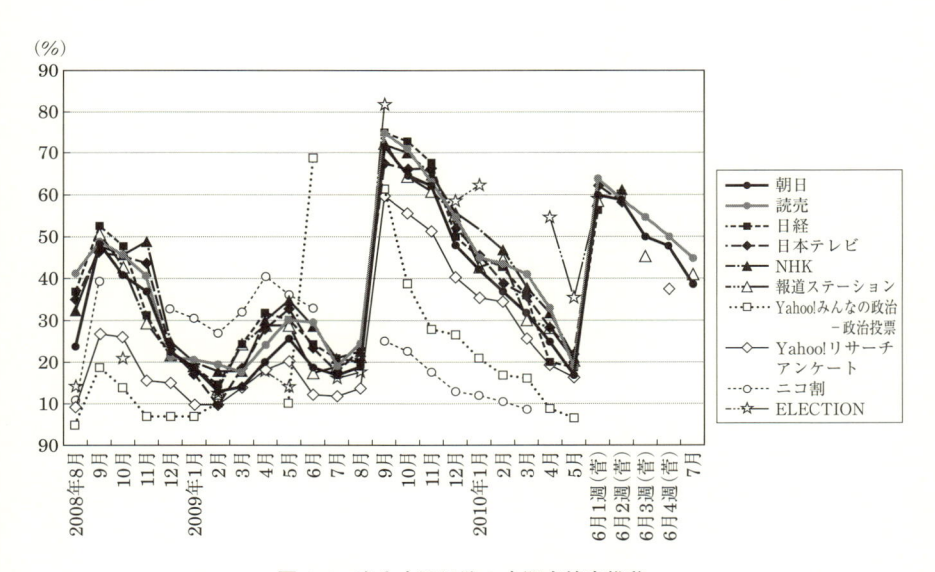

図 4-4 麻生内閣以降の内閣支持率推移

比例代表投票党の移行

有権者の票はどのように流動したか

　2010年の参議院選挙で民主党が議席を大きく減らし，自民党，みんなの党が大きく増やしたとすると，2009年の衆議院選挙とは投票した党を変えた有権者が多くいたと推測される．では，有権者の票はどのように流れたのだろうか．「間メディア調査」結

果から,比例代表選挙における票の動きを見たのが,図4-5である.数値は異同の割合(%)を示す.また,図の矢印は,異同の方向を示し,その太さは異同の割合に対応している.

これによれば,2009年に民主党に投票し,2010年にも民主党に投票した人は,46.5%と5割に満たない.しかも,2009年に他の党に投票し,2010年に民主党に投票した人は非常に少ない.2010年選挙における民主党の凋落は当然といえよう.

これに対して,自民党は,2009年も2010年も自民党に投票した人が約6割である.民主党よりは多いが,絶対的に多いとはいえない.

2009年の民主党投票者および自民党投票者のうち,前者の3割,後者の2割以上が,今回新たに参戦したみんなの党に投票している.

これは,自民党にも民主党にも期待を持てなくなった有権者たちが,2010年の参議院選挙では,まだ政党として未知数のみんなの党に投票したと推測される.

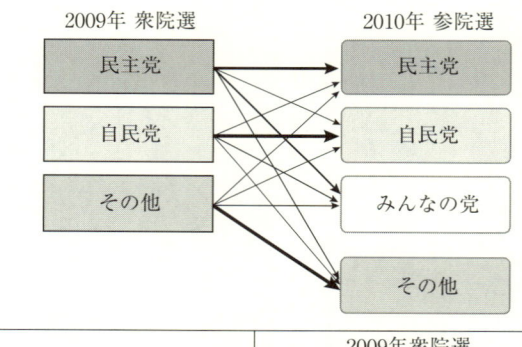

		2009年衆院選		
		自民党	民主党	その他
2010年参院選	自民党	59.4	6.5	9.8
	民主党	11.9	46.5	6.8
	みんなの党	21.0	32.2	23.9
	その他	7.7	14.8	59.4

図4-5 2009年衆院選と2010年参院選での比例代表投票党の異同

投票の理由

このことを確認するために,「間メディア調査2010」の「投票の理由」に関する結果（図4-6）を見ると,いずれの党も「政党の政策」が最も多く,有権者が政策を重視して意思決定していることがわかる.また,みんなの党では,「党首への信頼」が民主・自民党表層に比べて顕著に多く,党首（渡辺喜美）の個性が強い印象を与えていたといえる.

一方,民主・自民投票層では,「その他」が多いが,その内容は,民主党表層では「評価するにはまだ早い」「逆行はしたくない」などであり,自民党表層では「民主党が嫌い」という回答が大部分だった.

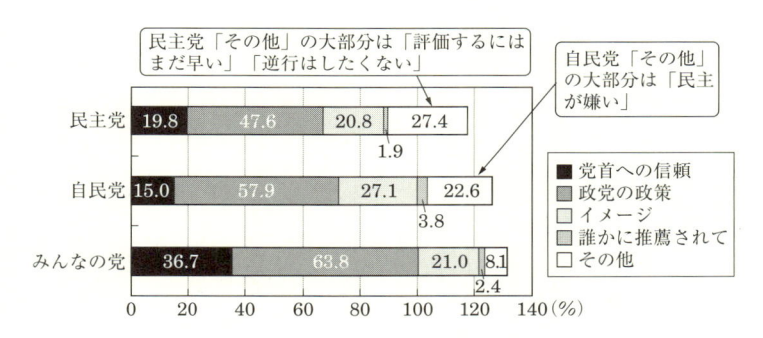

図4-6 投票党選択の理由(％,複数回答,データ出所:「間メディア調査2010」)

また,「間メディア調査2010」で,「投票党選択の意味」に対する回答は,図4-7のようであった.これによれば,民主党投票層では「民主党（与党）への期待」がおよそ4分の3を占めるのに対して,自民党・みんなの党では6割程度が「民主党（与党）への不信」によって投票している.いいかえれば,民主党への評価が,投票決定のキーになっているといえる.これは,現時点でも民主党への期待は高く,自民党やみんなの党は民主党に対する対抗政党としての位置づけがなされていると解釈することができる.

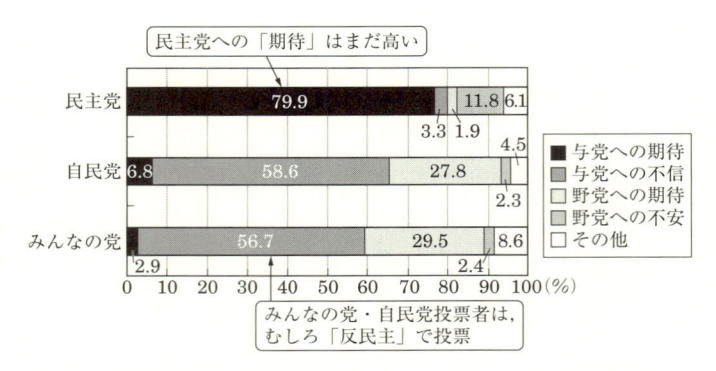

図 4-7 投票党選択の意味（%，データ出所：「間メディア調査 2010」）

党派別得票率と獲得議席数の差違

また，2010年参院選の獲得議席数では，自民党が民主党を上回ったが，得票率では実は民主党が自民党を大きく上回っていることにも留意が必要である．

このことをどのように考えるか，今後の選挙制度設計に関する重要な課題といえよう．

表 4-1 2010年参議院選挙比例代表党派別得票数／得票率（「総務省・第22回参議院議員通常選挙結果調」, http://www.soumu.go.jp/senkyo/senkyo_s/data/sangiin22/index_1.html）

	民主党	自由民主党	公明党	日本共産党	社会民主党	国民新党	みんなの党
得票数	18,450,139.059	14,071,671.422	7,639,432.739	3,563,556.590	2,242,735.155	1,000,036.492	7,943,649.369
得票率	31.56	24.07	13.07	6.10	3.84	1.71	13.59

マニフェストは死んだか？

前章で見たように，2009年の参議院選で最も大きなキーワードは，「マニフェスト」であった．テレビでも新聞でも，連日「マニフェスト」が大きく取り上げられていた．それに比べて，2010年の参院選では，メディアで「マニフェスト」が語られることはあまりなかった．参議院選挙では，衆議院選挙におけるほど重要性はないともいえるが，それにしても手を返したような報道量の少なさであった．図4-8に，朝日／毎日新聞の「マニフェスト」をキーワードとする記事件数の推移を示す．

それを反映してか，「マニフェスト」をキーワードとしたブログ記事件数（kizasi.jpによる）も，2009年衆議院選時に比べて低く抑えられている（図4-9）．

「マニフェスト」選挙は一時のブームに終わったのだろうか？

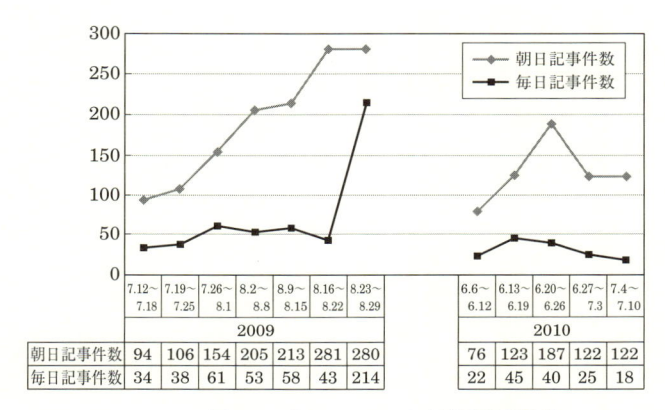

図4-8 「マニフェスト」新聞記事件数

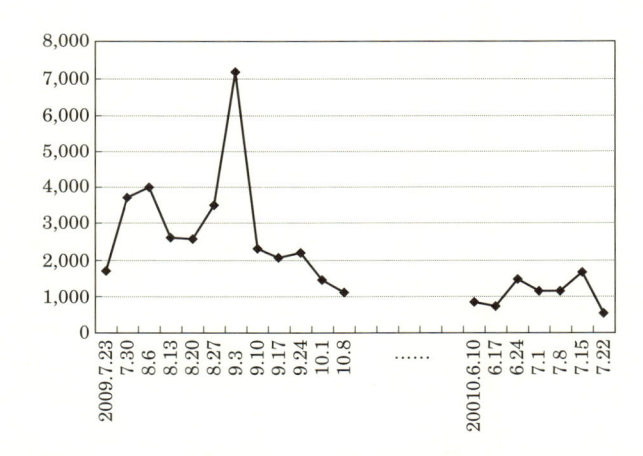

	7.12～7.18	7.19～7.25	7.26～8.1	8.2～8.8	8.9～8.15	8.16～8.22	8.23～8.29	6.6～6.12	6.13～6.19	6.20～6.26	6.27～7.3	7.4～7.10
	2009							2010				
朝日記事件数	94	106	154	205	213	281	280	76	123	187	122	122
毎日記事件数	34	38	61	53	58	43	214	22	45	40	25	18

図4-9 マニフェストに関するブログ記事件数推移(データ出所：kizasi.jp)

　だが,「間メディア調査 2010」結果で見ると,「まったく読まなかった」との回答は3割程度であった（図4-10）．2009年衆院選のときほどは熱心でなかったかもしれないが，参議院選でも有権者はマニフェストに興味を失ったわけではないようである．
　とはいえ，今回，民主党への支持が低下した理由の一つとして，しばしば,「マニフェストが実現できないこと」が挙げられている．有権者は，この点をどう考えているのだろうか．

「間メディア調査 2010」の結果を示したのが，図4-11である．これによれば，「一部を除いて実行」「状況に応じて一部変更」との回答が多く，「完全に実行しなければならない」は1割強であった．また，年代が上がるほど，マニフェストの実行に関して寛容になるようである．若年層では理想主義が強く，高年齢層では状況適合的になるということだろうか．いずれにせよ，「マニフェストの厳密な実行」に有権者は必ずしもこだわっていないということが示された．

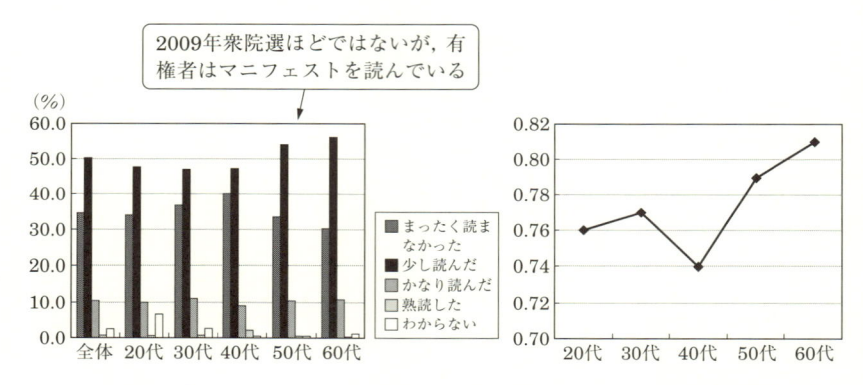

図 4-10 「マニフェストは読みましたか」という問いに対する年代別回答
（左：％，右：数値尺度，データ出所：「間メディア調査 2010」）

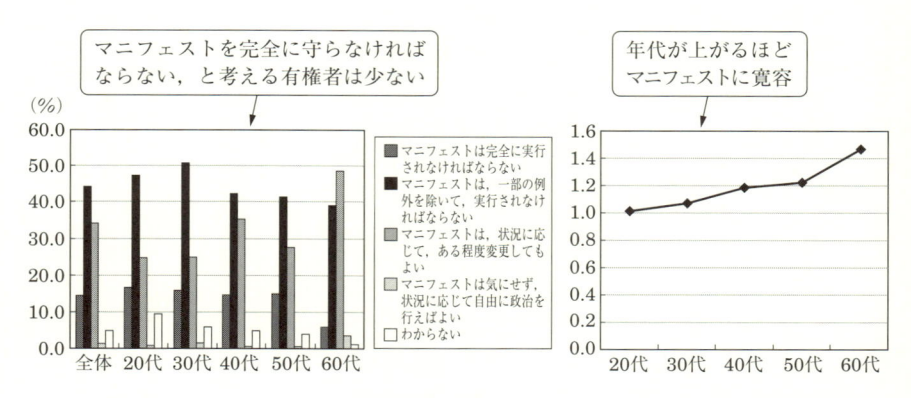

図 4-11 「マニフェストは実行されるべきか」という問いに対する年代別回答
（左：％，右：数値尺度，データ出所：「間メディア調査 2010」）

政策報道と有権者の政策課題認識

では，有権者は，どのような政策を重要と認識していただろうか．またその意識と，報道やブログ記事との関係はどのようなものだろうか．

まず，各政策ごとに「重要と思いますか」と尋ねた「間メディア調査 2010」の結果を，年代別に集計した結果を，図4-12に示す．これによれば，有権者が重要と認識している政策課題は，景気，年金，財政，医療，社会保障，税金，雇用などである．2009年衆議院選のときの同じ調査結果と比較してみると，全体の傾向は驚くほど変わっていない．今も社会状況は変わっていないということだろうか．唯一，「税金」については，2010年参議院選挙で重要性認識が格段にあがっている．これは，2010年6月17日，マニフェスト発表の記者会見の場で，菅首相が「自民党が提案する10％をひとつの参考とする」と発言し，さらに6月21日の記者会見で，消費税10％を「参議院選挙の公約と受け止めてもらって結構だ」と述べたことにより，2010年参院選で消費税問題がクローズアップされてしまったことによると考えられる．

図4-13は，「間メディア調査 2010」の年代別政策重要性認識である．ほとんどの問題について，重要性認識の世代間格差がある（統計学的に有意）ことがわかる．とくに，年金，子育て，基地問題について，世代間の違いが明らかである．

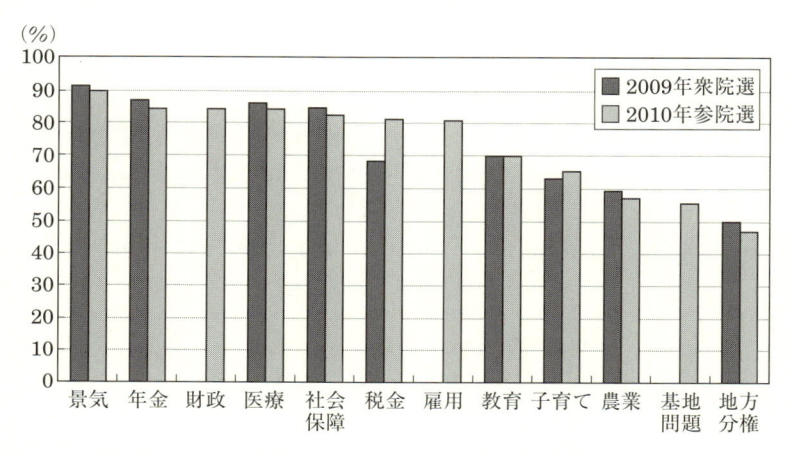

図 4-12　2009衆院選／2010参院選意識調査に見る政策課題の重要性認識
（「非常に重要」「重要」と回答した人の割合，％，データ出所：「間メディア調査 2010」）

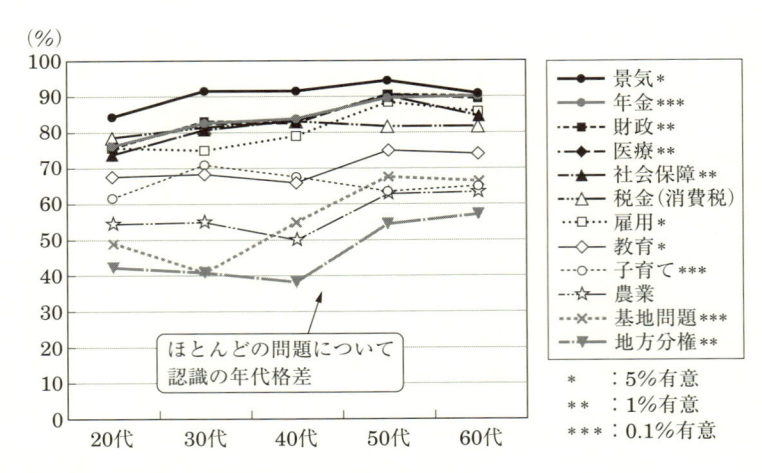

図 4-13 意識調査に見る年代別政策重要性認識
（「非常に重要」「重要」と回答した人の割合，%，データ出所：「間メディア調査 2010」）

新聞・ブログに見る政策記事――間メディア的〈世論〉の様相

これらの政策課題は，新聞やブログでどのように論じられただろうか．

各政策課題をキーワードとして検索した記事件数の，6月6日〜7月10日までの各週の推移をグラフ化したのが，図4-14，図4-15である．

これによれば，新聞もブログも，教育，医療，財政，基地問題（期間の前半）への言及が多いことは共通している．しかし，ブログでは，教育問題を論じた記事が突出して多く，新聞ではすべての問題が，相対的に平等に扱われている．

各問題の時系列的な記事数の増減については，新聞記事とブログ記事の間に，明確な（統計的に有意な）相関は見られなかった．

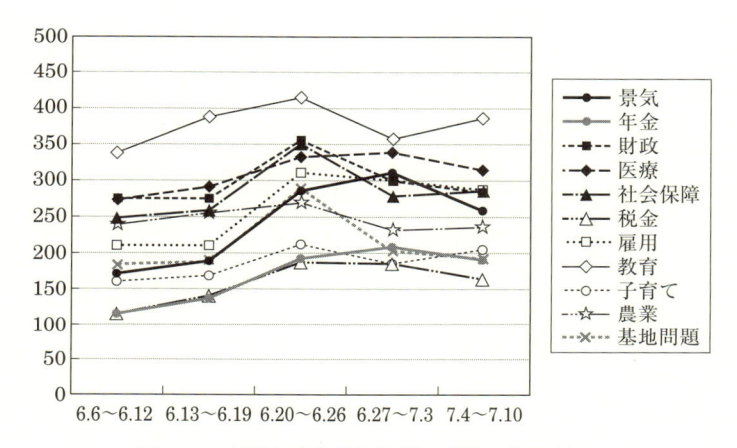

図 4-14 新聞記事件数推移（朝日新聞・毎日新聞）

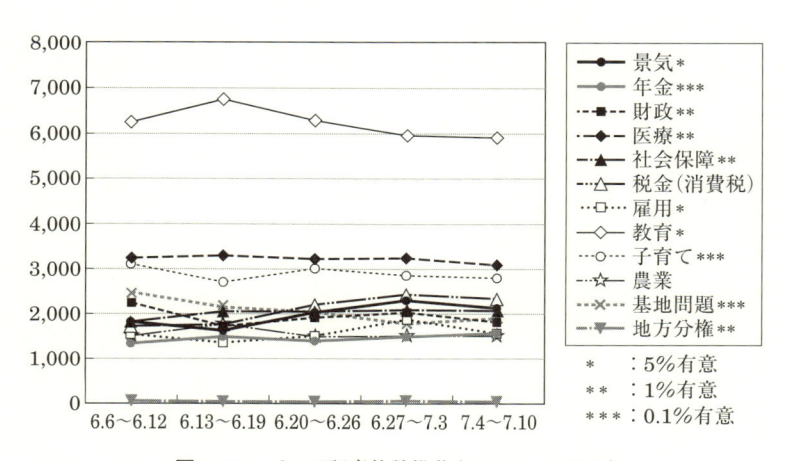

図 4-15 ブログ記事件数推移（kizasi.jp による）

* ：5％有意
** ：1％有意
*** ：0.1％有意

一方，6月6日〜7月10日の間の記事の総数と「間メディア調査 2010」の値とを比較したのが図4-16である．これによれば，ブログでは教育，子育てに関する言及が相対的に多いことがわかった．一方，新聞では，財政，社会保障，雇用，農業の扱いが相対的に多い．各政策の総量の相関をとると，新聞記事とブログ記事の間の相関係数は約0.74とかなり高いことがわかった．

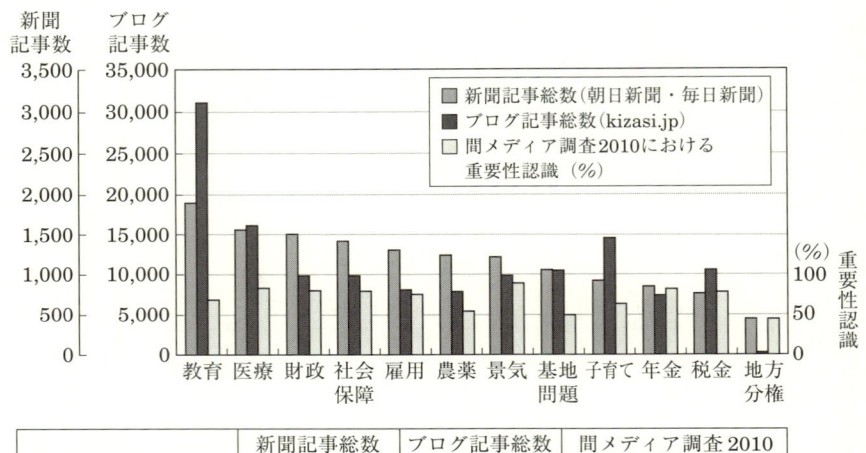

	新聞記事総数	ブログ記事総数	間メディア調査2010
新聞記事総数	1	0.736586411	0.402824049
ブログ記事総数		1	0.17719925
間メディア調査2010			1

図 4-16　各政策課題に関する記事総数の相関的関係

以上，本節でわかったことをまとめると，次のようになる．
- 有権者は民主党に失望を感じているが，元の状態に逆行したいとは考えていない．
- 有権者は政策を求めている．とくに教育，年金，福祉，税金に関心が高い．
- 新聞とブログの記事数は相関がある．これは言論空間がメディアごとに孤立しているのではなく，メディアをまたいで相互に影響を及ぼす間メディア性が働いていることの証でもある．

3. 人びとはどのメディアから情報を得たか

メディア重要性と評価

　人びとは，現代のメディア環境をどのように受け止めているのか．「間メディア調査」で，選挙情報を得るうえで，テレビ，新聞，インターネットがどの程度重要であったかを尋ねた．その結果が，図4-17, 図4-18である．

　これによれば，それぞれのメディアに対する重要度認識は，年代によって大きく異なる．全体で最も重要と考えている人が多いのは，テレビである．年代が上がるにつれて，重要度認識は高まる．ただし，60代ではわずかながら新聞がテレビを超える．

　新聞もまた年代が高いほど重要と考える人の割合は高まる．その傾斜は，テレビより大きい．20～30代ではインターネットより低く，60代ではテレビより高い．

　最も新しいメディアであるインターネットは，テレビや新聞とは反対に，年代が高いほど重要度の認識は低い．したがって，高年齢層では，インターネットを重要と考える人の割合は4割だが，20代では6割を超え，テレビに迫る勢いである．

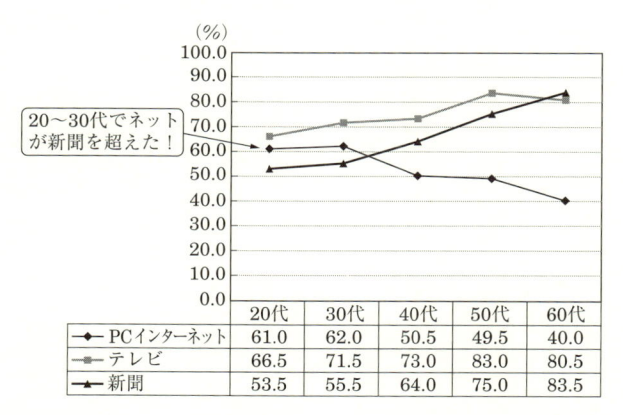

	20代	30代	40代	50代	60代
PCインターネット	61.0	62.0	50.5	49.5	40.0
テレビ	66.5	71.5	73.0	83.0	80.5
新聞	53.5	55.5	64.0	75.0	83.5

（注：20～30代でネットが新聞を超えた！）

図4-17　2010年メディア重要性（データ出所：「間メディア調査 2010」）

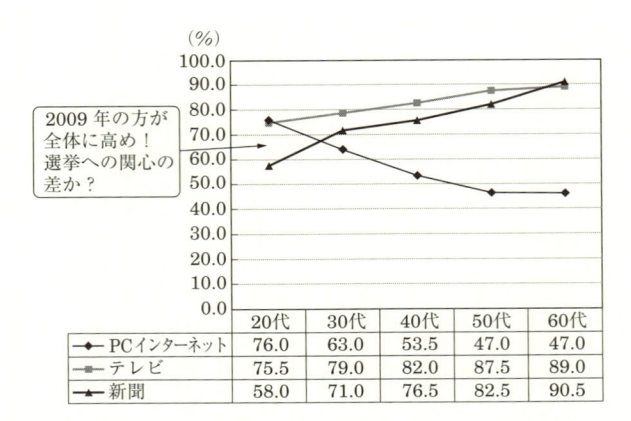

	20代	30代	40代	50代	60代
PCインターネット	76.0	63.0	53.5	47.0	47.0
テレビ	75.5	79.0	82.0	87.5	89.0
新聞	58.0	71.0	76.5	82.5	90.5

吹き出し：2009年の方が全体に高め！選挙への関心の差か？

図 4-18　2009年メディア重要性（データ出所：「間メディア調査 2009」）

各メディアについて具体的にどのような印象をもっているかを聞いた回答を図4-19に示す．テレビに対しては，「つまらない情報が過剰」「演出ややらせが多い」など，他のメディアに比べて批判が強い．反対に新聞に対しては，「重要な情報をきちんと発信」「報道姿勢はおおむね中立」など，他のメディアに比べて信頼が高いようである．

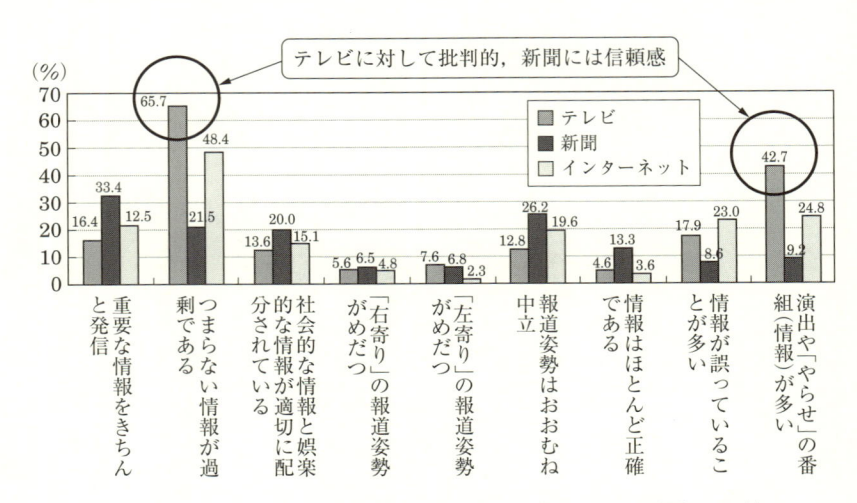

図 4-19　メディアに対する評価（データ出所：「間メディア調査 2010」）

人びとはどのメディアから情報を得たか

では，人びとは実際にどのようなメディアから情報を得たのだろうか？

図4-20に，今回の参院選で人びとが何を情報源としたかについての調査結果を示す．「Yahoo! やInforseekなどのニュース・サイト」が突出して高いことが目をひく（インターネットを通じた調査なので，高めの値が出るとはいえるが）．

もっとも，これらニュース・サイトは，新聞社などからの記事配信を受けているので，「新聞」の情報機能が衰えているとは必ずしもいえない．つまり，今日のメディア構造は，「テレビvs新聞vsネット」という相互対立ではなく，「テレビand新聞andネット」という相互埋込的な方向に進んでいるということに注意しなければならない．筆者のいう「間メディア環境」である．

これら情報源として利用度の高いサービスの年代による利用度の差を見たのが図4-21である．これによると，新聞では年代差はあまりない．テレビでは，番組ごとにかなり年代の違いが見られる．『報道ステーション』や『ニュース7』では高年齢層の方が見ている人が多く，『NEWS ZERO』は若年層の方が見ている．ネットでは，ニュースサイトは若年層の利用が多いが，新聞サイトは高年齢層の方が多い．政党や議員サイトは，30代が最も高い単峰型の分布を示している．

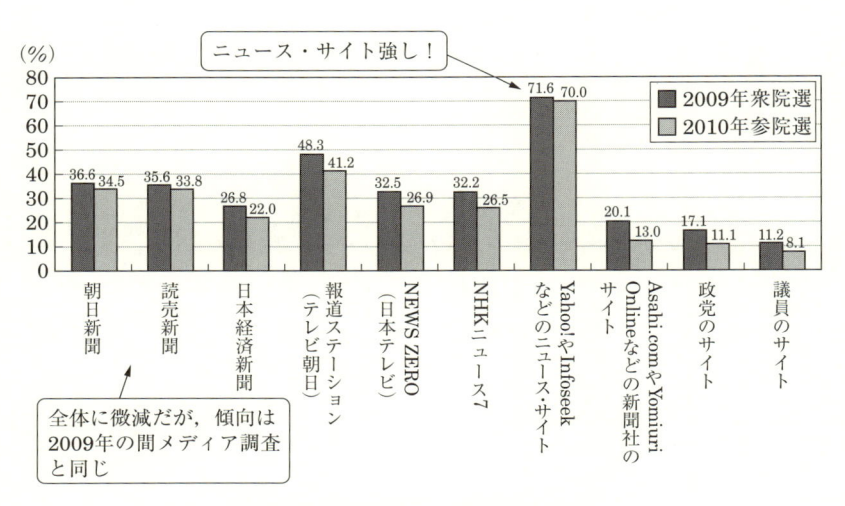

図4-20 選挙で何を情報源としたか
（各メディアの上位のみ．%，2009/2010年 間メディア調査比較）

メディア	2009年衆院選	2010年参院選
朝日新聞	36.6	34.5
読売新聞	35.6	33.8
日本経済新聞	26.8	22.0
報道ステーション（テレビ朝日）	48.3	41.2
NEWS ZERO（日本テレビ）	32.5	26.9
NHKニュース7	32.2	26.5
Yahoo!やInfoseekなどのニュース・サイト	71.6	70.0
Asahi.comやYomiuri Onlineなどの新聞社のサイト	20.1	13.0
政党のサイト	17.1	11.1
議員のサイト	11.2	8.1

ニュース・サイト強し！

全体に微減だが，傾向は2009年の間メディア調査と同じ

128　第4章　2010年参議院選挙と間メディア社会

（％）

凡例：全体／20代／30代／40代／50代／60代

吹き出し：新聞では年代差はあまりない

横軸項目：報道ステーション（テレビ朝日）／NEWS ZERO（日本テレビ）／NHKニュース7／朝日新聞／読売新聞／日本経済新聞／Yahoo!やInfoseekなどのニュース・サイト／Asahi.comやYomiuri Onlineなどの新聞社のサイト／政党のサイト／議員のサイト

吹き出し：報ステ，ニュース7は高年齢層，NEWS ZEROは若年層

吹き出し：ニュースサイトは若い世代ほど多い．新聞サイト，政党サイト，議員サイトはむしろ高年齢層が閲読

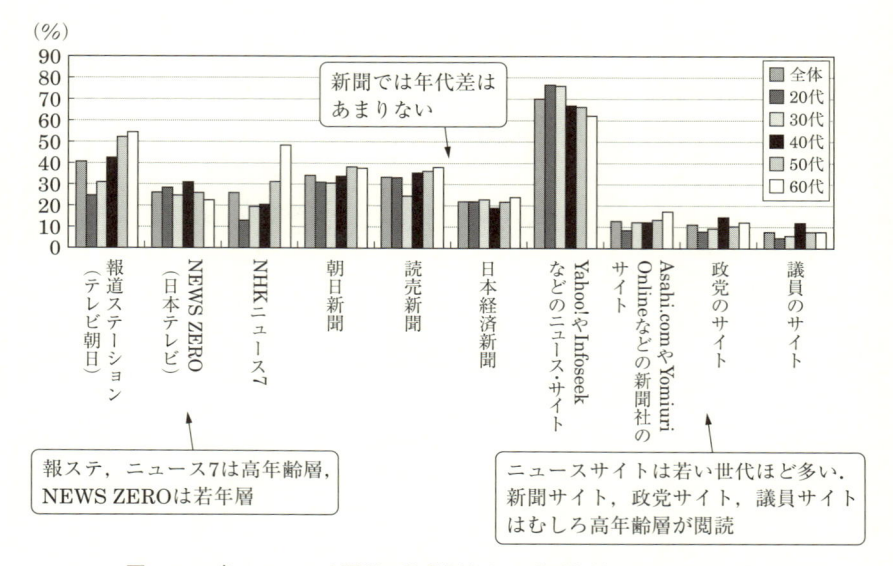

図 4-21　各メディアは選挙の情報源として重要と見なされたか（％）

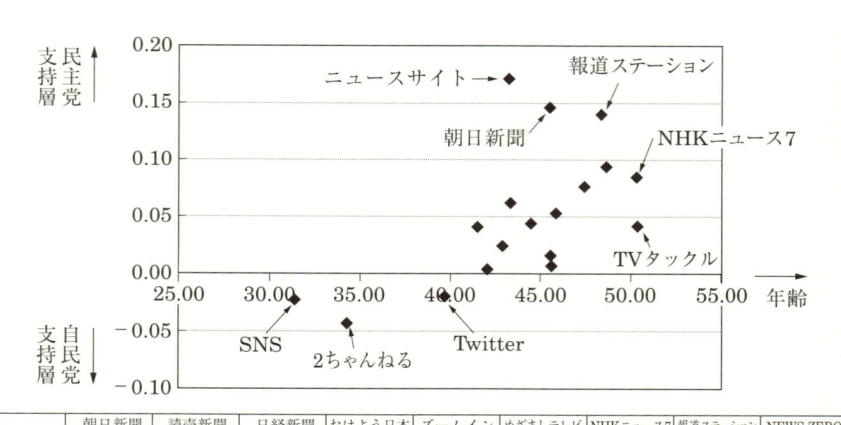

縦軸：民主党支持層↑／自民党支持層↓　横軸：年齢

図中ラベル：ニュースサイト／報道ステーション／朝日新聞／NHKニュース7／TVタックル／SNS／2ちゃんねる／Twitter

	朝日新聞	読売新聞	日経新聞	おはよう日本	ズームイン	めざましテレビ	NHKニュース7	報道ステーション	NEWS ZERO
平均年齢	45.53	45.81	44.41	48.6	42.85	41.47	50.3	48.37	43.37
民主vs自民	0.14	0.05	0.04	0.09	0.02	0.04	0.06	0.14	0.06

	TVタックル	ニュースサイト	新聞サイト	2ちゃんねる	SNS	Twitter	みんなの政治	政党サイト	議員サイト
	50.36	43.23	47.44	32.24	31.37	39.67	42.02	45.53	45.63
	0.04	0.17	0.06	−0.04	−0.02	−0.02	0	0.01	0.01

図 4-22　各メディアの視聴者の分布

各メディアのマッピング

これらを，年代と民主党投票層対自民党投票層の二軸にとってマッピングしたのが，図4-22である．

マスメディアとブログ記事の関係

次に，新聞とブログの間の間メディア性を分析するために，選挙期間中各週ごとの個別問題に関する新聞記事件数とブログ記事件数の推移について，相関分析を行った．

その結果，政治家についての記事では，図4-23，表4-2に見られるように，参議院選挙，鳩山氏，小沢氏に関する記事では新聞とブログの間に強い相関が見られたが，民主／自民の党首である菅氏と谷垣氏では相関が見られなかった．これは，菅氏，谷垣氏の行動や発言が必ずしも輪郭のはっきりしたものではないことによるのだろうか．

朝日・毎日新聞記事数

	6.6～6.12	6.13～6.19	6.20～6.26	6.27～7.3	7.4～7.10
参議院選挙	688	990	1612	1353	1608
菅直人	459	344	541	396	367
谷垣	24	40	87	72	76
鳩山	215	176	158	98	87
小沢	176	123	111	86	79

ブログ記事件数（kizasi.jpによる）

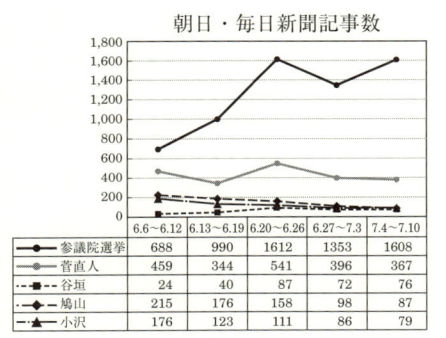

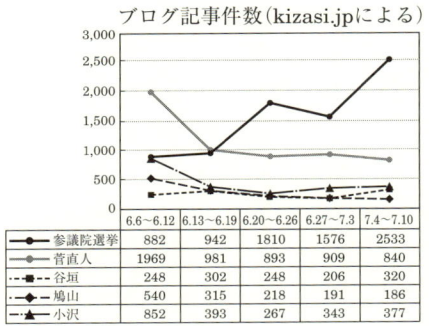

	6.6～6.12	6.13～6.19	6.20～6.26	6.27～7.3	7.4～7.10
参議院選挙	882	942	1810	1576	2533
菅直人	1969	981	893	909	840
谷垣	248	302	248	206	320
鳩山	540	315	218	191	186
小沢	852	393	267	343	377

図4-23　新聞報道とブログ記事（政治家）

表4-2　新聞報道とブログ記事の相関（政治家）

	参議院選挙	菅直人	谷垣禎一	鳩山由紀夫	小沢一郎
相関係数	0.893352604	0.237414248	−0.084969526	0.873039694	0.85431397

政治問題についての記事では，図4-24，表4-3に見られるように，税金，G20に関する記事では新聞とブログの間に強い相関が見られたが，基地問題では相関が見られなかった．事業仕分けに関しては，負の相関が観察されたのは，さらに検討を要する．

朝日・毎日新聞記事数

	6.6〜6.12	6.13〜6.19	6.20〜6.26	6.27〜7.3	7.4〜7.10
参議院選挙	688	990	1612	1353	1608
事業仕分け	87	70	178	128	156
基地	168	193	382	199	168
税金	93	142	681	464	621
G20	18	14	67	64	14

ブログ記事件数（kizasi.jpによる）

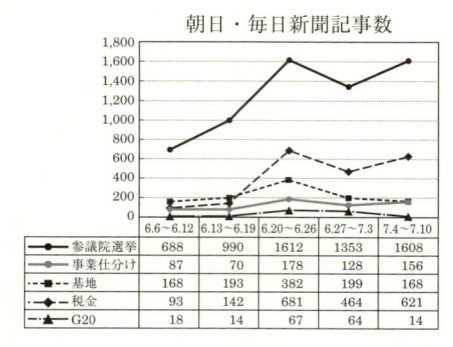

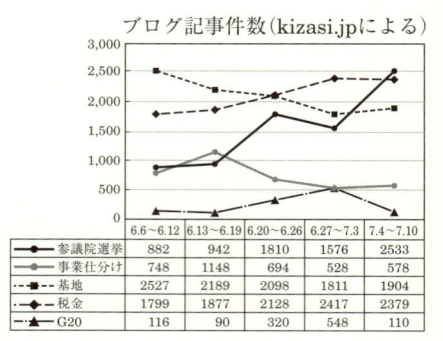

	6.6〜6.12	6.13〜6.19	6.20〜6.26	6.27〜7.3	7.4〜7.10
参議院選挙	882	942	1810	1576	2533
事業仕分け	748	1148	694	528	578
基地	2527	2189	2098	1811	1904
税金	1799	1877	2128	2417	2379
G20	116	90	320	548	110

図 4-24 新聞報道とブログ記事（政治関連）

表 4-3 新聞報道とブログ記事の相関（政治関連）

	参議院選挙	事業仕分け	基地	税金	G20
相関係数	0.893352604	−0.693819664	−0.086272307	0.786466666	0.895552907

　一般の社会問題についての記事では，図4-25，表4-4に見られるように，野球賭博，北朝鮮問題，口蹄疫，豪雨，FIFA，JAXAに関する記事では新聞とブログの間に強い相関が見られたが，iPad，コーヴ問題，原油流出問題，ギリシャ危機問題では相関が見られなかった．これは，事実にしたがって議論が起こるタイプの問題と，趣味や関心によって出来ごととはあまり関係なく議論されるタイプの問題との違いであるかもしれない．

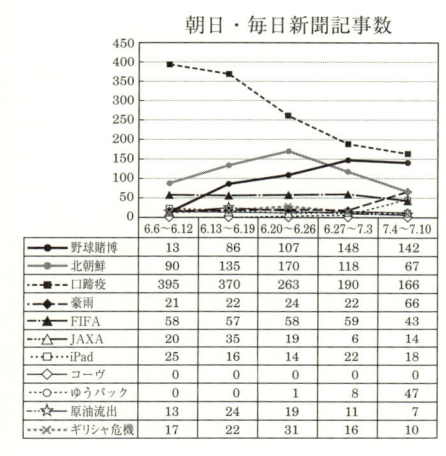

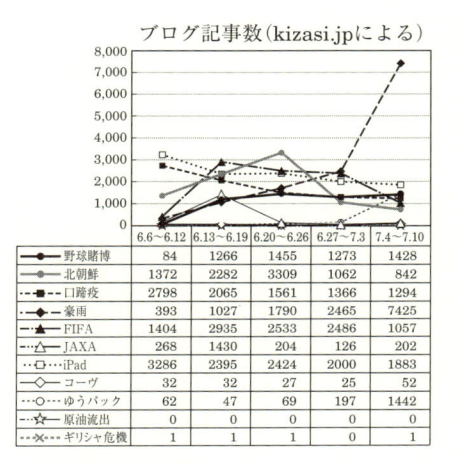

図 4-25 新聞報道とブログ記事（社会問題）

朝日・毎日新聞記事数

	6.6～6.12	6.13～6.19	6.20～6.26	6.27～7.3	7.4～7.10
野球賭博	13	86	107	148	142
北朝鮮	90	135	170	118	67
口蹄疫	395	370	263	190	166
豪雨	21	22	24	22	66
FIFA	58	57	58	59	43
JAXA	20	35	19	6	14
iPad	25	16	14	22	18
コーヴ	0	0	0	0	0
ゆうパック	0	0	1	8	47
原油流出	13	24	19	11	7
ギリシャ危機	17	22	31	16	10

ブログ記事数（kizasi.jpによる）

	6.6～6.12	6.13～6.19	6.20～6.26	6.27～7.3	7.4～7.10
野球賭博	84	1266	1455	1273	1428
北朝鮮	1372	2282	3309	1062	842
口蹄疫	2798	2065	1561	1366	1294
豪雨	393	1027	1790	2465	7425
FIFA	1404	2935	2533	2486	1057
JAXA	268	1430	204	126	202
iPad	3286	2395	2424	2000	1883
コーヴ	32	32	27	25	52
ゆうパック	62	47	69	197	1442
原油流出	0	0	0	0	0
ギリシャ危機	1	1	1	0	1

表 4-4 新聞報道とブログ記事の相関係数（社会問題）

	野球賭博	北朝鮮	口蹄疫	豪雨	FIFA	JAXA
相関係数	0.88243163	0.90627346	0.92728741	0.966839622	0.686245152	0.892999

	iPad	コーヴ	ゆうパック	原油流出	ギリシャ危機
相関係数	0.45968104	―	0.99774208	―	0.227736377

メディア・ブログ言説空間と人びとの関心

　最後に，選挙期間（6月6日～7月10日）の間の新聞記事総数とブログ記事総数と「間メディア調査2010」による重要性認知との相関関係を示したのが，図4-26と図4-27である．

　政治関連問題については，相互にかなり相関が高い．ブログと「間メディア調査2010」の間の相関が最も低くなっており，結局，新聞がブログと，一般の意識に影響を及ぼしていると解釈することができよう．

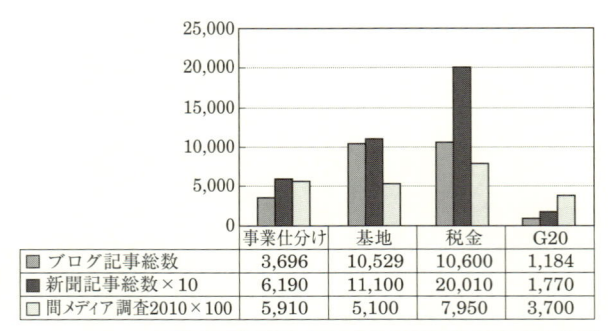

	事業仕分け	基地	税金	G20
ブログ記事総数	3,696	10,529	10,600	1,184
新聞記事総数×10	6,190	11,100	20,010	1,770
間メディア調査2010×100	5,910	5,100	7,950	3,700

ブログ×間メディア調査2010　相関	0.658718018
新　聞×間メディア調査2010　相関	0.899867759
ブログ×新聞総数　相関	0.886972849

図 4-26 政治関連問題の選挙期間記事総数の相関関係

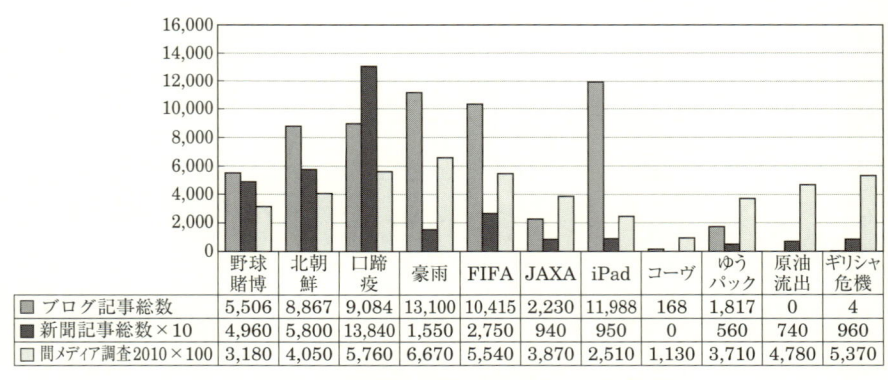

	野球賭博	北朝鮮	口蹄疫	豪雨	FIFA	JAXA	iPad	コーヴ	ゆうパック	原油流出	ギリシャ危機
ブログ記事総数	5,506	8,867	9,084	13,100	10,415	2,230	11,988	168	1,817	0	4
新聞記事総数×10	4,960	5,800	13,840	1,550	2,750	940	950	0	560	740	960
間メディア調査2010×100	3,180	4,050	5,760	6,670	5,540	3,870	2,510	1,130	3,710	4,780	5,370

ブログ×間メディア調査2010　相関	0.35438639
新　聞×間メディア調査2010　相関	0.329896145
ブログ×新聞総数　相関	0.377644963

図 4-27 社会問題の選挙期間記事総数の相関関係

一方，一般の社会問題では相互の相関はいずれもかなり低い．新聞では口蹄疫問題が最も集中的に取り上げられていたが，ブログでの話題は豪雨，FIFA，iPadなどに集中し，新聞ではこれらはほとんど扱われていない．「間メディア調査2010」では，ブログや新聞で取り上げられている問題以外にギリシア危機，原油流出事故，ゆうパック事故などにも関心を示す．後者三問題については新聞やブログはほとんど取り上げていない．

こうしてみると，少なくともこの時期，政治的な事柄については新聞の主導力が強いが，社会的な事柄では，新聞は国内の特定の問題に集中し，ブログは趣味的関心に注目し，意識は相対的に広い視野で社会の出来ごとを見ている，という違いが観察された．

4. ソーシャルメディアを介した政治活動——間メディア社会の選挙

インターネット上の選挙情報

ネットの動向をもう少し詳しく見てみよう．すでに多くの利用者を集めているニュースサイト以外にも，大規模掲示板，ブログ，SNS（ソーシャル・ネットワーキング・サービス），Twitterなどのミニブログといった新しいサービスが人気を集めている．これらは，「ソーシャルメディア」とも呼ばれ，コミュニティ的なコミュニケーション環境を提供することに特徴がある．2008年のアメリカ大統領選挙でも，オバマ大統領誕生に大きな力を発揮したといわれている．

さらに最近は，ネット上の映像コミュニケーションも活発化している．YouTubeに代表される動画共有サイトは，すでにテレビ番組でもネタ元の一つとして使うことが一般化している（たとえばNHKの『特ダネ！投稿DO画』など）．これに加えて，最近ではニコニコ生放送やUstreamといった，一般の人びとが自ら撮影しつつネット上で「生放送」するサービスも増えている．民主党政権がほぼ唯一国民の支持を得たともいえる「事業仕分け」は，これらのネット生放送サービス[2]によって実況中継されたことでも注目された．

事業仕分けとネット生放送サービス

ここで，今回の選挙以前の話になるが，「事業仕分け」とネット生放送サービスについて，少し見ておこう．

2009年の衆議院選挙で，民主党のマニフェストの目玉の一つが，「政治主導」であった．その実現のために，民主党政権成立後，内閣府に「行政刷新会議」を設置すること

が閣議決定された．2009年11月，行政刷新会議は，次年度予算の削減に向けて，初めての事業仕分けを，国立印刷局市ケ谷センター体育館を会場に行った．事業仕分けは，国民への透明性を確保しつつ予算の妥当性を検証するのが本義であり，仕分けの模様はテレビで報道（部分的に中継）されるとともに，政府インターネットテレビで生中継され，また一般に公開された．

これまで，政策決定のプロセスが公開されることは日本の政治でほとんどなかったため，事業仕分けは大きな反響を呼んだ（科学技術予算が仕分けに適合するかなど，問題も残したが）．テレビ画面では，スパコン事業に対する蓮舫議員の「2位じゃダメなんでしょうか？」発言など，特定の場面ばかりが報道されることも問題視された．一方，テレビと違って完全生中継の政府インターネットテレビに注目が集まり，回線混雑により接続困難になるほどだった．

新しい動きとして，先に挙げたニコニコ生放送やUstreamが事業仕分けの生中継をしたことが注目された．これらネット生放送サービスの特徴は，テレビや新聞のような既存マスメディアの記者でもなく，政府インターネットテレビのように政府提供でもなく，一般の人が自分なりの視点で（作り込みの効かない）ライブ中継を行い，かつ，そのネット動画に対して，視聴者がリアルタイムでコメントしていく双方向性が組み込まれているところにある．ことに，2009年11月の事業仕分けでは，あらゆることを「ダダ漏れ」（淡々とライブ中継し続ける）することで有名になったsoranoという若い女性が，単身仕分け会場に赴き，中継放送を行ったことで，一般の関心を集めた．

この結果，2010年4月に行われた第2回の事業仕分けでは，行政刷新会議は，【インターネットライブ中継にご協力くださる事業者を募集】というお知らせを出した．これに答えるかたちで，第2回事業仕分けでは，5社のネット生放送サービス事業者が，中継を行った（図4-28参照）．「総アクセス数は速報値でTVバンクが37万超，ドワンゴが約7万2千など．2社だけで約44万件と，前回の「1日平均33万アクセス」（事業仕分け事務局）」（MSN産経ニュース，2010.4.23, http://sankei.jp.msn.com/life/trend/100423/trd1004232330014-n1.htm）を大きく上回った．これに対して，既存マスメディアでは，「事業仕分け」の報道量は減少した．

この第2回事業仕分けの生中継が一つのきっかけになったのか，ニコニコ生放送もUstreamも，この時期，大幅に視聴者数を伸ばしている（図4-29）．

4. ソーシャルメディアを介した政治活動　135

Ustream（TVバンク）

Stickam（E-Times Technologies）

内閣府のサイト

ニコニコ生放送
（ドワンゴ）

DMM.com
（デジタルメディアマート）

図 4-28　事業仕分け（2010.4.23）

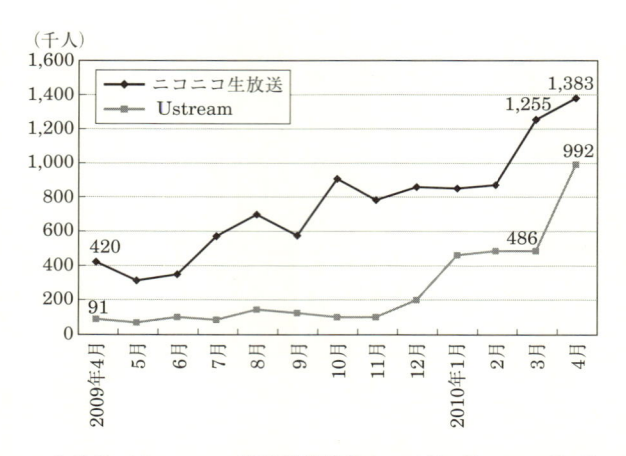

図 4-29 ニコニコ生放送，Ustreamの訪問者数推移（2009年4月〜2010年4月，家庭と職場のPCからのアクセス）（データ出所：ネットレイティングス，2010年5月26日付プレスリリース，http://www.netratings.co.jp/New_news/News05262010.htm）

市民による選挙情報提供サービス

　図4-20で，選挙情報源として政党サイトや議員サイトが上位に上がっている．ネットは誰もがほとんどコストをかけずに情報発信できる．したがって，政党や議員が自らの政治理念や活動をアピールするのに格好のメディアとなる．それだけではなく，市民活動の媒介として，あるいは個人からの呼びかけさえ容易に行える．選挙情報や選挙活動の場も大きく広がったのである．先に述べたソーシャルメディアや映像メディアの発展はそれに拍車をかけている．今回の選挙でも，「Yahoo! みんなの政治」「楽天 LOVE JAPAN」「Google 未来を選ぼう」「JANJAN ザ・選挙」「e国政」などさまざまな第三者的な選挙サイトが情報提供を行った．多面的な情報が提供されるようになったのだ．

　「Yahoo! みんなの政治」「楽天 LOVE JAPAN」は候補者に対する少額の献金を受け付けるサービスも始めた．これによって，選挙資金のない候補者も，選挙費用を調達することが可能になる．大資本をバックにしなくても政治家になれるようになるかもしれない．

　また，近年に限ったことではないが，現在の若年投票率は高齢層に比べて半分程度にすぎない（図4-30）．ネットを通じて選挙情報を提供することで，若年層の選挙への関心を高めることも期待される．

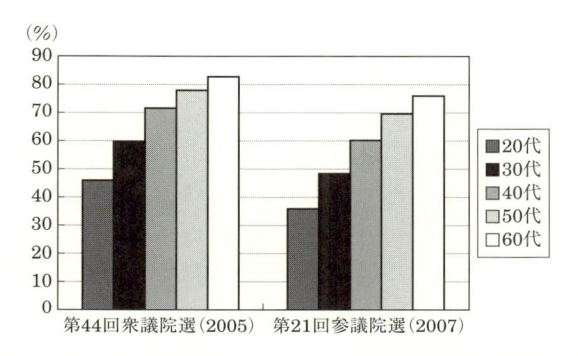

図 4-30 最近の国政選挙の年代別投票率(データ出所：明るい選挙推進協会)

　ほかにも，参加型シミュレーションのShuugi.in（図4-31）や，投票に関するつぶやきを集めた「投票なう」（図4-32）など，次々とゲーム感覚で選挙を楽しめるサイトが生まれた．こうしたプロジェクトがきっかけとなって，若者の政治的関心が高まることが望まれる．

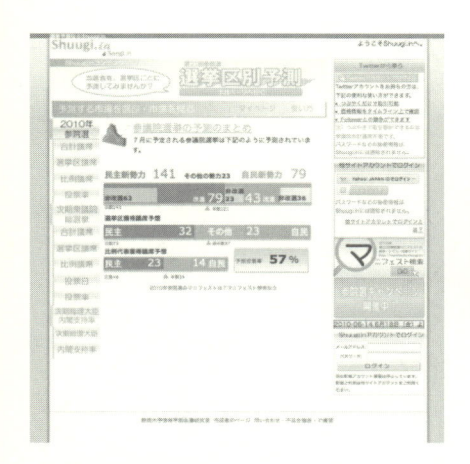

図 4-31 選挙予測シミュレーション・サイト「Shuugi.in」(http://shuugi.in/)

図 4-32 「投票なう」サイト(http://agilemedia.jp/lets_vote/, 2010.7.12時点)

インターネット上の政治活動

インターネット上に公式サイトを開くのはいまや常識となったが，ソーシャルメディアの活用で名を揚げた議員や候補者も多い．

とくにTwitterを利用する議員を「Twitter議員」と呼んだりする．Twitter議員として有名な政治家に，逢坂誠二議員や藤末健三議員がいる．逢坂議員は2009年6月に国会での党首討論の模様をTsudaって（Twitterで生中継して）注目された．国民との双方向コミュニケーションを取りながら政治が行われていく試みは，立ち会い演説会などリアルな場に有権者を引き寄せる効果もあるようだ．

アメリカではオバマ大統領が早い時期からTwitterを利用しており，2011年2月時点で約700万人のフォロワーがいる（ただし，自分で投稿したことはない，とオバマ自身が述べている）．日本でも，鳩山前首相は，首相就任直後からTwitterを始め，2011年2月時点で70万人近いフォロワーがいる．鳩山氏は，フォロー返しをすると明言したことでも話題になった．この鳩山Twitterに対して，谷垣自民党総裁が，2010年4月の党首討論に先立ち，「鳩山由紀夫総理をフォローしました」と投稿したことも注目を集めた．

また，Twitter議員たちの「つぶやき（投稿）」を一覧表示する「ぽりったー」というサイトも開設されている（図4-33）．ここでどんなことが話題になっているかで日本の政治を占うことができるかもしれない．また，Twitterで「なまごえ（国民の生の声）」を聞かずには，今後，政治家としてやっていくのは難しいかもしれない．

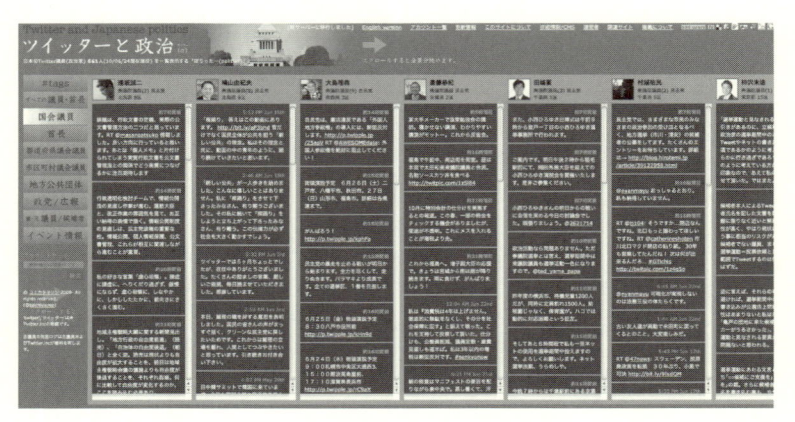

図 4-33　Twitterと政治(a)/ぽりったー（politter）（http://politter.com/，2010.6.24時点）

図 4-34 「100617藤末健三，アメーバピグ初登場」
(http://www.youtube.com/watch?v=IsMcxOL2vCs)

　そのほかにもネットを通じた政治活動の可能性はさまざまにある．たとえば，サイバーエージェントが運営する仮想空間「アメーバピグ」[3]では，政治についての意見発表や議論ができる特設エリア「今の政治に望むこと広場」を開設したり，仮想アイテム「選挙へいこうバッチ」を配布したり，政治家や候補者が参加する座談会を開催するなどの試みを行った（図4-34）．この座談会には，藤末議員や三原じゅん子候補（その後当選）らも参加した．

ソーシャルメディアの利用率

　では，こうしたソーシャルメディアは，どのくらい利用されているだろうか．
　すでに見たように，インターネット上のサイトで，選挙の情報源として活用されているのは，Yahoo!などのニュースサイトが突出しており，新聞サイト，政党サイト，議員サイトがそれに続く．ソーシャルメディアを含む他のサイトは，いまだきわめて限られた利用率でしかない．
　だが，性急にそう言いきってしまうこともできない．
　図4-35は，年代別ソーシャルメディア利用率（％）を示したものであるが，若年層の利用率はかなり高くなっている．すなわち，将来的には，ソーシャルメディアの影響力はかなり大きくなっていることが予想されるのである．こうした傾向はアメリカでも見られる（第5章参照）．
　また，図4-36は，比例代表制投票党別ソーシャルメディア利用率（％）であるが，

自民党支持層でソーシャルメディアの利用率がかなり高くなっている．このことの原因や帰結についてはさらに深く分析する必要があるが，興味深い事実といえよう．

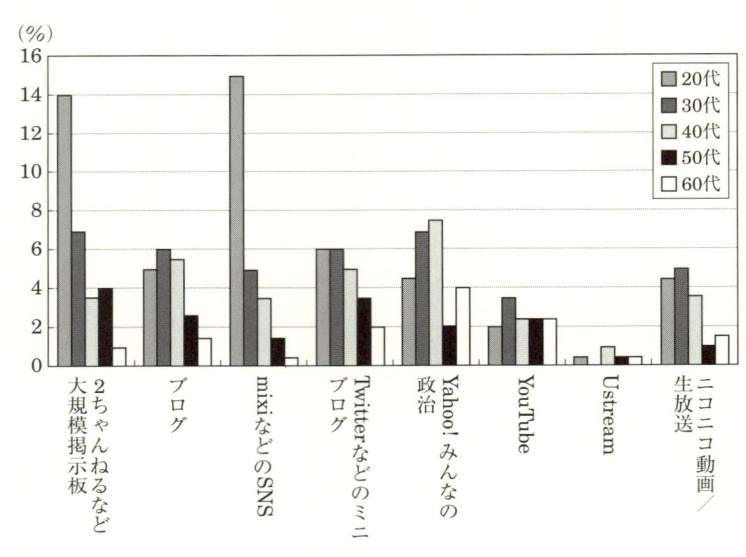

図 4-35 年代別ソーシャルメディアの利用率(%)

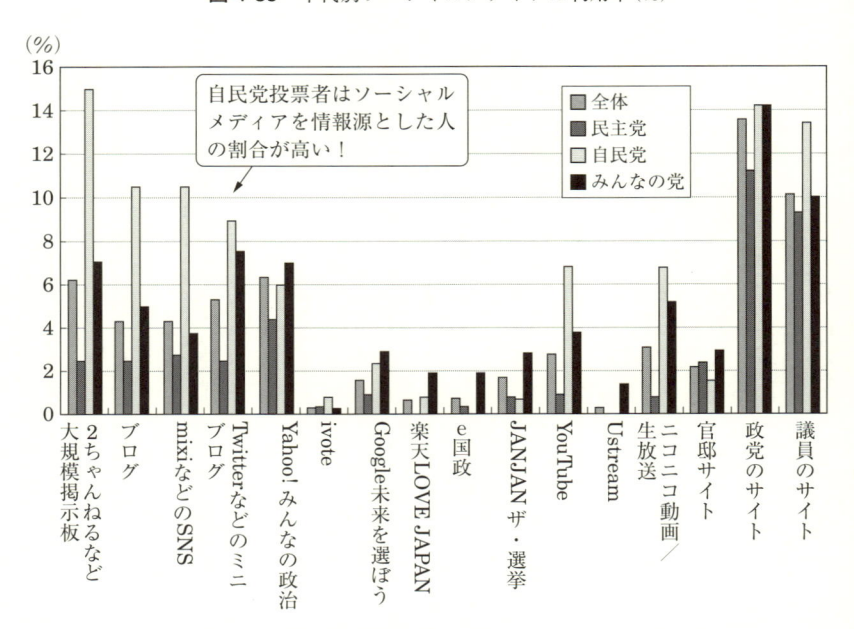

図 4-36 比例代表制投票党別ソーシャルメディア利用率(%)

5. 海外の動向

　日本でも進みつつあるメディア変化だが，世界的にはどうなのだろう．海外の状況を簡単に見ておこう．

アメリカ中間選挙

　インターネット技術の発祥の地であるアメリカでは，メディア利用にほとんど制約がなく，ネットを活用した選挙が盛んである．とくにオバマ大統領はネットを含む多様なメディアを融合的に活用したMYBO（My Barak Obama）戦略で，当選を獲得した．MYBO戦略の特徴は，ネットでの呼びかけと，具体的な草の根支援活動の組織化とを強力に結びつけたところにある（図4-37）．大統領就任後も変わらずネットを国民との対話に活用し，Wired President（ネットと接続した大統領）と呼ばれるほどである．YouTube，Facebok，Twitterなどあらゆるソーシャルメディアにサイトを開設している．詳しくは第5章にゆずる．

　そのオバマ大統領も，2010年秋には中間選挙を迎えた．アメリカでは，党派を問わず，ネット利用に積極的である．ネットは，大衆を動かす草の根運動の媒介として大きな力を発揮するからである．中間選挙では，オバマ政権の課税政策に反対する保守派の市民活動「ティーパーティ」が，ネット上のソーシャルメディアを通じて大きな盛り上がりを見せた．これに対抗して，リベラル派もネットを利用した「コーヒーパーティ」運動を展開した．まさにネットが主戦場なのである（第5章参照）．

142　第4章　2010年参議院選挙と間メディア社会

図 4-37　オバマのMYBO戦略（2008年大統領選挙時）

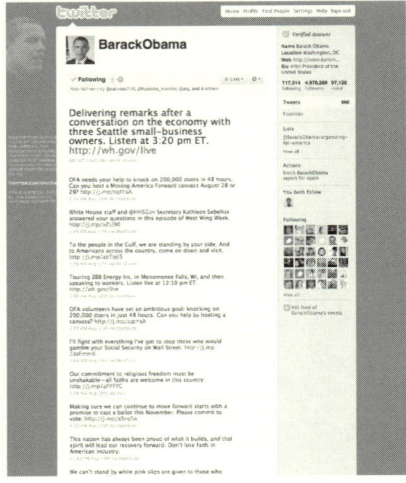

図 4-38　オバマの広報サイト
（http://www.barackobama.com/index.php，2010.8.18時点）

フランスの動き

　フランスでは，一般紙が政権寄りの企業の傘下に入ったため，政権批判はもっぱらインターネット新聞の役割となっている．最近では，ルモンド紙の元記者らが発行しているネット新聞「メディアパルト」がサルコジ大統領にまつわる疑惑報道を活発に行っている．これに対してサルコジ大統領も，2009年頃からFacebookを広報のツールとしはじめた．2010年8月現在約23万人の登録者がいる．

イギリスの動き

　欧米では，数あるソーシャルメディアのなかでもFacebookの人気が高い．イギリスでも，Facebookのユーザーは2400万人に達する．この人びとに向けて，Facebookは，5月の統一総選挙に際して，選挙サイト「Democracy UK on Facebook」（http://en-gb.facebook.com/democracyuk#!/democracyuk）を開設した．このサイトには2010年8月時点で約27万人の利用者が登録しており，100万人を超す人びとが模擬投票している．また，YouTubeと提携した3党首討論会では，気に入った主張に対してボタンをクリックする仕掛けになっており，画面から見る限り，クレッグ氏の主張が最も人気が高かったようである（図4-39）．政治のエンタテインメント化ともいえる．

図4-39　YouTubeとFacebookによるデジタル討論
（http://apps.facebook.com/digitaldebate/）

韓国の動き

お隣の韓国では，インターネットは民主化運動の重要な舞台であった．政治的影響力を揮う既存メディアに対抗して，2000年にインターネット新聞「OhmyNews」が創刊され，瞬く間に多くの支持を集めた．2002年の大統領選挙では，「ネチズン」と呼ばれるネット利用者たちの力が，盧武鉉大統領の誕生に大きく寄与したといわれる．

しかし，その後ネットへの規制が強まり，「OhmyNews」へのアクセス数も激減し，ネットを介した政治活動はやや下火となった．

それでも，2008年には，米国牛肉の輸入に抗議して，インターネットを通じて組織化された「ロウソクデモ」が話題となった．およそ2か月にわたって，手に手にロウソクを持って，数千人から数万人が参加したといわれる．

また2010年6月の統一地方選挙では，与党ハンナラ党の圧勝が予想されていたにもかかわらず，Twitterを通じて若者たちが投票を呼びかけ合った結果，とくに1990年代生まれの若者たちの投票率が上がり，与党惨敗という結果をもたらした．

6. 公職選挙法という壁

だが，現在の日本では，インターネットを使った選挙情報の提供はきわめて制限されている．選挙を公正に実施するための法律である公職選挙法は昭和25年（1950年）に制定されたものであり，今日のようなメディア状況を想定していない．そのため，候補者や支援者，あるいは一般市民が，選挙期間中にネット上に情報をアップすることが原則的に禁止されているのである．これは諸外国に比べてもかなり厳しい制約である．

公職選挙法を現代のメディア環境に合わせるべきだという議論は十年くらい前から高まっている．2001年には総務省も「IT時代の選挙運動に関する研究会」を立ち上げ，法改正の気運が高まったかに見えた．しかし，その後も厳しい規制は変わらなかった．2010年5月12日には，制限付きではあるがネット選挙解禁で与野党が合意したと各紙が報じた．が，その後の鳩山首相辞任などで，またも解禁は先送りとなった．

ネット選挙解禁が無条件にすばらしいとはいえないが，ネットがここまで普及した時代に，人びとのコミュニケーション欲求や政治的関心を抑圧するかのような状態は早急に是正されるべきだろう．この問題については，第6章で詳しく検討しよう．

付記：本章の調査にあたっては，間メディア社会研究会のメンバーでもある山田まさる氏（㈱インテグレート）にご支援をいただいた．深く感謝します．

第5章

オバマ政権とソーシャルメディア
——ネットルーツは統合の運動か，分裂の運動か

1. はじめに——オバマ・ポリティクス

　すでに第1章でも見たように，2008年の大統領選挙に勝利したバラク・オバマは，それまでの大統領に比べて多くの点で不利であったが，それをしのぐほどのアドバンテージを獲得する戦略を開拓した．
　彼の戦略的特長をあらためて列記してみれば，次のようになるだろう．
　第一に，映像コミュニケーションの活用．
　第二に，ソーシャルメディアを活用した支援者の掘り起こしと組織化．このような運動形態は「草の根（グラスルーツ）」にちなんで「ネットルーツ」とも呼ばれ，また，オバマを Consumer Generated President と呼んだりもする．
　第三に，勝手連的な外部団体やセレブ（有名人）を味方につけ，支持層を拡大する．
　第四に，「オバマ」という存在をアメリカの英雄たちと結びつけることによって歴史の中に位置づけ，物語性を構築する．
　第五に，メインテーマとしての〈統合〉を掲げることで，人びとの心を結集させる．
　これらの戦略が有機的に結びつくことによって，オバマは不可能ともいわれた選挙戦に勝つことができた．では，政権成立後，これらの戦略はどのように機能しただろうか．本章では，ネットルーツの多面性に焦点を当てて，ソーシャルメディア社会の政治を考察するものとする．

2. 大統領就任後のオバマ・コミュニケーション

三つのアプローチ

フロンティアとしてのオバマにとって，選挙に勝つことよりも，政権を維持することの方が格段に難しい．オバマの政権維持戦略は，基本的に以下の三つであった．

第一に，大衆の支持を彼自身につなぎとめること．すなわち，大衆にとっての象徴的身体であり続けること．

第二に，公約を果たし，国家にとっての優れた政治的身体でありつづけること．

第三に，国際社会（グローバル世界）からの支持を維持すること．

本章では，そのそれぞれについて，オバマがいかなる戦術で臨んだかを見る．

大衆の支持の維持

Weekly Address

大統領選挙に勝利するやいなや，オバマは移行政権（Transition）を立ち上げ，その公式サイトとしてのChange.govを開設した．

そして，11月15日，このサイトに，「President-Elect Obama's Weekly Address」（オバマ次期大統領の今週の談話）というタイトルのビデオ演説がアップされた．

（http://www.barackobama.com/）　　　Change.gov（http://Change.gov/）

図 5-1　Wired President（2008.11.12時点）

2. 大統領就任後のオバマ・コミュニケーション

図 5-2 11/15/08: オバマ次期大統領の今週の演説
(http://www.youtube.com/watch?v=Zd8f9Zqap6U, 再生回数：997,732（2008.12.21時点）, 1,074,145（2010.10.15時点））

この試みが，フランクリン・ルーズベルト第32代大統領（任期1933-1945）の炉辺談話（fireside chats）に倣ったものであることは明らかだろう．ルーズベルト大統領は，その当時最も一般的なメディアであったラジオを通じて毎週人びとに語りかけ，国民からの支持を確固としたものにした（第1章参照）．

オバマの11月15日の演説も，国民に大いに歓迎された．およそ1か月の間にそのアクセス数は100万近くにのぼった．

もっともその映像は正面を向いて語りかけるシンプルなものであり，その内容は，大統領候補だった頃のような，感動的にビジョンを語るものではなく，具体的な政策を説明する実務的なものとなっていった．それは，大統領として誠実な行為であったが，必

表 5-1 オバマ大統領の「今週の演説」（移行政権時）

演説の日	内容	アクセス数 （10.10.27時点）
08.11.15	経済政策について	1,074,370
08.11.22	2011年1月までに250万人の雇用を創出する経済回復計画をまとめるための経済専門化チーム	581,046
08.11.29	感謝祭について	261,527
08.12.6	経済回復計画の主要部分を説明	518,323
08.12.13	住宅・都市開発省長官の発表	191,351
08.12.20	われわれを取り巻く世界に関する知識・真実・さらに深い理解を求めて	177,703
08.12.24	プレゼントの季節は，公共性や市民性の季節でもある	157,620
09.1.3	新しい年の苦しい経済状態をいかに解決するか	272,580
09.1.10	経済問題の解決のためのレポートについて	245,663
09.1.17	間近に迫った就任式，アメリカの民主主義について	243,778
09.1.17	各駅停車の列車に乗ってフィラデルフィアからワシントンへ	544,372
09.1.18	リンカーン記念館におけるオバマ次期大統領	197,129

ずしも国民の「人気」を長期的につなぎとめるものではなかったかもしれない．アクセス回数の減少は，それを暗示している（表5-1）．

これを意識してか，リンカーンの故事に倣って各駅停車で大統領就任式に向かうオバマの姿を映した動画「各駅停車の列車に乗ってフィラデルフィアからワシントンへ」（図5-3）や「リンカーン記念館におけるオバマ次期大統領」（図5-4）は，ミュージシャンのプロモーション・ビデオのようにクールであり，「ロックスターのよう」と形容されたカリスマ性を表出するものだった．

図 5-3 "Ride on the Whistle Stop Train Tour", ChangeDotGov
(http://www.youtube.com/watch?v=NpUdTFMitYA, 2009.1.17)

図 5-4 "President-elect Obama at the Lincoln Memorial Concert", ChangeDotGov
(http://www.youtube.com/watch?v=77l5OCooQtc, 2009.1.19)

Wired President —— ソーシャルメディアの活用

2009年1月19日，オバマ新政権が発足した．オバマ政権の情報は，移行政権のサイトであるChange.govから，米大統領公式サイトであるWhitehouse.govに移った．

図5-5はブッシュ政権最末期のホワイトハウスサイトであり，図5-6はオバマ政権に移行後のホワイトハウスサイトである．オバマ政権のサイトでは，大きな動画像がメインページを飾り，いかにもダイナミックで，メリハリのある構成となっている．政権が今何に力を入れているか，国民に何を訴えようとしているかが一目瞭然である．

2. 大統領就任後のオバマ・コミュニケーション　149

　また，オバマ側近の若い事務官たちによる記名のブログ記事は，ホワイトハウスの若々しい躍動感と，国民の目線に合ったわかりやすさが心がけられていることがわかる．
　オバマ大統領自身が，こうしたページ構成にどこまで関与しているかは別として，ネットメディアの使い方の巧みさは，大統領選で発揮されただけでなく，大統領になっても政権の大きな力となっているといえる．「Wired President」（ネットに接続された大

図 5-5　ブッシュ政権の公式サイト
（http://www.whitehouse.gov/, 2008.11.12閲覧）

図 5-6　オバマ政権の公式サイト（2009.4.19閲覧）
（同左）

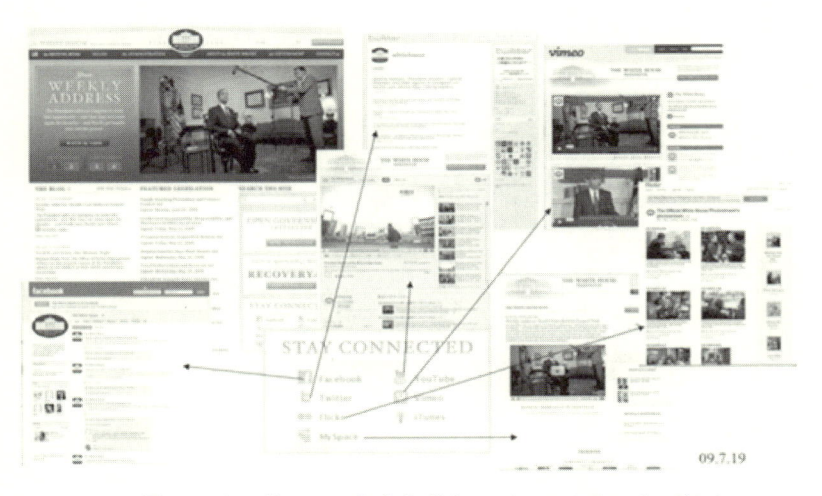

図 5-7　ホワイトハウス公式サイトとソーシャルメディアとのリンク

統領）の呼称は，まさにそのものずばりといえる．

　大統領候補だった頃の選挙サイトと同様，オバマのホワイトハウス公式サイトも，多様なソーシャルメディアとリンクし，それぞれにアカウントをもっている．Twitter，Facebook，Flickr，MySpace，YouTube，Vimeo，iTunes，Linkedinである．これらによって，大統領はつねに国民と「つながっている」ことになる．

セレブとの連繋 ── オプラとウィル・アイ・アム

　オバマの大統領当選には，オプラ・ウィンフリーの影響力がかなり大きかったといわれている．ウィンフリーは，アメリカのトークショーの司会者で，長年にわたって，大衆からの圧倒的な支持を得ている．オバマに対する支持を早い時期から表明し，彼の演説会にもしばしば顔を出した．

　そのオプラは，その後も絶大な人気を誇っている．2009年9月には，彼女の看板番組であるオプラ・ウィンフリー・ショーが新しいシーズンを迎えたことを祝って，シカゴでコンサートが開かれた．このコンサートを仕切ったのは，人気グループのブラック・アイド・ピースのボーカルであるウィル・アイ・アムであった．

　このウィル・アイ・アムは，オバマの「Yes We Can」（2008年1月）演説に音楽をつけてビデオ化し，YouTubeにアップして，膨大なアクセスをあつめ，オバマへの支持を高めることに一役買った人物である（第1章参照）．

　オプラのコンサートを撮影したこのビデオは，観客のひとりが踊り出し，それにつられて，次々と観客が立ち上がり，最終的には全員が総立ちになって踊り出すという，ま

図 5-8　Girl Starts Dance Party to Black Eyed Peas "I Gotta Feeling" on Oprah Winfrey Show Chicago 2009
　　　（http://www.youtube.com/watch?v=QnJ49hv5Rho，YouTube掲載：2009.9.8，再生回数：4,498,272，2010.8.23時点）

さに集合的沸騰のプロセスを表現している．おそらくそれは，この当時アメリカで話題になっていた評論家ハワード・デレクの「いかに社会運動を起こすか」（終章参照）を参照しているものと思われ，草の根の力をショーアップしてみせているといえよう．それはまさに，2008年の大統領選挙で起こったことでもあった（ただし，このコンサートでの集合的沸騰は「演出」であることを，主催者自身が公表している）．

オバマとオプラの良好な関係も続いている．2009年12月には，オプラのクリスマス特別番組にオバマ夫妻が出演して，大統領としての1年間を振り返っている[1]．2010年8月のオバマの私的な誕生日パーティにもオプラは招かれている[2]．

国際社会からの支持

オバマの勝因の一つは，国際世論の支持であった．

オバマ政権の維持にとっても，国際世論の支持を保つことは重要な戦略である．

オバマが着任間もない2009年4月5日にプラハで行った演説，そして同年秋に行われたアジア歴訪は，その重要な布石であったといえる．

プラハ演説

大統領就任後，オバマは積極的に外交に取り組んだ．2009年4月には米国とEUの初の首脳会議のためにチェコを訪れたが，そこで行われた演説は，世界の人びとを驚かす歴史的なものとなった．4月5日，プラハのフラチャニ広場で行われた演説の中で，オバマは，「21世紀の核兵器」をテーマに，次のように語った[3]．

図 5-9　President Obama addresses a crowd in Hradcany Square on April 5, 2009, touching on issues from green energy to nuclear treaties.
（http://www.youtube.com/watch?v=_lcpg6yQ0Yw，2009.7.22時点）

1. 全世界的な核実験の禁止を実現するために，私の政権は，米国による包括的核実験禁止条約の批准を直ちに，積極的に推し進めます．この問題については50年以上にわたって交渉が続けられていますが，今こそ，核兵器実験を禁止する時です．
2. 私たちは共に，協力の基盤として，核不拡散条約を強化します．
3. 私たちは，テロリストが決して核兵器を入手することがないようにしなければなりません．

そして，「私たちは，20世紀に自由のために戦ったように，21世紀には，世界中の人々が恐怖のない生活を送る権利を求めて共に戦わなければなりません．そして，核保有国として，核兵器を使用したことがある唯一の核保有国として，米国には行動する道義的責任があります．米国だけではこの活動で成功を収めることはできませんが，その先頭に立つことはできます．その活動を始めることはできます」と述べて，アメリカ大統領として初めて，原爆投下の道義的責任を認めたのだった．

ノーベル賞受賞

理想を語るプラハ演説に対して，アメリカ世論も世界の世論も必ずしも好意的なものばかりではなかった．しかし，2009年10月9日，ノルウェーのノーベル賞委員会は，オバマにノーベル平和賞を授与すると発表した．授賞理由としては「核兵器のない世界に向けたビジョンと働きに特別な重要性を認め」，「国際政治に新たな環境をもたらした」ことを評価したとされる[4]．

この受賞についても，アメリカの国内外で，賛否が沸騰した．「まだ何の実績もないのに」というのが，主たる批判であった．しかし，ピュー・リサーチ・センターの調査によれば，世界各国でのオバマ大統領への信頼感は，イスラム教国をのぞいて，かなり高い（図5-10）．

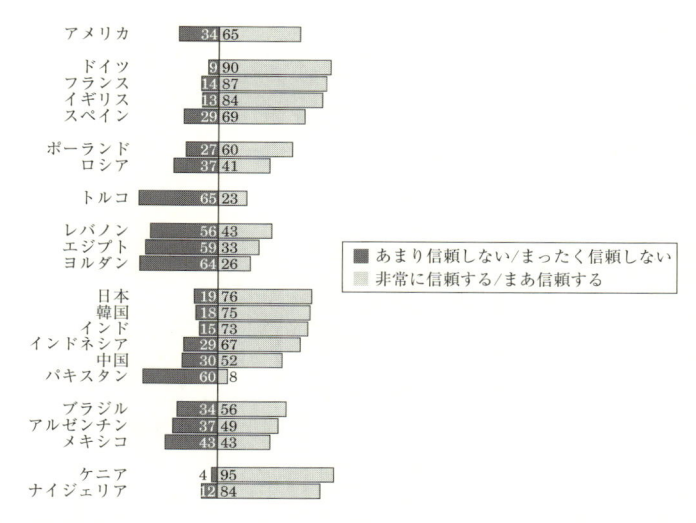

図 5-10 オバマに対する国別信頼感（データ出所：Pew Research Center, June 17, 2010 "Obama More Popular Abroad Than At Home, Global Image of U.S. Continues to Benefit", http://pewglobal.org/2010/06/17/obama-more-popular-abroad-than-at-home/3/#chapter-2-views-of-president-barack-obama）

アジア歴訪

2009年11月13日，オバマ大統領はアジア歴訪に出発し，最初の訪問国である日本に到着した．2日の滞在の後，シンガポールで開催されるアジア太平洋経済協力会議（Asia Pacific Economic Cooperation, APEC）の首脳会議に出席した．

15日～18日には中国を訪問し，胡錦濤国家主席や温家宝首相との会談を行った．最後に韓国を訪問してオバマ大統領のアジア歴訪は終了したが，「米中の新しい関係構築」がクローズアップされた歴訪であった．

図 5-11 オバマ大統領と鳩山首相の共同記者会見（2009.11.13）
http://www.youtube.com/watch?v=B7z-5It8UrI

世界からの評価

批判もあるにせよ，オバマの外交は，アメリカ大統領への国際的信頼感を高めている．図5-12は，ピュー・リサーチ・センターの調査による，ブッシュ政権とオバマ政権の国際的信頼度の比較である．ブッシュ政権とオバマ政権の差は明らかである．

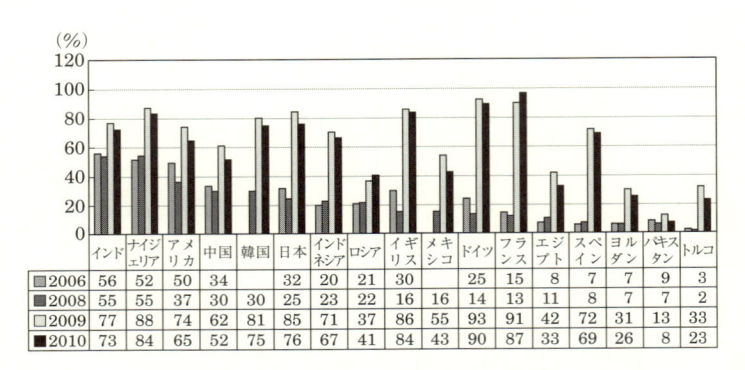

	インド	ナイジェリア	アメリカ	中国	韓国	日本	インドネシア	ロシア	イギリス	メキシコ	ドイツ	フランス	エジプト	スペイン	ヨルダン	パキスタン	トルコ
2006	56	52	50	34		32	20	21	30		25	15	8	7	7	9	3
2008	55	55	37	30	30	25	23	22	16	16	14	13	11	8	7	7	2
2009	77	88	74	62	81	85	71	37	86	55	93	91	42	72	31	13	33
2010	73	84	65	52	75	76	67	41	84	43	90	87	33	69	26	8	23

図 5-12 アメリカ大統領に対する各国民の信頼度（Bush '03-'08, Obama '09-）
（データ出所：Pew Research Center, http://pewglobal.org/database/?indicator=6）

公約の実行

大衆からの支持を保つための自己演出や，国際舞台でのパフォーマンスは，アメリカ大統領という地位の，「象徴的身体」としての表出である．しかしながら，アメリカ大

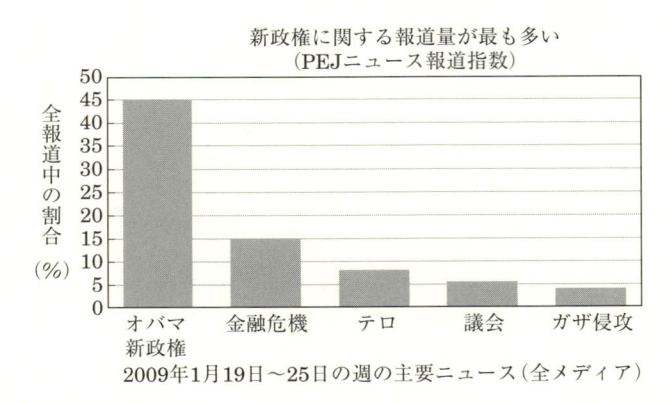

新政権に関する報道量が最も多い
（PEJニュース報道指数）

オバマ新政権	金融危機	テロ	議会	ガザ侵攻
45	15	8	6	4

2009年1月19日〜25日の週の主要ニュース（全メディア）

図 5-13 就任後1週間のメディア露出（データ出所：Pew Research Center, http://www.journalism.org/news_index_report/new_administartion_is_the_dominant_story）

統領は，象徴的身体であると同時に政治的身体でもあらねばならない．

実際，ピュー・リサーチ・センターのレポート[5]によれば，オバマの就任後の1週間，マスメディア報道はオバマ新政権関連が突出して多かったが，同時に，選挙期間とは異なり，新政権が解決すべき政策が多く取り上げられた．同レポートは，「メディアの関心は，（オバマの）カリスマ性から，実質的な政策へと移行した」と論じている．

オバマの公約

大統領としての政治的身体は，公約の実行と，社会全体の運営によって計られる．

オバマは，2008年11月4日の大統領選挙勝利演説で，表5-2に示すような政策を約束した．これらはどの程度実現されただろうか．

表5-2 2008年11月4日の大統領選挙勝利演説におけるオバマ氏の公約（一部）

■経済
- 平均年収が25万ドル（約2500万円）を超える世帯への増税と，勤労者世帯および年収7万5000ドル（約740万円）未満の世帯を対象とした減税．
- 主に失業対策として500億ドル（約5兆円）の緊急経済対策．
- 住宅ローン破産による差し押さえに90日のモラトリアム（支払い猶予）を提案．
- 住宅金融専門会社の監督強化．

■イラク問題
- 2010年半ばまでに米軍を撤退させることを主張．
- 一部の部隊はイラクに残し武装勢力の掃討と米国民の保護にあたらせるが，イラク国内に米軍の恒久的な基地を建設することには反対．

■エネルギー
- 2050年までに温暖化ガスの排出量を80％削減することを主張．クリーンエネルギーの研究開発に今後10年間で1500億ドル（約15兆円）を投入．
- 10年以内に中東とベネズエラから輸入する原油を減らし，環境分野で500万人の雇用を創出．
- 2015年までに米国のプラグインハイブリッドカーを100万台に．

■医療保険
- 全ての米国民が保険でカバーされることを目指す．基本的に任意加入だが，子供の保険加入を親に義務づける．
- 保険会社に既往症のある人の保険加入を認めるよう促し，零細企業が全従業員を保険に加入させられるよう税の還付を行う．

■移民政策
- 国境管理を強化する一方で，米国で暮らしている1200万人の不法移民を一定の条件のもとで合法化する．

※「オバマ氏の公約と主張」(AFPBB News, http://www.afpbb.com/article/politics/2535590/3497969, 2008.11.5, 17:27) 参照

オバマの経済政策

　オバマは，就任後すぐに，総額8250億ドルの景気対策法案を提出し，2009年2月17日には，この7870億ドル規模の景気対策法案を成立させた．オバマは，Weekly Addressで，「この法案に直ちに署名して成立させ，国民が再び職に就けるよう必要な投資を早急に行う」と述べた．

　2月21日の「今週の演説」では，7870億ドル（約73兆円）規模の景気対策法成立に伴い，勤労者世帯への所得税減税が同日から始まり，典型的世帯の可処分所得は4月1日までに毎月65ドル（約6000円）以上増えることになると述べた．

　またこの景気対策法では，失業者対策費に約820億ドル（約8兆円）あて，その約半分の400億ドルは2009年中の失業保険の給付金額拡大に使われる．このほかに，フードスタンプの費用，職業訓練の実施，障害者対象の職業訓練などが含まれていた．

　2010年3月21日，米下院で医療保険制度改革法案が可決された．同法は国民の保険加入を事実上義務化する．高所得層への増税や，高齢者らを対象とした公的保険の運用効率化を財源とし，中低所得層に税額控除などの補助を付与する．今後10年間で9400億ドル（約84兆円）を投じて保険未加入者を3200万人減らし，同時に財政赤字1380億ドルを削減するとしている．これによって，国民の保険加入率は約95％に拡大するとされ，オバマ政権の成果として評価される．その一方，反対も根強い．オバマ大統領の署名後，フロリダなど14州の司法長官が，医療保険改革法は合衆国憲法で定められた州の権利を侵害しているとして提訴した．このうち13州が共和党系で1州が民主党系である．「同法は米国民に保険加入を義務づけ，未加入者には罰金を科すが，「憲法は議会にそのような権限を許していない」（フロリダ州のマコラム司法長官）などと主張している」（2010年3月24日産経ニュース）．

　さらに，2010年7月には，金融規制法案が成立した．

医療保険制度改革

　オバマが経済政策と並んで，公約の重要な柱としたのが，医療保険制度改革である．

　これまでアメリカは国民皆保険制度をとっていない．公的保険は65歳以上の高齢者向けの「メディケア」，低所得層が対象の「メディケイド」や軍人向けのものなどだけである．国民の約3分の2が民間の医療保険に加入する一方，15％にあたる約4700万人が無保険者である．民間保険加入者の約9割は勤務先を経由して加入しているため，失業した場合には無保険者となってしまう．公定診療費も設定されていないため，経済協力開発機構（OECD）の統計によると，1人当たり年間医療費は2007年に7290ドル（日本は06年に2581ドル），国民医療費の国内総生産（GDP）比も16％（同8.1％）

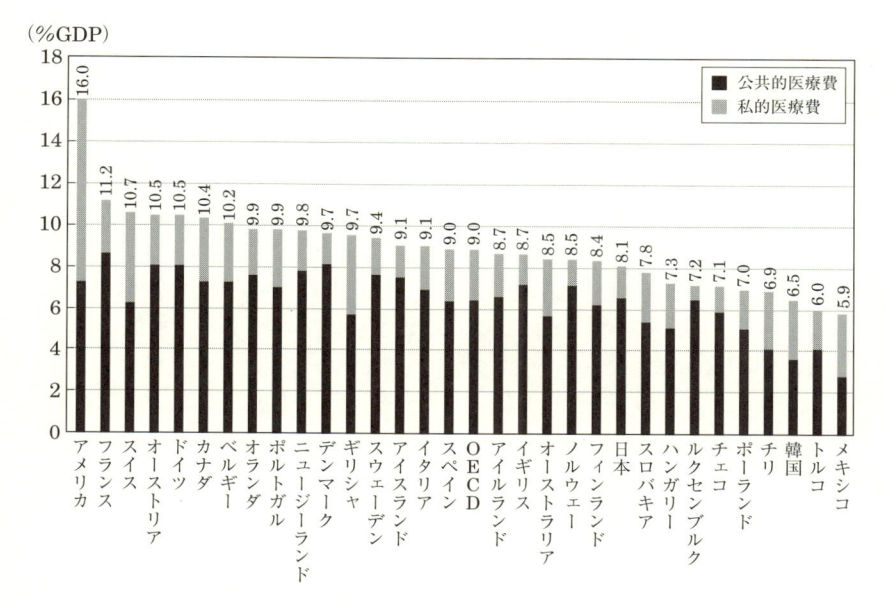

図 5-14 各国の医療費のGDPに対する比率（2008年）
(http://www.oecd.org/document/11/0,3343,en_21571361_44315115_45549771_1_1_1_1,00.html)

と高額で，財政を圧迫している（図5-14）．

しかし，アメリカでは，医療保険制度改革の試みは，ことごとく挫折してきた．最初に医療保険制度改革を選挙公約に掲げたのは，1912年の選挙におけるセオドア・ルーズベルトだったといわれている．1990年代前半には，クリントン政権下で，ヒラリー・クリントンが中心となって国主導型の健康保険制度導入を視野に入れた「クリントン医療保険計画」を提出したが，失敗に終わった．

オバマの改革政策も当初から逆風が激しく，成立が危ぶまれた．

しかし，2010年3月23日，オバマ米大統領はついに医療保険改革法案に署名し，同法が成立した．国立国会図書館「立法情報」No.243-1（2010年4月）によれば，その主要な条項と論点は以下のとおりである：

- 予算：議会予算局（CBO）の試算では，今後10年間（2010-2019年度）で上院通過法案の保険拡大等のコストは総額8750億ドルである．また，財政赤字削減額は，1180億ドルとしている．

- 被保険者：合法的な人口の94％が医療保険でカバーされるようになる．
- パブリック・オプション：下院通過法案には政府の関与する新たな公的な医療保険の創設が盛り込まれていたが，上院通過法案には盛り込まれなかった．民主党リベラル派は不可欠としていたが，民主党内の財政保守派と共和党は強く反対していた．オバマ大統領の提案では，上院通過法案の，連邦人事管理局（OPM）の管理する保険プランを全国で誰でも購入できるようにするという制度を支持していた．
- 加入義務：全国民に保険加入を義務付け，加入しない場合は2014年以降罰金を支払わなくてはならない．50人以上の従業員の雇用主が保険を提供しない場合は，1人当たり750ドルの罰金を支払わなくてはならない[6]．

これは歴史的な改革であり，世論調査ではこの改革に対する支持が不支持を上回った．しかし，2010年3月24日，米14州の司法当局者は23日，オバマ米大統領が署名し正式に成立した医療保険改革法が憲法に違反するとして訴訟を起こした．

イラク戦争終結

2010年8月，イラクに派遣していた戦闘部隊の撤収を完了し，ブッシュ政権以来長期にわたったイラク戦争を終結したことは，オバマ陣営にとって，プラスの材料である．

表 5-3 イラク戦争の経緯

2003年 3月	イラク戦争開戦
4月	フセイン政権崩壊
12月	フセイン元大統領拘束
2004年11月	ブッシュ大統領再選
2005年 4月	移行政府発足
2006年 5月	マリキ首相率いる新政府発足
12月	フセイン元大統領の死刑執行
2007年 9月	ブッシュ大統領が増派部隊3万人の撤収を表明
2009年 1月	オバマ大統領就任
2月	オバマ大統領が10年8月末までの戦闘部隊撤退を発表
6月	米軍がイラク都市部からの戦闘部隊撤退完了と表明
2010年 8月	米軍戦闘部隊が撤退完了

移民政策

2009年4月8日のロイター電は，「オバマ米大統領は今年，全米で1200万人とも言われる不法移民への合法的地位の付与などを含む移民制度の改革に取り組む計画．8日

付米ニューヨーク・タイムズ（NYT）紙が大統領側近の話として報じた．大統領は5月に移民問題への取り組みについて言及する見通しで，今夏に民主・共和両党の議員も交えた作業部会を集め，早ければ今秋の立法化を目指し，議論を開始する予定だという．

NYTによると，大統領は同問題を「移民を管理し，秩序ある制度を構築するための政策改革」と位置づけ，今年議論を開始したい方針．ただ，不法移民の取り扱いについては，米国民の意見は大きく分かれており，NYTは米経済がリセッション（景気後退）に苦しむ中，取り組みべき課題の多い大統領にとって，移民制度改革が国民を二分する問題に発展する可能性があると指摘している」と報じた．

実際，2010年4月23日，不法滞在の疑いがあると外見などで判断した移民を警官が職務質問し，逮捕も可能にする州法が米西部のアリゾナ州で成立し，全米に波紋を広げた．これに対してオバマ大統領は，7月1日，ワシントンのアメリカン大学で演説し，移民制度の見直しを訴え，そのため野党共和党に対し移民法改正に向けての超党派の協力を呼びかけた．これを受けて，7月28日，アリゾナ州フェニックスの連邦地裁は，不法移民の取り締まりを強化する同州移民法の主要部分の施行差し止めを命じた．

こうした一連の動きを見るならば，オバマ大統領は，いずれの公約についても，一歩一歩，その実現に向けて漸進しているといえる．

3. 共和党の反撃とオバマの停滞

オバマの支持率

しかし，70％近い高支持率でスタートしたオバマ政権の支持率は，じりじりと低下していった．2010年夏，オバマの支持率は，ついに不支持率を下回った．

ギャラップ社の調査では，2010年10月22〜24日の支持率は43％，不支持率は48％まで落ち込んでいる（図5-15）．図5-16は，歴代大統領の就任2年目の10月時点での支持率だが，現時点でのオバマの支持率は，レーガン大統領やクリントン大統領に並ぶ低さである．レーガンとクリントンは，それぞれレーガノミックス，クリントノミックスとよばれる経済政策によって，（後代の評価は別として）景気回復や失業率改善を達成したために，再選された．しかし，彼らよりわずかながら支持率の高いカーター大統領は，経済問題をほとんど解決できなかったため，2期目の大統領選挙への出馬は断念することとなった．

オバマ大統領は，どちらの道を歩むこととなるのだろうか．

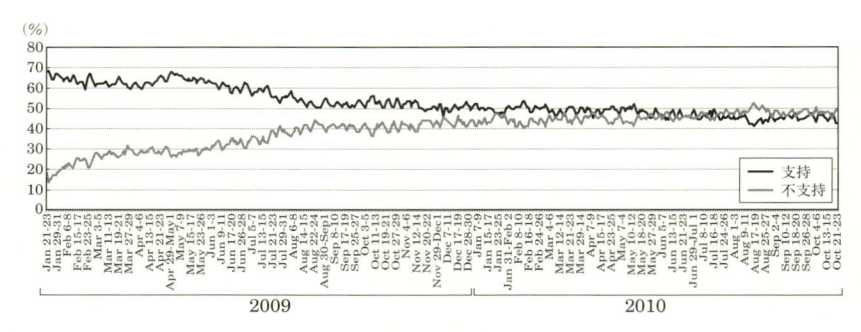

図 5-15 オバマの支持率(%)
(http://www.gallup.com/poll/113980/Gallup-Daily-Obama-Job-Approval.aspx, 2010.10.25時点)

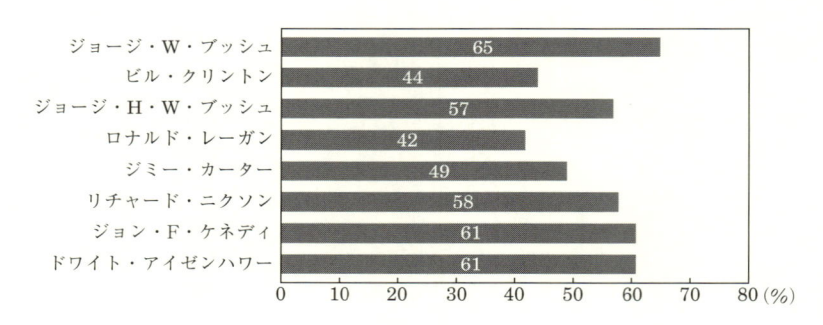

大統領	支持率
ジョージ・W・ブッシュ	65
ビル・クリントン	44
ジョージ・H・W・ブッシュ	57
ロナルド・レーガン	42
ジミー・カーター	49
リチャード・ニクソン	58
ジョン・F・ケネディ	61
ドワイト・アイゼンハワー	61

図 5-16 歴代大統領の就任2年目の10月時点での支持率
(http://www.gallup.com/poll/politics.aspx, 2010.10.25閲覧)

2年の後 —— 2010年中間選挙

このような支持率低下傾向の中で，2010年中間選挙が行われた．

アメリカでは，西暦偶数年の「選挙の日（Election Day：11月第1月曜日の属する週の火曜日）」に連邦議員などの公職選挙が行われる．4年ごとの大統領選挙もこの日に行われる．大統領選挙と重ならない選挙を，大統領任期の半期が経過したという意味で，中間選挙と呼ぶ．その結果は現大統領への国民の信任を計る指標と考えられている．

ただし，一般に，中間選挙では，与党（在職大統領の所属する党）が議席を減らすことがほとんどである．一方の党が過剰に力を持つことを忌避し，政権党に対する批判を表明する人びとの意識が現れていると考えられる．明らかな例外は，2002年のブッシュ大統領1期目の中間選挙であるが，これは，2001年の9.11テロによる危機感から来るものと考えられる（図5-17）．

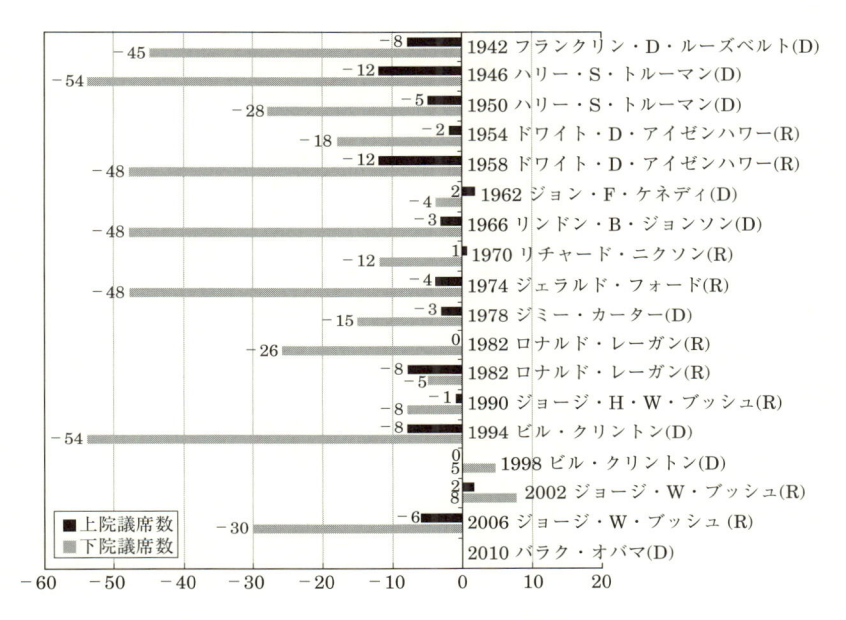

図 5-17　米中間選挙における与党の議席数の増減[7]

その意味では，中間選挙期における現職大統領への逆風は割り引いて考えられなければならないが，政権安定の指標となることは間違いない．

景気の停滞

大統領への支持に大きな影響を及ぼすのは，やはり経済である．

一般の人びとにとって，日々の暮らしこそが，政権担当者への信頼感の土台である．

図5-18に，アメリカのGDP成長率の推移を示す．これをみると，2008年第4期の激しい落ち込みは，9月のリーマンショックによるもので，そもそもオバマの責任ではない．引き継いだ負の遺産を，「魔法のように」とは言わないまでも，何とか解消しようとする努力が見える．

また，図5-19は，失業率の推移である．失業率も2008年から急激に高くなったが，2009年頃からはほぼ横ばいとなり，2009年夏頃からは低下傾向にあるように見える．

こうしてみれば，オバマ大統領の経済政策はまだ緒に就いたばかりであり，成果が上がるのは今後であるといえる．

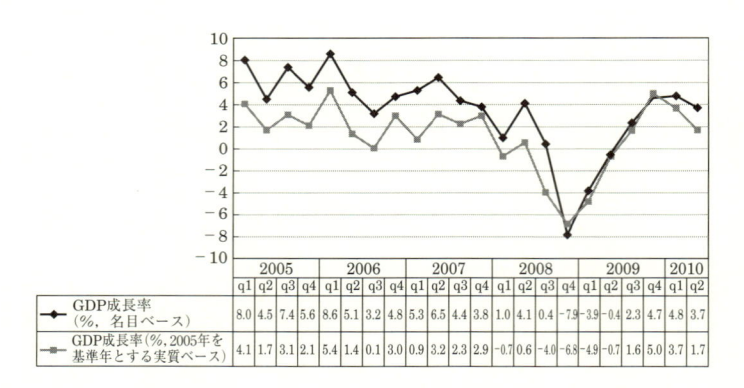

図 5-18 アメリカのGDP成長率の推移(データ出所:U.S. Bureau of Economic Analysis, http://www.bea.gov/national/xls/gdpchg.xls)

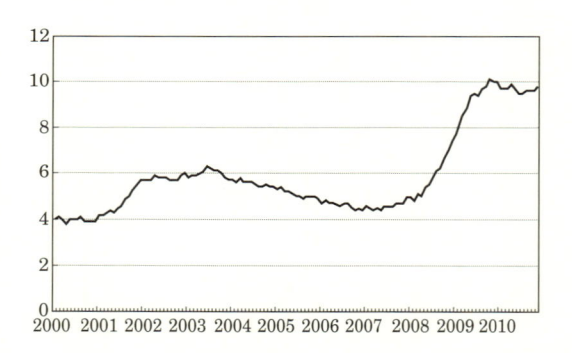

図 5-19 アメリカの失業率(季節調整済み)(データ出所:http://data.bls.gov/PDQ/servlet/SurveyOutputServlet?series_id=LNS14000000)

オバマ支持率と経済動向の不整合

つまり,オバマ大統領の経済政策は,必ずしも失敗しているわけではない.にもかかわらず,支持率はそれと関係なく,下がりつづけているということである.

それは,ギャラップ社の世論調査の結果からもうかがえる.図5-20は,大統領支持率,失業率,経済的信頼感,雇用創出,消費者支出の動向を比較したものであるが,他の数字が横ばいもしくは好転の傾向にあるにもかかわらず,支持率だけは,ひたすら下がりつづけているのである.

ギャラップ・デイリー調査	最近	52週間の最高値	52週間の最低値
■ オバマ支持率	43%	55%	41%
■ 失業率	18%	20%	18%
■ 経済信頼指数	−26	−17	−39
■ 雇用創出指数	14	14	−6
■ 消費者支出	$72	$96	$43

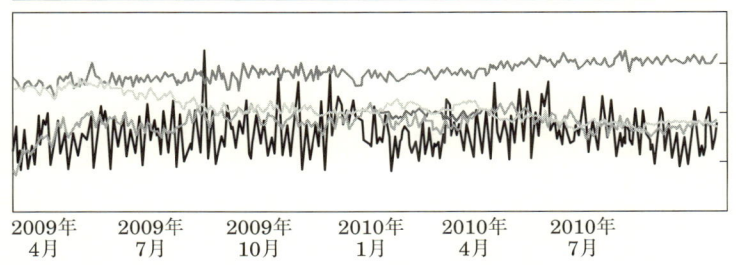

図 5-20　ギャラップ社によるオバマ支持率と経済因子（http://www.gallup.com/Home.aspx, 2010.10.26時点）

オバマ支持率と保険制度改革

　オバマ政権がもっとも命運をかけた改革は，医療保険制度改革であった．

　先にも述べたように，医療改革制度はアメリカではきわめて受け入れられにくい．実際，ラスムッセン社の世論調査結果（図5-21）によれば，オバマ政権誕生以後も，医療改革制度に対しては，むしろ反対の世論の方が強いまま（一時的な反転はあるにせよ）で推移している．他の調査期間の結果も，ほぼ同様の傾向を示し，少なくとも医療改革制度に賛同する意見が反対を上回ることはほとんどない．

　こうした状況を当然知りつつ，オバマは，低所得者層の救済を主たる目的とした医療改革制度改革を強力に推し進めてきた．したがって，もしこの改革法案を成立させることができなければ，オバマ政権は致命的な打撃を受けることになる．ぎりぎりの攻防の中で，2010年3月に改革法案が議会を通ったとき，オバマ政権にとっては，それが起死回生の成果となると考えられた．

　たしかに，図5-22にみられるように，ギャラップ社の世論調査では，法案が通過する以前には，法案通過に賛成する人の割合が45%，反対する人が48%であったのに対し，法案通過後の調査では，法案通過を喜ばしいと考える人が50%，残念だと考える人が42%と，人びとの意識は逆転している．しかし，その差はわずかなものであり，3月23日付ワシントンポスト紙は，「法案が通れば，マスメディアはそれを好意的に報道

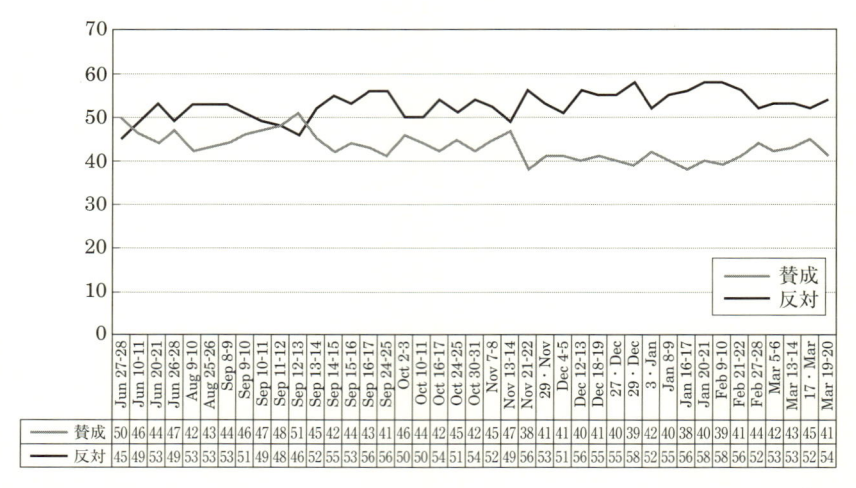

図 5-21 医療制度改革に対する世論の推移（データ出所：ラスムッセン社の世論調査[8]による）

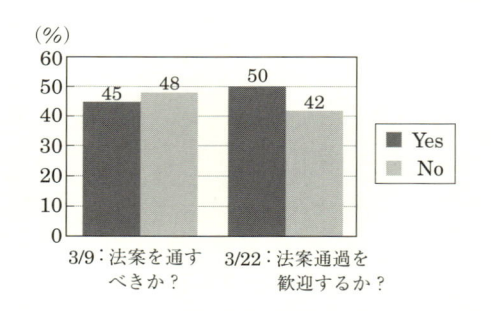

図 5-22 ギャラップ社による医療保険改革法に関する世論調査[9]

する．人びとの意識はそれによって影響される」と見ている．

　また，同じく3月23日に公表されたUSA TODAYとギャラップ社による世論調査（図5-23）では，医療保険改革法が成立することで状況が好転すると考える人が52％，悪化すると考える人が39％，「わからない」と答える人が10％で，法案成立前から劇的な変化があったとはいえない．

　ピュー・リサーチ・センターの調査（図5-24）によれば，医療保険改革に対する賛否は，支持政党によって明確に分かれている．また同調査によれば，医療保険改革に反対する理由として上位に上がっているのは，「政府財政や税金に対して費用がかかりすぎる」（29％），「政府による介入の増大に反対」（18％）であり，賛成の理由は「より

新しい医療保険改革法案は：

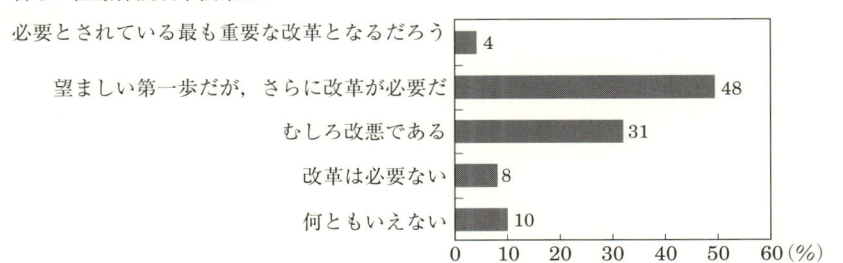

- 必要とされている最も重要な改革となるだろう 4
- 望ましい第一歩だが，さらに改革が必要だ 48
- むしろ改悪である 31
- 改革は必要ない 8
- 何ともいえない 10

データ：USA TODA/GALLUPによる1005人の成人を対象とした世論調査．
誤差：＋/－4％

図 5-23 USA TODAYとギャラップ社による医療保険改革法に関する世論調査[10]

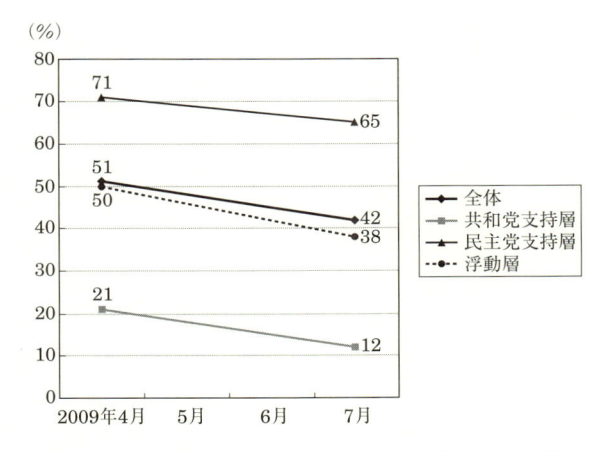

図 5-24 政党支持別医療改革法に対する賛同者の割合（％）（データ出所：Pew Research Center, "OBAMA'S RATINGS SLIDE ACROSS THE BOARD" July 30, 2009, http://people-press.org/report/?pageid=1559）

多くの人が保険の恩恵を受けられる」（42％）が圧倒的となっている．

つまり，医療保険制度に対するアメリカ国民の意識は，「大きな政府」か「小さな政府」か，という価値観のレベルで真っ二つに分断されており，オバマ政権の成果が「劇的」とはいえない状況では，むしろ，この分断が溝を深めていると考えられるのである．

オバマ支持率と支持政党

図5-25は，同じくギャラップ社による支持政党別オバマ支持率の推移である．これによると，民主党支持層では，就任直後（2009.1.19～25）の支持率が88％であるのに対して，現時点（2010.10.18～24）では81％で，あまり下がっていない．一方，浮動層の支持率は就任直後の62％から現時点では40％とかなり落ちており，共和党支持層にいたっては，就任直後の41％から8％へと激減している．

オバマ支持率全体としてみても，医療保険制度改革に対する支持と同様の傾向が現れている．すなわち，民主党支持層ではオバマ政権の評価は相変わらず高い．しかし，共和党支持層では，オバマの「大きな政府」路線に対する反発がはっきりと現れてきており，浮動層もそれに引きずられるかたちで反オバマに転ずるものが増えてきている，といえるだろう．

結局，「統一」をうたって大統領に選ばれたオバマだが，当初の熱狂がさめるとともに，むしろあらためて「大きな政府」的価値観と「小さな政府」的価値観の間の溝の深さに人びとが気づきはじめ，国民の間の分断が深まっているといえるだろう．

表5-4は，歴代大統領の第一期中間選挙時の支持率の一覧である．全体で見ると，オバマの支持率は特に低いものではない．しかし，民主党支持層の支持率（83％）と共和党支持層の支持率（12％）の差（71％）の大きさは，突出している．いかに，2010年中間選挙時点での分裂が深刻であるかがわかるだろう．

この分裂に乗じて勢いを見せたのが，第三のグループとしての「ティーパーティ」運動であった．次節では，このティーパーティ運動について検討する．

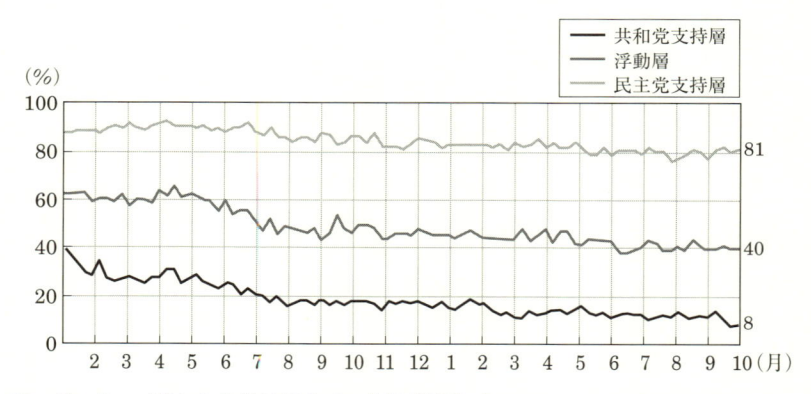

図 5-25 ギャラップ社による党派別オバマ支持率推移（http://www.gallup.com/Home.aspx，2010.10.26時点）

表 5-4　中間選挙時における歴代大統領の党派別支持率
（データ出所：Pew Research Center, http://people-press.org/report/668/）

オバマ再選についての意見は支持政党によって大きく異なる				
現職大統領が再選に立候補するべきと思う人の割合（％）	レーガン 1982年8月	ブッシュ 1990年11月	クリントン 1994年12月	オバマ 2010年10月
全体	36	53	44	47
共和党支持層	65	72	27	12
民主党支持層	19	38	61	83
浮動層	34	53	43	37
共和党支持層と民主党支持層の間の違い	+46R	+34R	+34D	+71D

4.　ティーパーティとコーヒーパーティ──ネットルーツの多様性

草の根とアメリカン・イデオロギー

「草の根（グラスルーツ）民主主義」とは，アメリカ政治の根幹をなす概念である．それは，垂直的な階層構造をもつ組織によって，トップダウン的に遂行される政治ではなく，一般の人びとが自発的な意志によって政治的な主張を組織化していく運動をさす．

アメリカという国は，古い権力のしがらみから逃れ，まったく新たな地平に人びとの理想を実現するために建てられた．したがって，トクヴィルも『アメリカの民主政治』で論じているように，自由・平等を追求する人びとが，自らあげる声が，アメリカ民主主義における正統と見なされることは当然といえる．

ネットルーツとティーパーティ運動

オバマの大統領選挙勝利は，まさにこの草の根運動を具現したことで，より多くの支持を得た．そしてその草の根運動を惹起し，組織化するうえで，ネットのソーシャルメディアが大きな力を発揮したとされる．オバマ陣営のネットによる草の根運動は「ネットルーツ」と呼ばれ，おおいにもてはやされた．

だが，「グラスルーツ」や「ネットルーツ」という方法論は，必ずしもオバマやリベラルな党派にのみ適用可能なわけではない．

2010年の中間選挙で話題となったティーパーティ運動は，まさに，反オバマを掲げ

たグラスルーツ／ネットルーツ運動であった．

「ティーパーティ（茶会）」という歴史的な言葉を，新しい政治的文脈のなかにおいたのは，共和党のロン・ポール陣営だったといわれる．ロン・ポール（1935 －）は，2008年の大統領選で，共和党の大統領候補指名を受けるための予備選に出馬した．その資金集めのために，2007年12月16日のボストン茶会（ティーパーティ）事件の記念日に，"Money Bomb"というウェブ上の献金呼びかけを大々的に行った．その直前の2007年11月に行った"Money Bomb"でも，すでに，他の共和党大統領候補立候補者を大きく上回る献金を集めており，メディアなどでも取り上げられた．こうして彼の選挙運動は，ネットを中心に行われ，ネットルーツ運動のむしろさきがけともいえる．

2009年2月16日にアメリカ経済回復・再投資法が議会を通過した．これが「大きな政府」を嫌う人びとによって批判の対象となり，「オバマは社会主義者だ」という抗議運動が盛り上がるようになった．

2009年2月19日，CNBCの経済アナリストであるリック・サンテリが，シカゴ証券取引所からの生中継中に，焦げ付いた住宅ローンを再融資するという救済案を激しく批判し，オバマ政権に反対する「シカゴ・ティーパーティー」運動を起こそうと提案した．

さらにFOXの人気番組の司会者であるグレン・ベックなども反オバマの運動を呼びかけるなど多様な動きの中で，全米各地に大小さまざまな「ティーパーティ」グループが生まれた．2008年大統領選挙で副大統領候補となり，一時的に人気を集めたサラ・

（http://www.teapartypatriots.org/）　　（http://www.coffeeparty.com/）

図 5-26　ティーパーティとコーヒーパーティのサイト（2010.8.17時点）

ペイリンが広告塔となることにより，ティーパーティ運動はさらに盛り上がった．

　2010年8月28日，ワシントンのリンカーン記念堂前でティーパーティが主催する大規模な集会が開かれた．この日は47年前のワシントン大行進におけるキング牧師の演説記念日であり，あえてこの日に集会を行ったことで批判が集まったが，主催者側のグレン・ベックは，数十万の参加者があったと主張した．

　保守的なティーパーティ運動に対抗して，リベラルな「コーヒーパーティ」運動や「ワン・ネイション」集会[11]が開催される動きも起こった．

ティーパーティ運動のゆくえ──リバタリアンと浮動層

ティーパーティ運動とリバタリアン

　ティーパーティ運動は，思想的にはリバタリアニズムが基本とされる．

　リバタリアニズムとは，他者の権利を侵害しない限り個人の自由を最大限尊重すべきであるとする立場である．リベラリズムが，「個人的自由」（人権）を尊重すると同時に社会的連帯を重視し，政治的には福祉政策をとるのに対して，リバタリアニズムは「個人的自由」と「経済的自由」（市場の自由）の双方を重視することから，レッセフェールを至上命題とし，政府の介入を否定する．

　図5-27は，リバタリアン党[12]の創立者であるデヴィッド・ノーランが考案した「ノーラン・チャート」で，リバタリアンと他の政治的立場との関係を簡略化して示している．

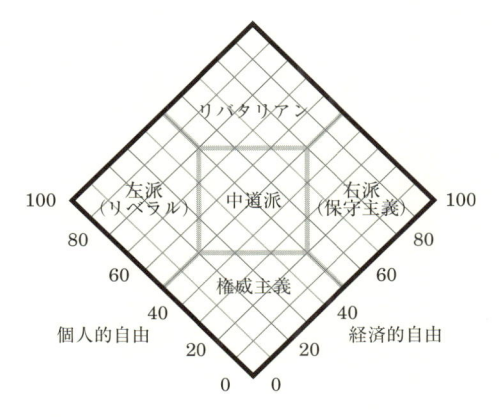

図 5-27 リバタリアンの位置づけ（ノーラン・チャート[13]）

ティーパーティ運動と浮動層

　ティーパーティ運動が，中間選挙にどの程度影響を及ぼすかは，浮動票の動きにかかっているといわれた．

　2010年4月14日に発表されたニューヨーク・タイムズ紙とCBSによる世論調査[14]によれば，回答者の18％がティーパーティ運動を支持すると回答している．ティーパーティ運動支持者は，共和党支持層，白人，男性，既婚者，45歳以上の年齢層に偏っている．ティーパーティ運動支持者は，共和党支持層よりも一般に「保守的」であり，自分たちを「超保守的」とよび，オバマを「超リベラル」呼ぶことが多い．共和党支持層が政府に対して「不満」であるというのに対して，ティーパーティ運動支持者は「怒っている」という．

　表5-5は，ピュー・リサーチ・センター（2010年8月25日〜9月6日）による調査結果だが，これによれば，登録有権者全体では，支持と不支持が拮抗している．共和党支持者では「支持」が，民主党支持者では「不支持」が多いことは当然だが，浮動層では「支持」が「不支持」をかなり上回っている．また，投票見込者では，支持39％，不支持26％と，支持者が大幅に上回っている．

表 5-5　ティーパーティ運動に対する有権者の意見（Pew Research Center, 2010年8月25日〜9月6日，http://pewresearch.org/pubs/1739/independent-voters-typology-2010-midterms-favor-republicans-conservative）

登録有権者	賛成(％)	反対(％)	わからない/知らない(％)	回答者数(％)
全体	29	26	45=100	2,816
共和党支持層	56	6	38=100	816
民主党支持層	6	45	49=100	931
浮動層	30	22	47=100	1,069
見込有権者				
全体	36	29	35=100	2,053
共和党支持層	63	5	32=100	673
民主党支持層	7	56	38=100	645
浮動層	39	26	36=100	734

ティーパーティ運動に対するオバマの応答

　こうした逆風に対して，オバマはどのように対応しようとしているのだろうか．
　2010年10月1日発売の『ローリングストーン』誌掲載のインタビュー[15]で，ティー

パーティ運動について聞かれたオバマは，次のように答えている：

> ティーパーティ運動は，アメリカ政治の長い歴史のなかで脈々と続いてきた異なる系統が入り交じった運動だ．彼らの中には，市場や社会に政府が介入することを嫌う真性のリバタリアンがいる．彼らの中には，あまりにもリベラルだとか，あまりにも進歩的だといって，ビル・クリントンや他の民主党大統領と同じように私を嫌う保守主義者たちがいる．彼らの中には，また，特定の利権や政権によって理不尽に傷つけられたと感じている中間層や労働者層がいる．だが，彼らの怒りは間違った方向に誘導されている．

5. ネガティブ・キャンペーン問題

ネガティブ・キャンペーンの横行

ティーパーティ運動では過激な攻撃的発言が目立つが，2010年中間選挙全体でも，ネガティブ・キャンペーン問題が浮上した．

たとえば，AP通信は，「政治広告は「まったく下劣になりつつある」」という記事（2010年10月12日付[16]）を載せ，クリスチャン・サイエンス・モニターも，「魔女から「アクア・ブッダ」まで：なぜ2010年選挙広告はこれほどひどいのか？」（2010年10月19日付）[17]など多くの選挙広告批判記事を掲載している．

表5-6は，Kantar Media/CMAGが収集した約90,000本の選挙広告を，Wesleyan

表 5-6 国政選挙の広告の論調[18]

年	攻撃	対比	広報宣伝
2008	32.80%	20.70%	46.50%
2010	32.20%	18.30%	49.00%
%変化率	−0.60%	−2.40%	2.50%

表 5-7 攻撃広告の攻撃対象（全スポンサー）[19]

年		個人的属性	政策	個人および政策
2008	民主党 %	11.92%	53.89%	31.68%
	共和党 %	16.82%	60.23%	22.57%
2010	民主党 %	21.22%	46.93%	30.10%
	共和党 %	10.55%	68.99%	20.24%

Media Projectが分析した結果であるが，2008年，2010年とも，約3分の1が攻撃的な広告となっている．またその内容も個人攻撃的なものが多いと，Wesleyan Media Projectは分析している（表5-7）．

オバマに対する攻撃

個人的属性に関する攻撃

もちろん，オバマ大統領自身もこうした攻撃の対象となった．

オバマには，2008年の大統領選挙のときから，人種主義的な攻撃がなされてきた．

とくに，彼の父親がイスラム教徒で，オバマ自身「フセイン」というミドルネームを持つことや，幼少期インドネシアで教育を受けたことから，彼がイスラム教徒であるとする政治広告が多くなされている．そしてそれを事実と信じている人も多い．ピュー・リサーチ・センターが2010年7月21日～8月5日に実施した世論調査によると，オバマがイスラム教徒であると考えている人は18％もおり，しかも増加の傾向にある（表5-8）．また，オバマを支持する人はオバマをキリスト教徒であると考える比率が高く，オバマを支持していない人ではオバマをイスラム教徒と考える人の割合が高い（表5-9）．

表5-8 オバマがキリスト教徒だと思う人は急速に減少

オバマの宗教は何だと思うか？	2008年3月(%)	2008年10月(%)	2009年3月(%)	2010年8月(%)	2009年から2010年の変化
キリスト教	47	51	48	34	−14
イスラム教	12	12	11	18	＋7
その他	2	2	1	2	＋1
わからない	36	32	34	43	＋9
答えたくない	3	3	6	2	
	100	100	100	100	

表5-9 オバマの宗教に対する認識と支持率はリンクしている

オバマに対する支持	オバマの宗教は…			
	全体(%)	キリスト教(%)	イスラム教(%)	わからない(%)
支持	47	62	26	44
不支持	41	29	67	40
わからない	12	9	7	17
	100	100	100	100
回答者数	3003	1121	558	1213

（データ出所：Pew Research Center, August 19, 2010 "Growing Number of Americans Say Obama is a Muslim : Religion, Politics and the President", http://people-press.org/report/645/）

2010年8月13日，オバマは，9.11米同時多発テロで崩壊した世界貿易センタービル跡地「グラウンド・ゼロ」から2ブロックの場所にイスラム教のモスクを建設する計画について，宗教の自由の見地から建設する権利を支持した．

このこととの関係は明らかではないが，2010年8月19日にタイム誌が発表した世論調査の結果[20]では，回答者の24％が「オバマはイスラム教徒だと思う」と答えている．ただし，「オバマはキリスト教徒だと思う」と答えた人は47％である．また，グラウンド・ゼロに近い場所にモスクを建てることには61％が反対を表明しているが，自分の家の近くにモスクが建つことには55％が「よいと思う」と答え，同じく55％の回答者はイスラム教徒も「愛国的なアメリカ人であると思う」と答えている．

2010年の9.11追悼式典の前日，オバマはホワイトハウスで記者会見[21]を行い，質問に答えて，イスラム教徒に対する差別感情を批判し，宗教的寛容の重要性を訴えている．

政策に対する攻撃

オバマ政権の目玉である「医療保険改革」も激しい攻撃を受けた．

「医療保険改革」に対する攻撃には二つの方向がある．

一つは，医療保険改革が「大きな政府」につながることを忌避するもので，オバマを「社会主義者」「全体主義者」と呼び，ヒトラーに例えたりする．

もう一つは，医療保険の個別条項に対して，攻撃を加えるものである．

2009年8月8日，医療保険改革の議論が佳境にさしかかった頃，ペイリン前副大統領候補は，Facebook上で，オバマの医療保険改革によってできる「死の委員会（death panel）」はダウン症に苦しむ私の息子は，官僚たちによって，医療保険を受ける資格がないか判断されてしまう，と激しく糾弾した．

「死の委員会」という言葉の響きは刺激的で，アメリカ国民の気持ちを揺さぶった．

たしかに，医療保険という制度を考える場合，経済的な問題と倫理的な問題が交差し，慎重な議論が必要であることはいうまでもない．しかし，スキャンダラスな表現によって，議論が情緒的なものとなることは，決して社会にとって良いことではないだろう．

候補者間での攻撃の応酬

「悲劇の三角関係」

中間選挙の候補間で攻撃広告の応酬も激しい．

なかでも物議を醸したのが，ネバダ州の共和党上院議員候補シャロン・アングル候補のネガティブ・キャンペーンである．アングル候補は，ティーパーティ・エクスプレスやサラ・ペイリンの支持も受けており，2010年6月8日の共和党予備選で本選候補の座

を勝ち取った．しかし，その主張はかなり過激であり，対立する民主党候補ハリー・リードを攻撃する"Love Triangle"という動画広告は批判にさらされている（図2-28）．

ワシントン・ポスト紙に掲載されたグレッグ・サージェントの記事（2010年8月26日付）によれば，この動画で批判されている金融機関への資金援助や失業対策の「失敗」は，成功とはいえないまでも，ほかにましな政策はなかった．

| オバマとペロシとリードは，現代の最も悲劇的な三角関係にある | 金融機関への緊急援助は，納税者の税金によって行われた | 7870億円の資金援助策は失敗した |
| ネバダ州の失業率は14％を超えるほど上昇している | 「愛はお金で買えない」と人はいう | しかし，彼らの「三角関係」には高い代償が支払われた |

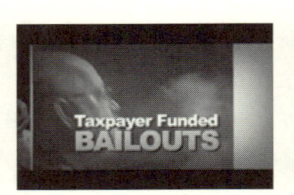

図 5-28 "Love Triangle"（http://www.youtube.com/watch?v=1jJWBwv2yFU，掲載者：sharronangle，掲載日：2010.8.26，再生回数：54,159，2010.10.25時点）

「なぜ？」

アングル候補のネガティブ広告と双璧をなすものとしてよく取り上げられるのが，民主党のケンタッキー州上院議員候補である，ジャック・コンウェイの動画広告である．2010年中間選挙でコンウェイ候補と対立したのは，共和党のランド・ポール候補である．

ランド・ポール候補は，2008年の大統領選の共和党予備選に出馬したロン・ポール議員の息子である．ロン・ポール議員は，前述のように，典型的なリバタリアンであり，ネット上で大きな支持を受けている．息子であるランド・ポール候補も，現実離れしているほど政府機能の極小化を訴えるリバタリアンであり，ティーパーティの推薦を受けて共和党の上院議員候補の座を得たことでも注目されている（ニューヨークタイムズの

調査による．http://business.nikkeibp.co.jp/article/topics/20101021/216753/)．

対立する候補であるコンウェイは，彼の大学時代の所業を批判するネガティブ広告を打って，話題を集めている（図5-29）．このようなあからさまな個人攻撃が許されるのか，テレビで討論されたりもしている．

大学時代，ランド・ポールは，キリスト教を侮辱する団体に所属していた	女性の自由を奪って，「アクア・ブッダ」という神に礼拝させた

図5-29　"Why?"（http://www.youtube.com/watch?v=6BCa8xw9yGY，掲載者：jackconwayforsenate，掲載日：2010.10.15，再生回数：234,529，2010.10.25時点）

2010年中間選挙におけるネガティブ・キャンペーンの諸問題

高額な広告費

　2010年の中間選挙で広告が問題となるもう一つの理由は，広告費の高騰である．

　表5-10は，Wesleyan Media Projectによる2008年と2010年の広告本数と広告費の比較であるが，2010年は2008年に比べて，広告本数が約1.5倍，広告費も1.5から2倍に跳ね上がっていることがわかる．

　なかでも目立つのは，外部団体の出資額の急増である．これによって潤沢となった広告資金が，ネガティブ・キャンペーンにつぎ込まれたと考えられる．

表 5-10　2008年と2010年の広告本数と広告費の比較（1月1日～10月20日）[22]

下院選

	資金源	候補者	政党	利益団体	関連組織[23]	計
2008年	放送本数	271,470	41,096	26,403	7,078	346,047
	割合%	78.45%	11.88%	7.63%	2.05%	
	広告費	$104,849,816	$20,201,187	$13,550,460	$3,296,812	$141,898,275
2010年	放送本数	372,298	71,636	61,954	17,456	523,344
	割合%	71.14%	13.69%	11.84%	3.34%	
	広告費	$137,452,790	$27,310,238	$39,174,901	$6,337,743	$210,275,672
広告費増加率%		31.09%	35.19%	189.10%	92.24%	48.19%

上院選

		候補者	政党	利益団体	関連組織	計
2008年	放送本数	259,262	86,956	61,225	5,711	413,154
	割合%	62.75%	21.05%	14.82%	1.38%	
	広告費	$91,485,283	$35,935,760	$28,218,897	$1,887,608	$157,527,548
2010年	放送本数	470,914	41,877	95,973	23,320	632,084
	割合%	74.50%	6.63%	15.18%	3.69%	
	広告費	$215,121,599	$18,543,635	$65,250,239	$15,108,480	$314,023,953
広告費増加率%		135.14%	−48.40%	131.23%	700.40%	99.35%

知事選

		候補者	政党	利益団体	関連組織	計
2010年	放送本数	894,491	74,542	136,378	929	1,106,340
	割合%	80.85%	6.74%	12.33%	0.08%	
	広告費	$429,190,443	$34,674,141	$104,593,038	$945,020	$569,402,642

合計

2010年	放送本数		2,261,768
	広告費		$1,093,702,267

誰が資金を出しているのか

　2010年中間選挙が，高額な広告費を投じた激しい泥仕合の様相を呈した背景として，2010年1月の最高裁判決が挙げられる．この判決によって，政党や政治家以外の外部団体が，その団体の背景を明らかにすることなく，無制限に政治広告に出資することが認められるようになった．そのために，身元の明らかでない団体から巨額の資金が流れ込むようになり，また広告の内容についての規制も緩くなったのである．

　オバマは，2010年10月11日にフィラデルフィアでの集会で行った演説「前進する

アメリカ」[24]のなかで,「今年1月の最高裁判決のおかげで,特別利益団体が無制限の金額を攻撃広告に投下している．しかも彼らは,こうした攻撃広告の背後に何者が潜んでいるかを開示しない．背後にいるのは石油関連企業かもしれない．保険関連企業かもしれない．もしかしたら,外国資本の企業であるかもしれない．でも,情報を開示する必要がないので,それを知る術はないのだ．いまや,民主党が危機にさらされているだけではない．われわれの民主主義が危機に瀕しているのだ」と述べ,外部団体の出資と攻撃的な政治広告を激しく批判している．

表5-11 上位出資団体(2010.9.1〜10.20)

団体	推定金額	近い政党	CM本数
Republican Governor's Association	$19,230,960	Republican	26,874
US Chamber of Commerce	$16,954,890	Republican	18,761
Crossroads Grassroots Policy Strategies	$8,945,810	Republican	9,702
American Crossroads	$7,964,770	Republican	11,077
American Action Network	$6,110,760	Republican	6,538
60 Plus Association	$4,151,050	Republican	5,486
American Future Fund	$3,763,910	Republican	6,773
SEIU	$3,582,430	Democrat	3,789
Citizens for Strength and Security	$3,418,970	Democrat	2,355
Bay State Future	$2,787,140	Democrat	1,556

(データ出所:Wesleyan Media Project Release - 10/27/2010, http://election-ad.research.wesleyan.edu/)

6. おわりに——ポピュリズムの振動

こうした動向のなかで,オバマ政権の2年間に評価が下された．

本章で見てきた動向を見ると,あたかも,オバマ的リベラル理想主義が,現実のなかで(少なくとも2年間という短期間では)うまく作動せず,その結果,激しいバックラッシュ(揺り戻し)が起こっているように見える．

しかも,そのバックラッシュの「方法論」は,まさに,オバマ大統領の劇的な誕生プロセスに則ったような「草の根」運動であるところに,2010年中間選挙の特徴がある．

2010年10月27日,オバマはジョン・スチュアートの人気番組『ザ・デイリー・ショー』に出演した．それに続いて,2010年10月30日,ジョン・スチュアートと,同じく人気番組『ザ・コルベール・レポート』の司会を務めるスティーブン・コルベールが中心となって,「正気を取り戻せ」集会をワシントンで開いた．この集会には十数万

人が集まったという[25].

　2010年11月2日，中間選挙の結果は，全米50州の知事のうち，共和党が29，民主党が20，無所属1と確定した．また，2011年1月から始まる新会期の下院の議席構成は，共和党242，民主党193となった．民主党は，1938年中間選挙（ルーズベルト政権）で71議席を失って以来の大敗を喫したのであった．

第6章

インターネットを介した政治活動の自由と倫理
―― 選挙キャンペーン・小口献金・公職選挙法

1. ネットと公職選挙法

　本書ではここまで，間メディア社会と選挙の新たな展開を見てきた．とくにインターネットの一般化が，選挙過程の動向に大きな影響を与えていることはいうまでもない．
　しかし，にもかかわらず，2008年のオバマ選挙に比べて，いまだ日本の選挙においてインターネットの利用は，さまざまな面で制約を受けている．
　その原因の一つは，インターネットを射程に入れていない公職選挙法にあるだろう．公職選挙法とは，日本の公職に就くための選挙に関する法律で，1950年に現在の体系が定められた．その後何度か改正されており，現時点では，2007年6月15日に最終改正がなされている[1]．
　公職選挙法を現代のメディア環境に合わせるべきだという議論は十年くらい前から高まっている．2001年には総務省も「IT時代の選挙運動に関する研究会」を立ち上げ，法改正の気運が高まったかに見えた．しかし，その後も厳しい規制は変わらなかった．2010年5月12日には，制限付きではあるがネット選挙解禁で与野党が合意したと各紙が報じた．が，その後の鳩山首相辞任などで，またも解禁は先送りとなった．
　ネット選挙解禁が無条件にすばらしいとはいえないが，ネットがここまで普及した時代に，人びとのコミュニケーション欲求や政治的関心を抑圧するかのような状態は早急に是正されるべきだろう．

現行公職選挙法の中で，インターネットを選挙に活用するうえで最も大きな障害になっているとされるのが，第十三章　選挙運動（第百二十九条〜第百七十八条の三）の条文である．2005年9月の「総務省の回答によれば，選挙期間中のWebの使用については従来より，「選挙期間中にホームページを開設，書き換えすることは，その内容が選挙運動のために使用する文書図画と認められる場合には，公選法第142条の規定に違反する．その内容が選挙運動のために使用する文書図画と認められない場合であっても，候補者の氏名，政党名が含まれている場合には，その行為が公選法第142条の禁止を免れる行為と認められる場合には，公選法第146条の規定に違反する．また，政党その他の政治活動を行う団体が政治活動としてホームページを開設，書き換えすることによって候補者の氏名等が表示される場合には，公選法第201条の13の規定に違反する」との見解」[2]が示されている．
　この結果，公示以降投票日までの選挙期間中には，インターネット上の選挙関連情報の発信は多分に制限されることとなる．しかし，本書第3章でも見たように，有権者の多くは，投票日ぎりぎりまで誰に投票するか決定を待っており，意思決定のための情報探索行動も投票直前まで続けられている．
　とすれば，選挙期間中の情報発信を規制することは，むしろ有権者の意思決定のための情報受信を制約することになりかねない，と指摘されている．
　本章では，公職選挙法とインターネット選挙に関するこれまでの議論を概観したうえで，2009年総選挙を前にしての各党のインターネット選挙に対する姿勢，2009年総選挙中のネガティブ・キャンペーンの様相，ネガティブ・キャンペーンに対する有権者の意識を分析しつつ，今後の公職選挙法についてどう考えるべきかを明らかにする．

2. 公職選挙法とインターネットに関するこれまでの経緯

インターネットと〈世論〉の結集

　インターネットが一般に普及するようになってからすでに20年近くが経とうとしている．インターネット（あるいは，コミュニケーション網としてのコンピュータ・ネットワーク）は，早い時期から，民主主義のインフラとして期待されてきた．
　1979年に誕生したUsenetや1985年に開設されたWELLをはじめとするBBSサービスは，しばしば「ヴァーチャル・コミュニティ」と呼ばれ，ノスタルジアを刺激する魅力的なユートピアとして人びとをひきつけた．
　と同時に，「ヴァーチャル・コミュニティ」は，現代において最も影響力を持つ社会

学者のひとりであるハバーマスの議論をベースとするものでもあった．ハバーマスは，初期の著書『公共性の構造転換』のなかで，近代市民社会の勃興期において，市民が三々五々集うサロンやカフェといった場所が，民主主義を発展させる土台となる「公共領域」（人びとが社会のあり方について自由に議論を交わし，合意を形成していく場所）として機能した，と主張した．しかし，近代資本主義の成長とともに，このような公共領域は私的領域へと封じ込められ，近代の理想が挫折した，と彼は述べるのである[3]．こうした「未完の近代」も，インターネットにより再び一般市民の声を直接政治に反映させることが可能になり，完成へと導かれると期待する声は多い．

　実際，2000年の韓国における落選運動，2001年のフィリピンにおけるピープルパワー2などは，一般民衆の声がインターネットを介して結集され，政権の選択に大きな力を発揮した例といえる．

諸外国のネット選挙

　インターネットを開発し，またその一般化を公約としたクリントン－ゴアが大統領の座についた国であるアメリカでは，当然のことながら，政治家たちは我先にと有権者たちに訴えるサイトを開設し，政見を語り，支持を呼びかける．とくに2000年以降は，政治家のみならず市民団体も，さまざまな形でインターネットを政治活動に利用し始めた．その動きについては，遠藤（2000，2004，2007，2009）などを参照されたいが，まさに今日のアメリカ政治にインターネットは不可欠なメディアである．

　インターネットを選挙運動に利用する利点は，第一に費用がかからないことであり，また第二に，誰もが政治的な意見表明を行ったり，討議に参加したりすることが可能になるという点である．この結果，これまで選挙活動に多額の資金が必要とされ，その結果，政治家たちは富裕層の意向に沿うことに偏りがちであるという批判があったが，その解決策の一つと見なされている．また，インターネットを窓口として一般有権者からの小口献金を集める手法も一般化し，それまでのように，政財界で大きな影響力を持った人物しか選挙運動の資金を集められないといった弊害が回避されるようになった．

　インターネットを活用した選挙活動には，技術的にも，制度的にも，社会的にも，問題は残っている．このため，ネット選挙に対する規制も国によってさまざまであるが，三輪（2006）によれば，アメリカ，イギリス，ドイツなどでは原則として規制は行われていない．また，フランスや韓国でも，ある程度の規制はあるものの，ネットを選挙活動に活用している．

日本におけるインターネットを介した選挙運動に関する議論

日本においても，インターネットの普及に伴い，政党や政治家が政治活動にウェブサイトを利用するのが当たり前になってきた．

渡辺（2007）によれば，「平成19年10月現在，政党のすべてがホームページを開設しており，国会議員については，平成15年2月の調査で，個人ホームページ開設率は

表6-1 ホームページによる選挙運動・(狭義の)政治活動の規制[4]

	公職の候補者等又は第三者	政党その他の政治活動を行う団体
選挙運動	【通常時[投票日含む]】 事前運動等のため禁止（公選法第129条） 【選挙運動期間】 法定外の文書図画の頒布に当たり禁止 （公選法第142条第1項） 掲示に当たる行為をすることも禁止 （公選法第143条第2項）	【通常時[投票日含む]】 事前運動等のため禁止（公選法第129条） 【選挙運動期間】 法定外の文書図画の頒布に当たり禁止 （公選法第142条第1項） 掲示に当たる行為をすることも禁止 （公選法第143条第2項）
政治活動	【通常時[投票日含む]】 自由 【選挙運動期間】 候補者の氏名等を表示しているホームページを開設，書換えすることにより，禁止を免れる行為に該当する場合は，禁止．既に候補者の氏名等が表示される場合は，更新が禁止 （公選法第146条第1項）	【通常時[投票日除く]】 自由 【選挙運動期間・投票日】 ホームページを開設，書換えする場合に，候補者の氏名等を表示することは，禁止．既に候補者の氏名等が表示される場合は，更新が禁止 （公選法第201条の13第1項第2号）

表6-2 電子メールによる選挙運動・(狭義の)政治活動の規制制[5]

	公職の候補者等又は第三者	政党その他の政治活動を行う団体
選挙運動	【通常時[投票日含む]】 事前運動等のため禁止（公選法第129条） 【選挙運動期間】 不特定又は多数に送信することは法定外の文書図画の頒布に当たり禁止 （公選法第142条第1項） 掲示に当たる行為をすることも禁止 （公選法第143条第2項）	【通常時[投票日含む]】 事前運動等のため禁止（公選法第129条） 【選挙運動期間】 不特定又は多数に送信することは法定外の文書図画の頒布に当たり禁止 （公選法第142条第1項） 掲示に当たる行為をすることも禁止 （公選法第143条第2項）
政治活動	【通常時[投票日含む]】 自由 【選挙運動期間】 候補者の氏名等を記載した電子メールを送信することが，禁止を免れる行為に該当する場合は，禁止．掲示の場合も同様 （公選法第146条第1項）	【通常時[投票日除く]】 自由 【選挙運動期間・投票日】 候補者の氏名等を記載した電子メールを，当該選挙区等の不特定又は多数に送信することは，禁止．掲示の場合も同様 （公選法第201条の13第1項第2号）

81.19％（723名中587名）であった」．2010年時点では，ほぼすべての政治家がサイトを開設していると考えてもよいだろう．

しかし，これらのウェブサイトは，あくまで「日常の政治活動」のためのものである．先にも述べたように，日本においては，選挙活動におけるインターネット利用は公職選挙法によって厳しく制限されているからである（表6-1，表6-2参照）．

ただし，公職選挙法にインターネットに関する直接的な規定はない．1996年10月に，新党さきがけの渡海議員がインターネットの選挙利用に関して国会で質問を行った．これに対して自治省（当時）が，「多くの人が見ることを期待して，立候補者が自身のホームページを開設することは，公職選挙法の「文書や図画の頒布」にあたると指摘．ホームページの利用は同法で認められていないため，選挙運動に使えば違法になるとしている．具体的にはホームページに投票を依頼する文言があったり，立候補を表明する記述があるようなケースが対象となる．告示後にホームページに新たに候補者の氏名を付け加えた場合も同様で，警察が違法と判断すれば取り締まることになる」（日経新聞1999年5月10日）との解釈を示したことにより，これが定説化した．

だが，このような制限に疑問を投げかける声も多く，当時野党であった民主党からは繰り返し，公職選挙法改正案が提出された．

このような動きを受けて，とくに，平成13年10月には，総務省により，「IT時代の選挙運動に関する研究会」が設置され，その結論として，ホームページを選挙運動に利用することを認める報告書が公表された．このときは，公職選挙法の改正の機運が大いに高まったと見られたが，結局，大きな改正は行われなかった．

法改正が進まなかったのは，当時の与党自民党がインターネット選挙に関して消極的であったことが大きい．その理由は，主として「デジタル・デバイド」（政治家の情報リテラシーによって選挙活動が左右される）や「誹謗中傷の横行」に対する危惧であった．

2005年以降の動き——マニフェスト選挙，政見放送，民間の選挙活動

しかし，2005年の衆議院選挙では，党を問わず，インターネットを使った政治活動がなしくずしに選挙活動につながるような動きが目につくようになった．このような動向に対して，総務省は公職選挙法に違反と見なされうるとの注意を行った．

だが，法改正へ向けての機運は，多様な方向から高まっていった．

一つは，マニフェスト選挙への動きである．マニフェストは，広く周知されてこそ意味があり，インターネット上で広報することは当然ともいえる．しかし同時に，マニフェストの提示は，通常の政治活動ともいえるし，選挙公約であるともいえる．この問題もまた，現行の公職選挙法の不備を浮き彫りにするものである[6]．

もう一つは，2005年頃から盛んになったインターネットにおける動画投稿サイトの問題である．2007年の東京都知事選では，候補者の一人である外山恒一の政見放送がYouTubeにアップロードされ，膨大なアクセスを集めるという事態が生じた．東京都選挙管理委員会は，政見放送は放送方法や回数が決められており，これ以外の広報は公平性に反するという観点から，YouTubeに削除要請を行った[7]．だが，YouTubeにアップロードされた政見放送はほかにも数多くあり，費用がほとんどかからないインターネットへのアップロードが「公平性に反するもの」か否かについては，論議を呼んだ．

図 6-1　2007年東京都知事選における外山恒一氏の政見放送（2007年4月2日，NHK放送）

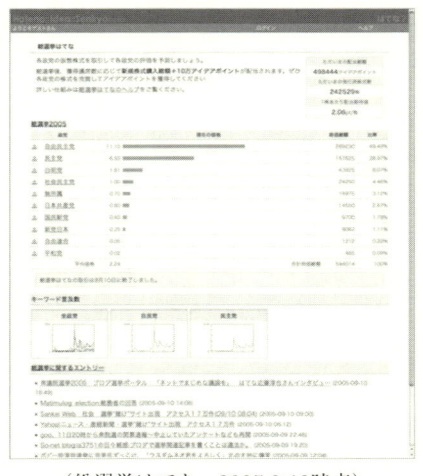

（総選挙はてな，2005.9.12時点）　　　（Yahoo! みんなの政治，2006.2.27時点）

図 6-2　2005年頃から登場した，民間の選挙関連ポータルサイト

一方，費用もかからないことから，民間の第三者組織が，ネット上に選挙関連サイトを開くことも2005年頃から目立つようになった．たとえば，「総選挙はてな」は，得票を市場と見立てて，得票数の予測を集合的に行おうとするもので，ポータルサイト「はてな」が主催した．また，「Yahoo! みんなの政治」は，多種多様な選挙情報を集めた選挙ポータルサイトであり，2010年1月現在，引き続き開かれている．

3. 2009年総選挙前のインターネット選挙へ向けての各党の姿勢

　こうした問題認識は，2009年総選挙では，国会の範囲を超えて，ますます高まった．
　2009年8月10日に，楽天の三木谷浩史代表取締役会長兼社長ら，eビジネス関連企業の経営者ら60人が連名で「eビジネス振興のための政策に対する質問状」を提出した．これに対する自民党・保利政務調査会長，民主党・直嶋政策調査会長（民主党・鈴木寛政策調査会副会長）の回答は，表6-3のようである．
　自民党，民主党の両党とも，基本的にはインターネットを使った選挙運動の解禁に前向きな回答である．相対的には，民主党が完全解禁を主張するのに対して，自民党は「誹謗中傷の危惧」を理由として，やや慎重な答えとなっている．

表6-3　インターネットを使った選挙活動の解禁についての各党の回答

自民党の回答	民主党の回答
インターネットを利用した選挙運動は，誹謗中傷等に対する一定の規制を課した上で認め，速やかに解禁すべきです． インターネットは，ビラ等文書による情報伝達と比べて，伝播性，速報性が強いメディアであり，政党や候補者の政策，政見，主張等を詳細に知ることができる手段となっており，また，国民が直接政治に働きかける機会ともなっています． 自民党は，誹謗中傷に対する対策を講ずるとともに，ホームページ（ブログや掲示板等を含む）に限って，すべての選挙を対象に，第三者による利用も含め解禁すべきであり，メール（メルマガやブログ等の更新お知らせメールを含む）については解禁しないと考えています．また，現行公選法の文書図画，郵便や電話に対する規制と整合性がとれる新たな規制が必要だと考えています．	政策本位の選挙・カネのかからない選挙の実現，候補者と有権者との対話促進などのために，政党や候補者に加え，第三者もホームページ・ブログ・メール等インターネットのあらゆる形態を使って選挙運動ができるようにするべきとの観点から，なるべく早い段階でインターネット選挙運動を解禁するべきであると民主党は考えます． 民主党は，3度にわたり上記の観点に基づいた「公職選挙法改正案」を提出していますが，残念ながら，与党の協力が得られず国会で議論すら始まっていません．衆議院で民主党が過半数を取った暁には，インターネット選挙活動のための法案を改めて提出したいと考えています．

(http://news.www.infoseek.co.jp/special/j-is/e-business_006.html, 2009.8.18閲覧)

4. ネガティブ・キャンペーン問題

　前項で挙げた自民党のインターネット選挙についての回答にもあるように，選挙活動にインターネットを利用することに対する大きな危惧の一つに，誹謗中傷が横行するのではないかとの不安がある．だが，皮肉なことに，2009年の選挙で最もネガティブ・キャンペーンに熱心だったのは，自民党だったかもしれない．

　2009年総選挙では，2001年以来盛んに行われてきたテレビCMが少なく，しかも地味になった．それに比べて，ネットを介して動画を配信するという新しい方式が目立った．なかでも自民党は，かなりあからさまに皮肉を利かせたアニメ風動画を配信して話題を呼んだ．図6-4に示したように，いずれも多くのアクセスを集めた．

図 6-3　自民党の公式サイト（2009.8.24時点）

5. ネガティブ・キャンペーンに対する有権者の反応　187

【プロポーズ編】
http://www.youtube.com/watch?v=kZpSfahQ--0，再生回数 733,415 回（2009.9.7 時点）

【ラーメン編】
http://www.youtube.com/watch?v=rAjj1CGxhY8，再生回数 406,964 回（2009.9.7 時点）

【ブレる男たち】
http://www.youtube.com/watch?v=9A8LnhLrz0A，再生回数 248,479 回（2009.9.7 時点）

男：「ボクの方がキミを幸せにできる．
　　ボクに交代してみないか？
　　バラ色の人生が待っているよ．
　　出産や子育ての費用も教育費も，
　　老後の生活費も介護の費用も，
　　ボクに任せれば全部OKさ！
　　高速道路も乗り放題だよ！」
女：「お金は大丈夫？」
男：「細かいことは結婚してから考えるよ！」
女：「ええぇ？？？」

根拠のない自信に人生を預けられますか？

根拠がある．
自民党

図 6-4　自民党のネガティブCM

5.　ネガティブ・キャンペーンに対する有権者の反応

　では，このようなネガティブ・キャンペーンに対して，有権者はどのように反応したのだろうか．われわれの間メディア社会研究会調査（以下，「間メディア調査 2009」）の結果から見てみよう．

　まず，「各政党のPR活動の中で，対抗する政党を批判するCMなどを流す行為（ネガティブ・キャンペーン）を知っていましたか？」という問いに対する回答を示したのが，図6-5である．全体の71.0％が知っていると答えた．年代別では60代が最も高く，20代が最も低い．また比例代表投票党別で見ると，自民党に投票したグループで最も

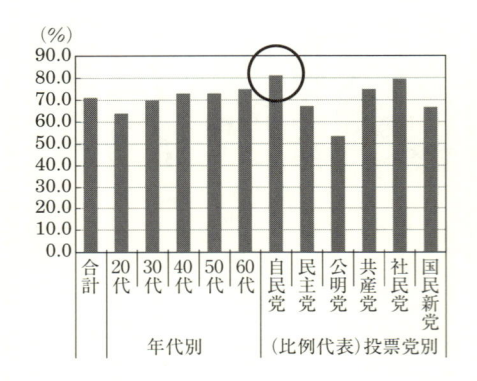

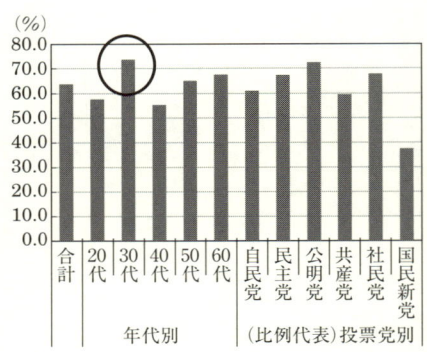

図 6-5 ネガティブCMを知っていましたか？
（データ出所：「間メディア調査 2009」）

図 6-6 ネガティブCMを見ましたか？
（データ出所：「間メディア調査 2009」）

高く，公明党に投票したグループで最も低かった．

　さらに，ネガティブCMを知っていた人びとの中で，実際にネガティブCMを見た人の割合を示したのが，図6-6である．ネガティブCMを知っていた人のうち実際に見たのは，64.1％だった．この値は，全体の中では，45.5％に相当する．

　では，ネガティブCMを見た人は，ネガティブCMを見た結果，どのような感想を持っただろうか．「批判する政党に対して悪い印象をもった」と答えた人と，「批判される政党に対して悪い印象をもった」と答えた人の割合を比較したのが，図6-7である．一見して，「批判する政党に対して悪い印象をもった」という回答が「批判される政党に対して悪い印象をもった」という回答を圧倒的に上回っていることがわかるだろう．全体では，63.5％の人が「批判する政党に対して悪い印象をもった」と答え，わずか4.6％が「批判される政党に対して悪い印象をもった」と答えた．比例代表選挙で自民党に投票した人でさえ，「批判する政党に対して悪い印象をもった」と答えたのが33.0％，「批判される政党に対して悪い印象をもった」と答えたのは7.2％にすぎなかった．

　インターネットを利用した選挙活動において，しばしば誹謗中傷を危惧する声が聞かれる．しかし，ネガティブ・キャンペーンがむしろ逆効果になることは，2008年米大統領選挙でも観察された．このような現実が広く認知されることによって，ポジティブ・キャンペーンが促進されることを望みたい．

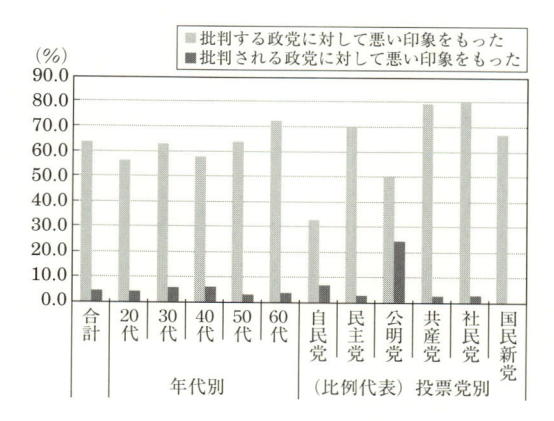

図 6-7　ネガティブCMを見てどう思いましたか？（データ出所：「間メディア調査 2009」）

6.　アメリカにおけるネガティブ・キャンペーン

　選挙には，ライバルに対する攻撃はつきものである．「攻撃」が正当な範囲を超えれば，非難されるべき「誹謗中傷」となるが，「正当な範囲」とはきわめて曖昧である．

　しかも，「攻撃」の許容範囲は，それぞれの社会の文化的風土によってもかなり異なる．たとえば，一般の商品の広告に関しても，「比較広告」という手法がある．他の商品（競合商品や自社旧製品など）と広告対象商品を比較して，その優位性をアピールするものである．日本では，従来，こうした比較広告は誹謗中傷などにつながるとされてきたが，1987年4月に公正取引委員会が景品表示法上の「比較広告ガイドライン」（比較広告に関する景品表示法上の考え方）を公開した（http://www.jftc.go.jp/keihyo/files/3/hikaku.html）ことにより，事実上解禁された．とはいえ，現在も，比較広告に対しては違和感を持つ消費者が多い．アメリカでは，こうした比較広告がずっと一般的に行われている（たとえば，ペプシによるコカコーラへの攻撃など）．

　政治的なキャンペーンでも，ネガティブとされるような，感情的，イメージ的な批判広告は多く行われている．有名な例としては，1964年の大統領選で，民主党のジョンソン候補陣営が行った，「ひな菊を摘む少女（Daisy Girl）」というテレビCMがある（図 6-8）．愛らしい少女がひな菊の花びらを数える声に，ミサイル発射のカウントダウンが重なる．核戦争の恐怖を訴えたものだが，あまりに恐怖をあおると非難された．

図 6-8　Daisy Girl Ad（1964年大統領選におけるジョンソン陣営のテレビCM）
（http://www.livingroomcandidate.org/commercials/1964/peace-little-girl-daisy）

2004年大統領選挙における泥仕合

　2004年の大統領選では，これまでにもまして多くのテレビCFが放送された．スタンフォード大学の政治的コミュニケーション研究所（Political Communication Lab）が収集したCFだけでも，2004年6月～10月の間で，ケリー陣営が60本以上，ブッシュ陣営も40本以上のCFを製作している[8]．そして，とくにブッシュ陣営のCFは，ケリー候補に対する（感情的ともいえるような）批判が目立ち，対するケリー候補のCFはそれに対する応答に終始しているとも見える．2004年の大統領選が，ネガティブ・キャンペーンを基調としたものだったというマスメディア等の認識の所以である．

　こうしたネガティブ・キャンペーンは，争点に関する議論ではなく，感情的な対立だけを煽る．その結果，支持政党による国民の感情的分断が起こる．

　選挙後のケリーの敗北宣言では，いつにも増して，選挙によって生じた感情的分断の解消が訴えられていた．また，1月20日（米国時間）に行われた大統領就任式の演説でも，「国民の連帯（unite）」が盛んに訴えられたのだった．

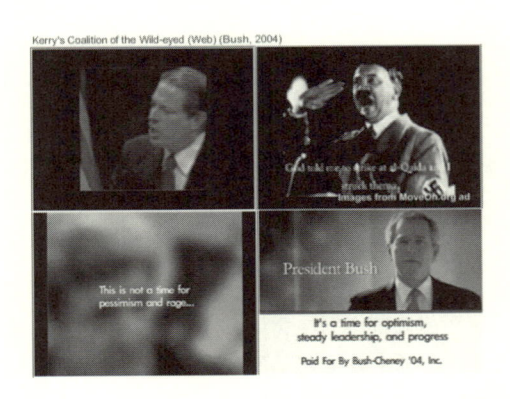

図 6-9　ブッシュ陣営によるネガティブCM（ケリーをヒトラーに見立てている）
（http://www.livingroomcandidate.org/commercials/2004）

2008年大統領選挙におけるネガティブ・キャンペーン

　2008年大統領選でオバマ候補が「unite」をキーワードとして登場したのは，まさにこのような2004年大統領選後の「社会の気分（ムード）」に対する反発だったともいえる．こうした背景もあって，2008年大統領選挙は，2004年に比べれば，泥仕合ではないと一般に評価されたようである（表6-4参照）．

　とはいえ，ネガティブ・キャンペーンがなかったわけではない．

　マケイン候補やクリントン候補は，しばしば，オバマの経験が浅いことをやり玉に上げ，オバマは大衆的人気を煽っているだけだと批判し，「指導者としての資質がない」と決めつけるCMを制作した．図6-10は，マケイン陣営のCMのなかで最も人気を集

表6-4　2004年大統領選挙に比べて2008年大統領選挙は泥仕合でないと見なされていた[9]

2008年大統領戦を泥試合だと見なす人は少ない

今のところ選挙戦は…	2004年3月 (%)	2004年10月 (%)	2008年2月 (%)
あまりにも泥試合	47	57	28
それほどでもない	47	38	66
どちらともいえない	2	3	3
わからない/答えたくない	4	2	3
	100	100	100

対象者：登録有権者

図 6-10　マケインのCM「セレブ」（http://www.youtube.com/johnmccaindotcom）

めたものの一つである「セレブ」というCMである．冒頭，オバマが2008年6月の段階でヨーロッパ遊説を行い，ベルリンの膨大な観衆を集めたときの映像が映し出される．それにかぶるように，ブリトニー・スピアーズやパリス・ヒルトンなど，現代のセレブたちの映像が映し出され，オバマと彼女たちが同類項であると暗に述べる．そして，「たしかに彼はセレブであるが，国を指導する力を持っているのか？」と問いかけ，オバマの掲げる政策はまやかしだと批判するのである．

　マケインのこうした一連のCMは，一定の効果を上げたとされるが，その一方，マケインの人格に対する疑いや，マケインの政策的弱さを疑わせる結果をももたらした．また，知らずに「引用」されてしまったブリトニー・スピアーズやパリス・ヒルトン[10]などからの反発もあり，得失は微妙であった．

2008年大統領選挙におけるオバマの対抗戦略

　対抗するオバマが，まったくネガティブ・キャンペーンを行わなかったわけではない．たとえば，「Seven」と題するテレビCMは，マケインの経済面での弱さをついて，大きな効果を挙げたとされる（図6-11）．

図6-11　オバマ陣営によるテレビCM「Seven」
（http://www.youtube.com/watch?v=vpmFd25tRqo）

　マケインは2008年8月20日に，「アメリカ経済のファンダメンタルズは強い」と発言して，当時の一般の経済感覚とはまったくずれたものと批判された．CMはこの発言を取り上げ，さらに，新興報道社であるPOLITICOに所有建物の数を聞かれて答えられなかった事実を提示する．そしてマケインに代わって「マケインは7件の家を持っており，それらの価値は1300万ドルに達する」と指摘する．最後に，「ジョン・マケインよ，われわれはもはやこれまでのような豊かさを享受できないのだ」と述べるのである．

　しかし，オバマ陣営に特徴的であったのは，むしろ，「反ネガティブ・キャンペーン」の立場を積極的に打ち出したことである．2007年の大統領選への立候補の時点から，

6. アメリカにおけるネガティブ・キャンペーン　193

図 6-12　KNOW the FACTS（http://factcheck.barackobama.com/）

　彼の選挙サイトである「Organizing For America」の一部として，「Know The Facts」というページを設け，メディアや口コミで流れるデマや噂，事実誤認の類について，きっぱり反論していく構えを見せた（図6-12）．
　さらに2008年6月頃からは，FightTheSmears.comというサイトを開設した．このサイトを介して，有権者たちから，巷間に流れるオバマに関する悪い情報を募る．そして，そのそれぞれについて，データや動画を駆使しながら，冷静・客観的に反論した．
　このような態度は，インターネットなど新しいメディアの発達に伴って，ネガティブ・キャンペーンがいっそう熾烈になるのではないかと不安を感じている有権者たちに，解決策の可能性を示すという，ポジティブなアピールにもなった．

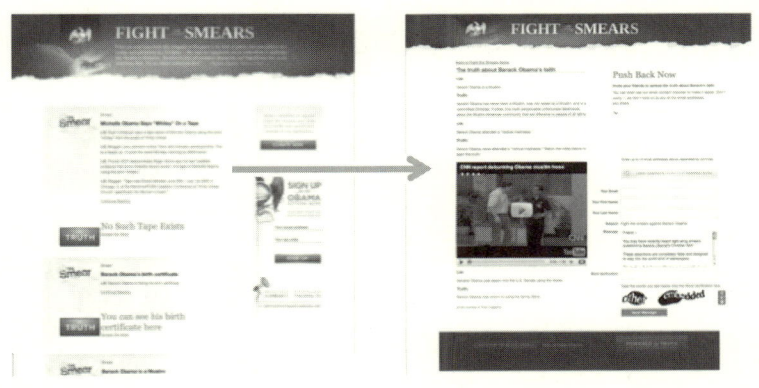

有権者からオバマに対する批判の情報を募る

各批判に対して冷静・客観的に反論する

図 6-13　オバマの"Fight The Smears"サイト（http://www.fightthesmears.com/, 2008.6.13閲覧）

アメリカの有権者たちの意識

　2008年のこうしたネガティブ・キャンペーンについて，アメリカの有権者たちはどのように感じていただろうか．先にも見たように，選挙期間の初期には，通常と比べて各陣営の選挙活動はネガティブ度が低いと見なされていた．しかし，選挙戦が熾烈になるにつれて，有権者たちの目にも，キャンペーンが「ネガティブ」であるように映り始める．

　図6-14は，ピュー・リサーチ・センターの調査による，選挙戦が「あまりにもネガティブ」あるいは「それほどネガティブではない」と感じる有権者の割合の推移である．ここから見れば，当初は3分の2の有権者が「それほどネガティブではない」と感じていたものの，選挙戦が佳境に入ってきた春から秋には「あまりにもネガティブ」と感じる割合と「それほどネガティブではない」と感じる割合が拮抗するようになり，いよいよ終盤に入った10月には半分以上の人びとが「あまりにもネガティブ」と感じるようになり，泥仕合といわれた2004年大統領選と同水準にまで達している．

　しかも，同調査によれば，オバマの広告について信憑性があると感じる人は47％であるのに対して，マケインの広告に信憑性があると感じる人は33％にとどまっている（表6-5）．すなわち，有権者は，相対的に，マケインの広告の方が「ネガティブ」であると感じたのである．

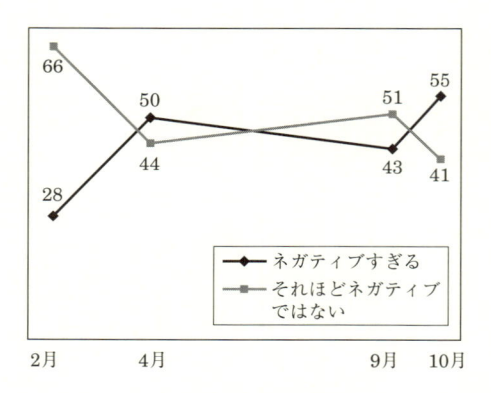

図 6-14　2008年大統領選はネガティブか？[11]

表 6-5　候補者の広告の信憑性

オバマの選挙広告	全体(%)	共和党(%)	民主党(%)	浮動層(%)
信頼できる	47	27	66	42
信頼できない	24	44	10	26
わからない	9	10	6	14
見たことがない	20	19	18	18
	100	100	100	100
マケインの選挙広告				
信頼できる	35	57	21	32
信頼できない	33	14	51	33
わからない	8	6	7	11
見たことがない	24	23	21	24
	100	100	100	100

表 6-6　2008年大統領選ではポジティブ投票した有権者が多かった[13]

投票したのは…*	1998年(%)	1992年(%)	1996年(%)	2000年(%)	2004年(%)	2008年(%)
積極的に支持している候補者	64	54	48	64	56	75
当選してほしくない候補者の対抗候補者	28	20	33	23	32	17
わからない	4	3	3	2	6	3
その他	4	23	16	11	6	5
	100	100	100	100	100	100

＊二大政党の候補者の中で

　実際には，先にも見たように，オバマ陣営もネガティブ広告を出していなかったわけではないが，全体としては，客観的な事実確認を訴え，相対的にポジティブなイメージを作り出すオバマ陣営の戦略が成功したといえる．

　このことと表6-6の結果——2008年大統領選では，ポジティブ投票（自分が積極的に支持する候補者に投票すること[12]）が多かったことを考え合わせると，少なくとも2008年大統領選では，マケインによるネガティブ・キャンペーンは効果を上げなかったといえよう．むしろ，マケインのネガティブCMは，オバマを相対的にポジティブに見せ，逆効果だったといえる．

　以上，本節では，選挙におけるインターネット活用に関する議論を追い，また，ネット選挙に反対する理由としてしばしば挙げられる「誹謗中傷」（ネガティブ・キャンペ

ーン）問題を検証した．結論としては，ネガティブ・キャンペーン問題は必ずしもネット上のコミュニケーションのみで起こるものではなく，選挙運動においては，常に問題となってきた．また，有権者は必ずしもネガティブ・キャンペーンに振り回されるわけではなく，むしろ，ネガティブ・キャンペーンを行うことに対して批判的であることが，日本のみならずアメリカでも観察されることがわかった．

7. 日本の人びとは公職選挙法をどう考えているか

こうした状況を踏まえて，では，日本の有権者たちは，公職選挙法についてどのように考えているだろうか？

2001年選挙後の有権者の意識

インターネット選挙の解禁がささやかれた2002年，著者が参加した2002年WIP日本調査では，ウェブサイトを介して伝えられる選挙情報として，有権者がどのような内容を求めているかを調査した．その結果を図6-15に示す．

これによれば，ほぼ7割の有権者が少なくとも何らかの選挙情報をウェブから得たいと考えている．またその内容としては，「選挙争点に関する各候補者の意見」「政党や政治家の選挙公約」「政党や政治家の日常の選挙活動」などが上位に挙げられている．ここからするなら，有権者は，まさに政治家たちの政見や政策を知りたがっており，しか

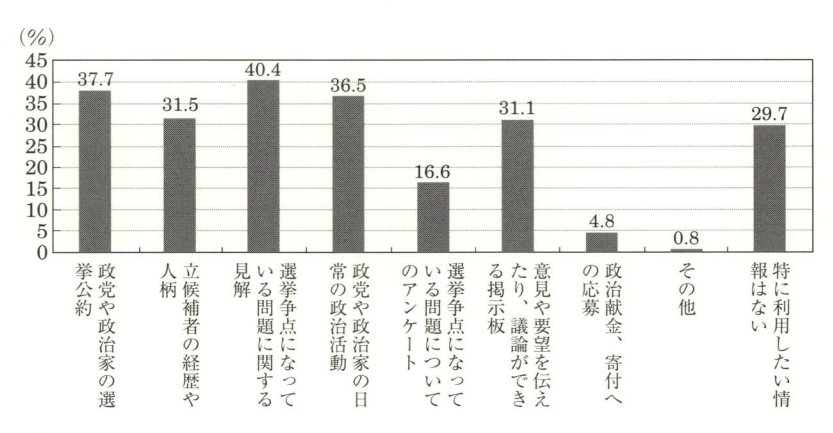

図 6-15　選挙期間中に利用したいホームページの内容（n=1,169．%）（データ出所：「2002年WIP日本調査」）

も，それらと「日常の政治活動」とを並列的に考えていると推測される．同時に，「意見や要望を伝えたり，議論ができる掲示板」と答えた回答者も31.1％に達しており，政治家とのインタラクティブな議論も求めていることは，今後の政治コミュニケーションを考えるうえで重要であろう．

2009年選挙後の有権者の公職選挙法に対する意識

また，「間メディア調査 2009」で，「選挙期間中のネットなどを通じた情報公開を規制する「公職選挙法」という法律があります．あなたは今後この法律をどうすべきだと考えますか？（SA）」という問いに答えてもらった結果を，図6-16に示す．

これによれば，およそ85％の人びとが，少なくとも「時代に合わせて検討が必要である」と答えている．今後，大いに議論すべきときに来ているのだろう．

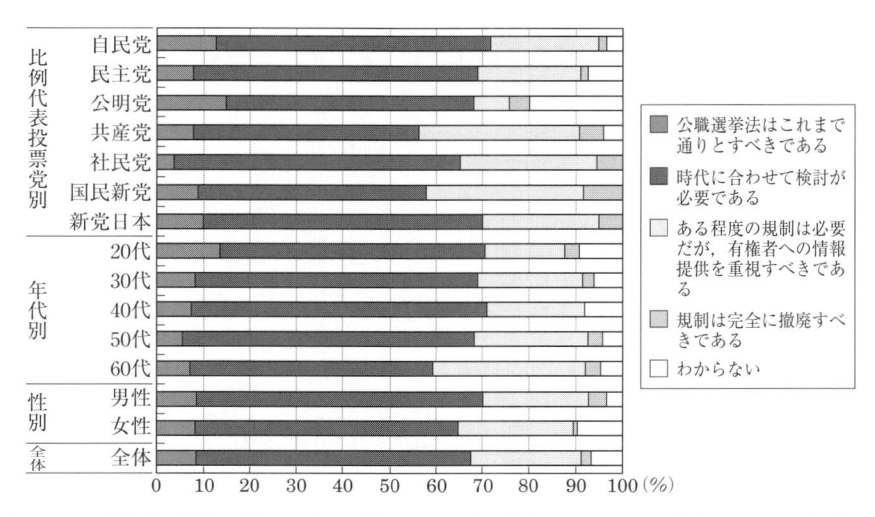

図 6-16 「公職選挙法の修正に向けて検討が必要」と答えた人びとの割合（％，データ出所：「間メディア調査 2009」）

2009年選挙後の有権者の公職選挙法に対する意識

「間メディア調査 2010」（図6-17）でも，「現状のままネット選挙禁止」と答えた人は2割程度にとどまり，多くの人びとが公職選挙法を見直すべきと考えていることがわかる．

また，図6-18は，この質問の回答を数値尺度化し，年代ごとの平均値をプロットし

たものである．これによれば，年齢とネット選挙に対する賛成度が負の相関関係にあることがわかる．すなわち，若い世代ほど，ネット選挙を支持する傾向がある．

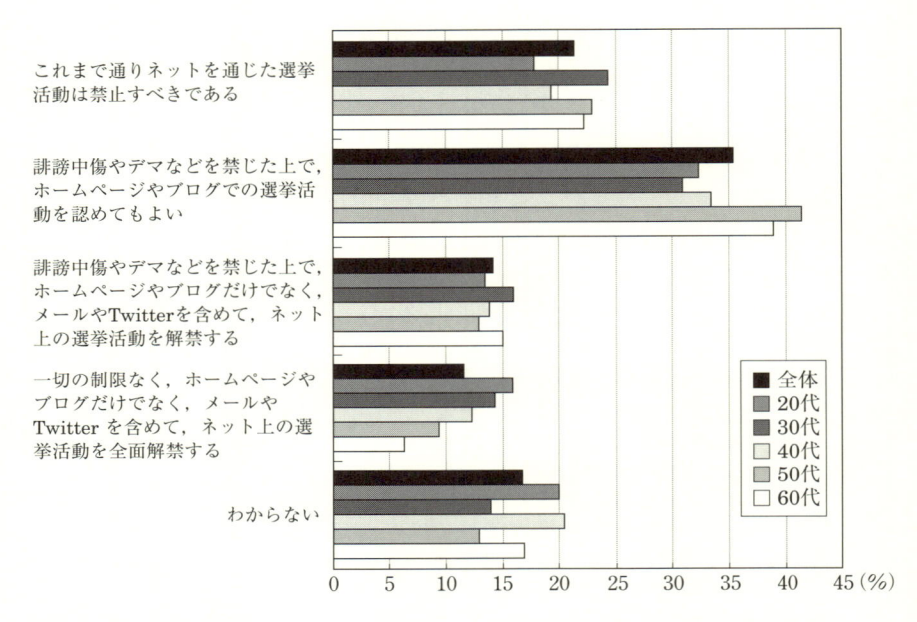

図 6-17 公職選挙法についてどう考えるか（％，データ出所：「間メディア調査 2010」）

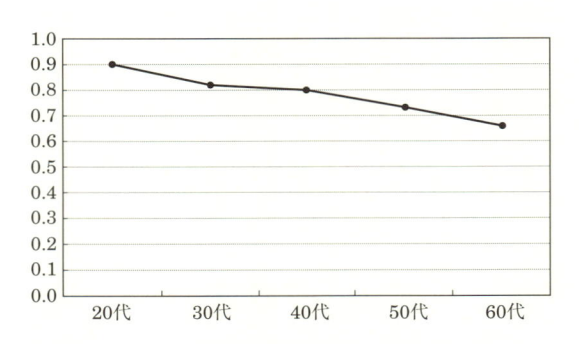

図 6-18 年代による公職選挙法改正に対する積極性
（数値尺度，データ出所：「間メディア調査 2010」）

また，ネット選挙解禁に対する賛否の理由を年代ごとに集計したのが，図6-19である．これによれば，どの世代でも，賛成の理由としては「ネット選挙の解禁によってより多くの情報が得られる（政治の透明化）」「ネット選挙の解禁によって選挙費用がかからなくなる（政治資金の低廉化）」を挙げる割合がずば抜けて高かった．「誹謗中傷やデマによって選挙が混乱する」という否定的な意見は，およそ4分の1であった．

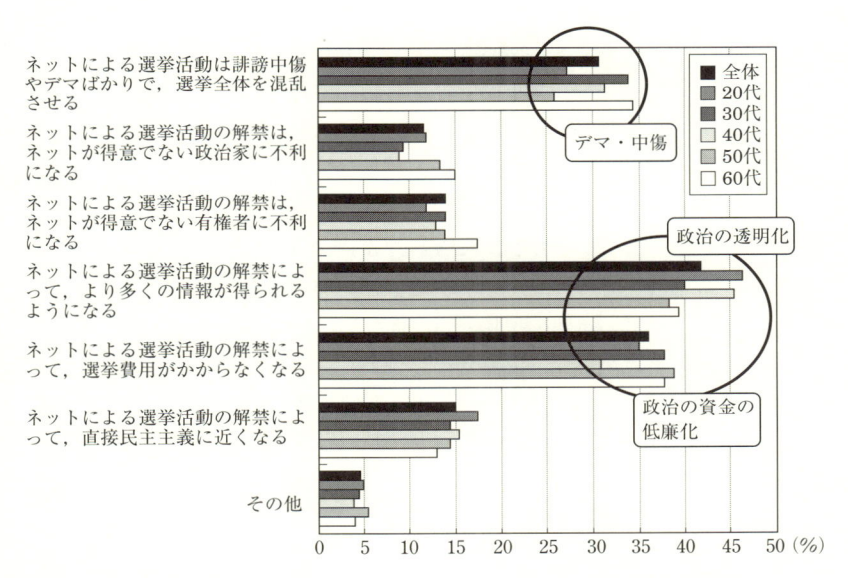

図6-19 なぜそのように答えたか(%，データ出所：「間メディア調査 2010」)

デジタル・デバイドに対する不安や，直接民主制への期待は，10%強にとどまった．また，インターネットを活用して得たい情報としては，「マニフェスト」「争点に関する意見」「候補者の情報」を挙げる人の割合が多かった（図6-20）．

これを，支持政党（比例代表での投票党）別に集計したのが，図6-21と図6-22である．図6-21によれば，民主党とみんなの党に投票した人たちの中では，解禁に肯定的な人が否定的な人を大きく上回る．これに対して，自民党投票層では，否定的な人の割合が3割に達する一方，全面解禁を望む割合も，他の層に比べて多い，という多様性を見せている．しかし，その理由については，投票した党による大きな差は見られなかった．

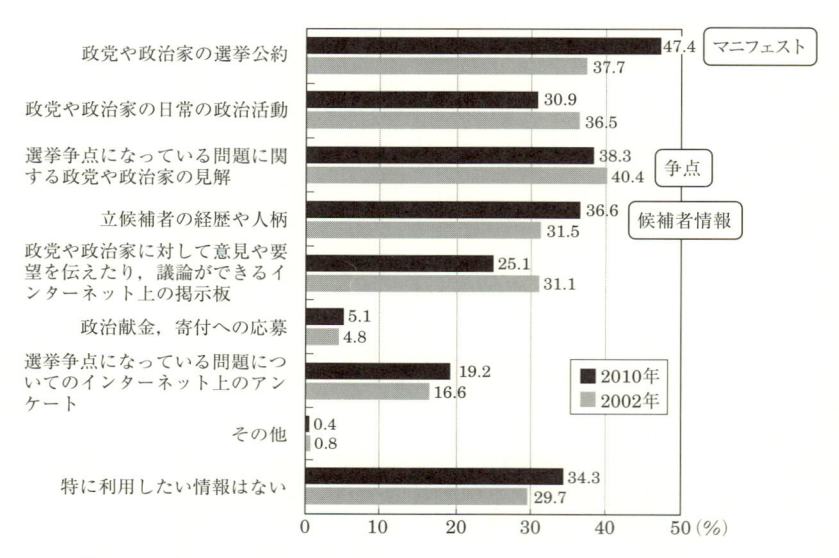

第6章 インターネットを介した政治活動の自由と倫理

図 6-20 ネット選挙で利用したい情報
（データ出所：2002年WIP日本調査，2010年WIP日本調査）

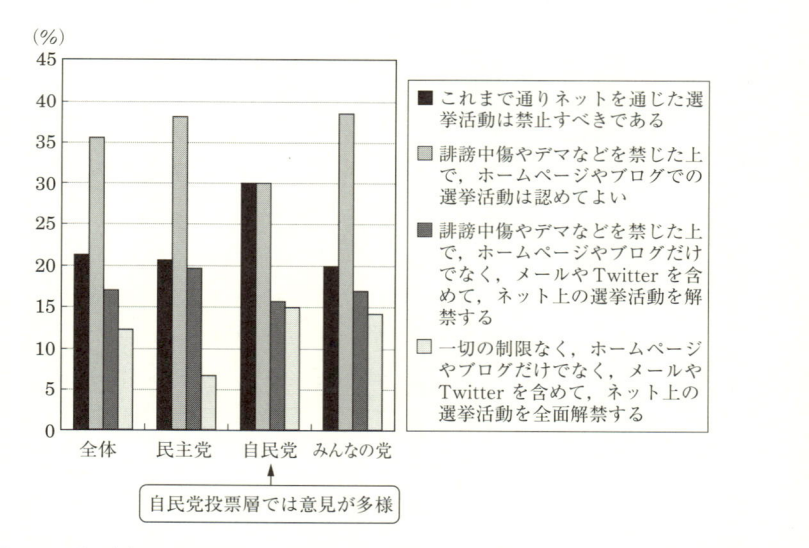

項目	2010年	2002年
政党や政治家の選挙公約（マニフェスト）	47.4	37.7
政党や政治家の日常の政治活動	30.9	36.5
選挙争点になっている問題に関する政党や政治家の見解（争点）	38.3	40.4
立候補者の経歴や人柄（候補者情報）	36.6	31.5
政党や政治家に対して意見や要望を伝えたり，議論ができるインターネット上の掲示板	25.1	31.1
政治献金，寄付への応募	5.1	4.8
選挙争点になっている問題についてのインターネット上のアンケート	19.2	16.6
その他	0.4	0.8
特に利用したい情報はない	34.3	29.7

図 6-21 投票党別公職選挙法に対する考え方（データ出所：「間メディア調査2010」）

凡例：
- これまで通りネットを通じた選挙活動は禁止すべきである
- 誹謗中傷やデマなどを禁じた上で，ホームページやブログでの選挙活動は認めてよい
- 誹謗中傷やデマなどを禁じた上で，ホームページやブログだけでなく，メールやTwitterを含めて，ネット上の選挙活動を解禁する
- 一切の制限なく，ホームページやブログだけでなく，メールやTwitterを含めて，ネット上の選挙活動を全面解禁する

自民党投票層では意見が多様

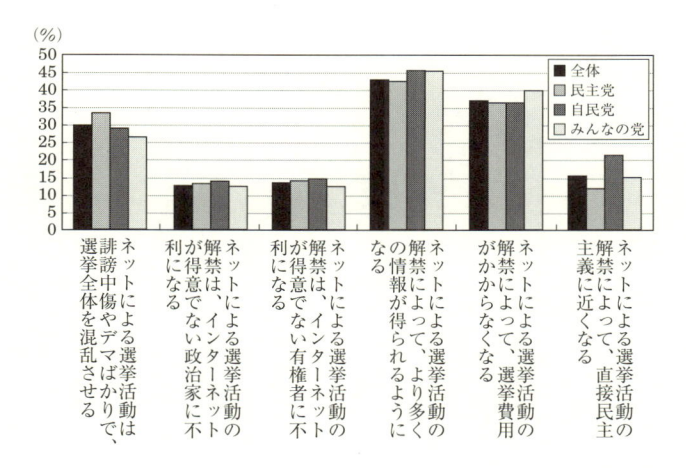

図 6-22 投票党別・公職選挙法に対する考え方の理由（データ出所：「間メディア調査 2010」）

8. 小口献金について

　ネットを活用した選挙によって新たに可能になる選挙活動として，一般の有権者からの小口献金がある．

　アメリカでは，すでに2000年の大統領選挙予備選で，マケイン候補が「インターネットをテレビで宣伝して，そこからネット献金として640万ドルを集めた」．2004年の大統領予備選では，民主党予備選で，当時バーモント州知事だったディーン候補が，クレジットカード経由でのインターネット献金により，若者や女性層からも献金を集め，最終的に5100万ドル（48億4500万円）を集めた（うち，200ドル以下の小口献金が58％）．この戦略は，その後各候補に継承された．2004年大統領本選では，ブッシュが1400万ドル，ケリーが8000万ドルものネット献金を集めたという[14]．

　2008年大統領選挙では，オバマは，ディーンのネット献金運動を主導した人物をスタッフとして，さらにネット献金戦略を洗練させた．その結果，マケインの約3億6000万ドル（約360億円）を大きく上回る約6億4000万ドル（約640億円）を集めた．その9割以上がネットを含む個人献金だったといわれる（参考：ZAKZAK, 2008.11.7）．

　日本では，2009年の衆議院選で，楽天が小口献金の窓口として名乗りを上げた．民主党の菅直人は，自身のブログで，「楽天が提供してくれたネット献金のサイトで7月27日から昨日までの2週間で21件，8万7千円の献金があった」（菅直人公式ブログ，2009.8.5）と報告している．

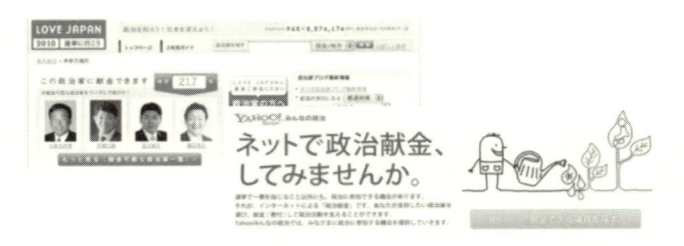

図 6-23 「【楽天政治】LOVE JAPAN 選挙に行こう―ネットで政治献金」
「ネットで政治献金してみませんか―Yahoo! みんなの政治」

　こうした流れに，2010年参院選では，「Yahoo! みんなの政治」も加わった（図6-23）．とはいえ，アメリカに比べれば，献金額はいまだ桁違いに少額にとどまっている．
　「間メディア調査 2010」で，小口献金について質問した結果が，図6-24と図6-25である．図6-24によれば，ネットを介した小口献金についての認知度は4割強であるが，若年層ほど認知度が低いという意外な結果となった．一方，献金意向はまだかなり低く，10％強にすぎない．しかも，30代～50代の中堅層で献金意向が低くなっている．近年の不況によって，生活に余裕がないことを意味しているのだろうか．これを投票党別に集計したのが，図6-25であるが，投票党による差はほとんどないようである．

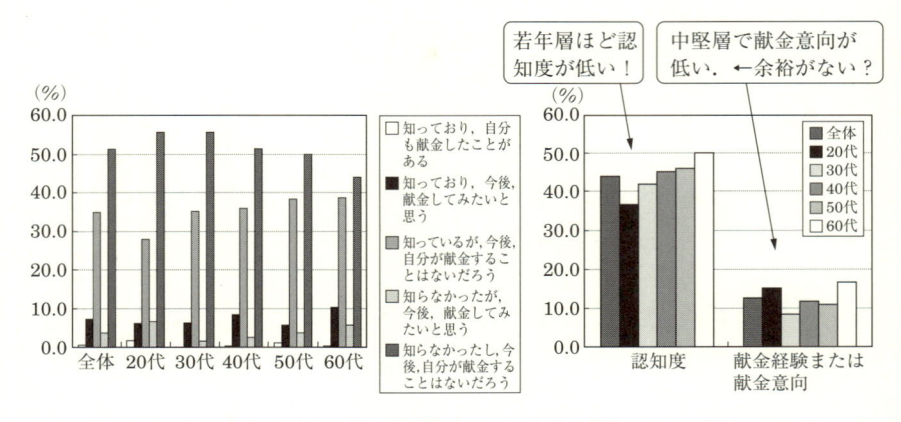

図 6-24 小口献金に対する認知と意向（データ出所：「間メディア調査 2010」）

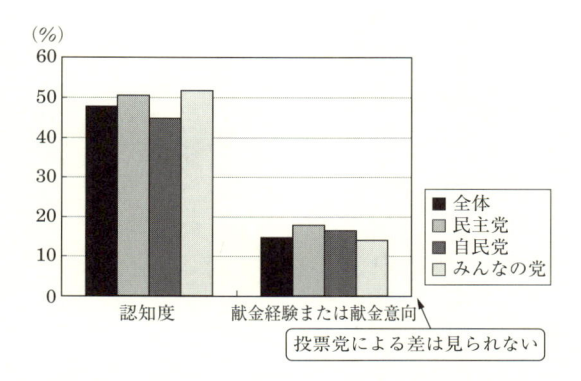

図 6-25 投票党別・小口献金システムの認知と献金意向
（データ出所：「間メディア調査 2010」）

政治に対する考え方

さて，選挙活動に関するこうした評価は，どのような政治観に基づいているのか．同じく，「間メディア調査 2010」から見てみよう．図 6-26 がその結果である．これ

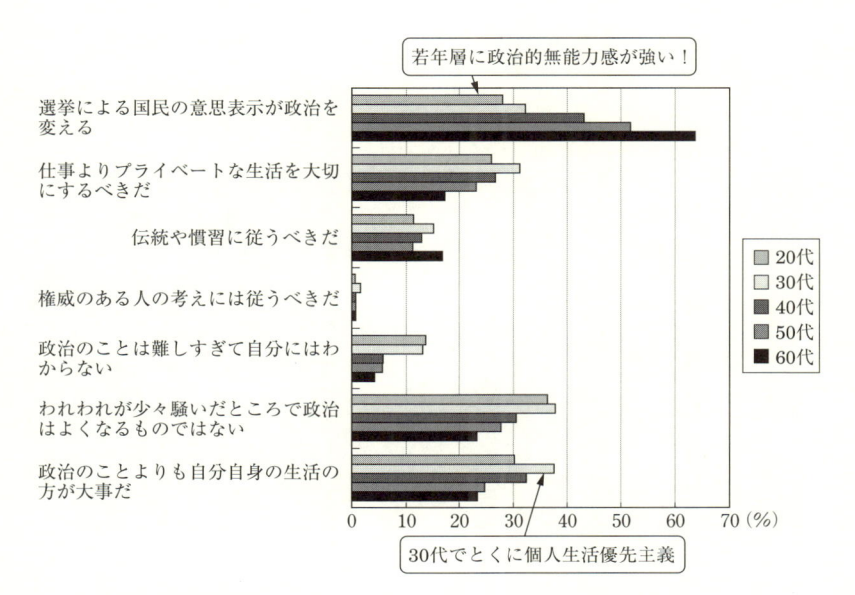

図 6-26 政治に対する考え方（データ出所：「間メディア調査 2010」）

によれば，若年層ほど「われわれが騒いだところで政治はよくならない」と答えるものが多く，「選挙が政治を変える」と答えるものが少ない．すなわち，若年層ほど政治に対する無能力感を抱えているといえる．また，「政治よりも自分の生活が大事」と答える個人優先主義も若年層が高いが，とくに30代が非常に高く，子育てなどに忙しいライフステージとの関係によると考えられる．

9. 選挙における広報活動

　2008年大統領選挙の終盤，オバマは10月29日夜のテレビのプライムタイムに，全国で30分のCMを放送した．CMはNBCとCBS，FOX，ユニビジョンで放送された．CNNはオバマ氏陣営からの放送要請を，番組編成上の理由で却下した．ABCは別の時間枠を提示し，プライムタイムの放送を強く希望する同氏陣営との交渉が物別れに終わったとされる．CM製作費は500万ドルにのぼった．この巨額の広報費を，オバマ陣営は小口献金でまかなったとされる．

　30分の長さのCMは日本では珍しい（聞いたことがない）．ましてや選挙CMではなおさらである．だが，このオバマCMはたいへんよく構成されていて，CMであることを忘れて見入ってしまうくらいである．図6-27に，いくつかのシーンを示したが，冒頭は，アメリカの広大な穀倉地帯が美しく映し出される．続いて，正面からこちらを向いたオバマ候補が，彼の政策理念を語る．その理念の向けられた対象として，ある家族の

図 6-27　オバマCM「American Stories, American Solutions: 30 Minute Special」
　　　　（http://www.youtube.com/watch?v=GtREqAmLsoA，掲載：2008.10.29，再生回
　　　　数：2,087,105（2009.7.1），2,152,080（2010.8.3））

9. 選挙における広報活動　205

日常が描かれる．フットボールの練習に向かう母と子の姿は共感を呼ぶ．次は，市民集会の場面である．集まった人びとからさまざまな要望が出され，オバマが同じ目線で彼らと語り合う．再び，市井の家族の物語．今度は年老いた夫婦である．彼らの生きてきた年月が胸に響く．そして最後に，オバマ自身の個人的な物語が語られ，「私は完全な人間ではない．だから完全な大統領にはなれないだろう．それでも私はみなさんにすべてを話し，みなさんのために全力で努力することを約束する」という言葉で締めくくられる．最後の場面は，うつむき加減で独り階段を上っていくオバマのシルエットである．

　日本の政党も，オバマ選挙に学ぼうとしているようだ．2009年の衆院選でのネガティブ・キャンペーンが失敗した自民党は，2010年参院選では，日本を熱狂させたFIFAワールドカップの日本対オランダ戦（6月19日）に合わせて選挙CMをスタートさせた（図6-28）．オバマ大統領が，アメリカ国民がテレビを注視するプライムタイムにCMを出稿して大きな支持を得たことにあやかったのかもしれない．だが残念ながら，あまり好評価は得られなかった．不評の理由は，①高額なCM費用（オバマ氏の場合はネット経由で集めた小口献金を使い，支持者へのメッセージとしてCMを位置づけた），②党首の魅力不足（オバマ氏はカリスマ的人気を誇った），③内容がないイメージCM（オバマ氏は政策をなんと30分かけて訴えた）などであった．オバマCMの表層的コピーでは大きな効果は得られないということである．

　一方，民主党も今回はオバマ氏を意識した（ような）ネットCMをつくった．2010年6月22日にアップされた「菅直人ドキュメンタリー PASSION〜vol.1〜」である（図6-29）．「民主党広報委員会が手作り自主製作したオリジナルPV…街頭演説を通じて菅直人代表の情熱を伝えます」との説明がある．荘重な音楽で感動的なつくりだが，

《小泉進次郎》
ほどほどの努力では，ほどほどの幸せもつかめない．
一生懸命がんばって，一生懸命はたらいて，豊かな「いちばん！」の国を創りましょう．
一緒にがんばります．日本の政党，自民党！

《谷垣禎一総裁》
私は経済の立て直しを，暮らしの安定を，あなたの事をいちばんに考えます！
日本がまた世界でいちばん幸せな国になるために実行します．
日本の政党，自民党！

図 6-28　自民党CM「いちばん！（谷垣＆小泉篇）30秒」
（http://www.youtube.com/watch?v=chEzCnscS_A）

206　第6章　インターネットを介した政治活動の自由と倫理

図 6-29 民主党CM「菅直人ドキュメンタリー PASSION〜vol.1〜」
（http://www.youtube.com/watch?v=2RcWwaNyvUk）

「菅直人ドキュメンタリー PASSION〜vol.1〜」
民主党広報委員会作成のウェブCM．民主党広報委員会が手作り自主製作したオリジナルPV「PASSION（情熱）シリーズ」の第1作目．街頭演説を通じて菅直人代表の情熱を伝えます．
5分12秒

いささか独りよがりな印象がある．せっかく5分以上の大作なのに，語りが抽象的で，滑舌が悪い．情熱がうまく伝わらない．

実際，2009年と2010年の選挙CMの，YouTubeでの視聴数を比較したのが，図6-30である．また，図6-31は，2009年選挙時の選挙CMに関するブログ記事数と2010年選挙時の選挙CMに関するブログ記事数の推移を示したものである．これらによれば，

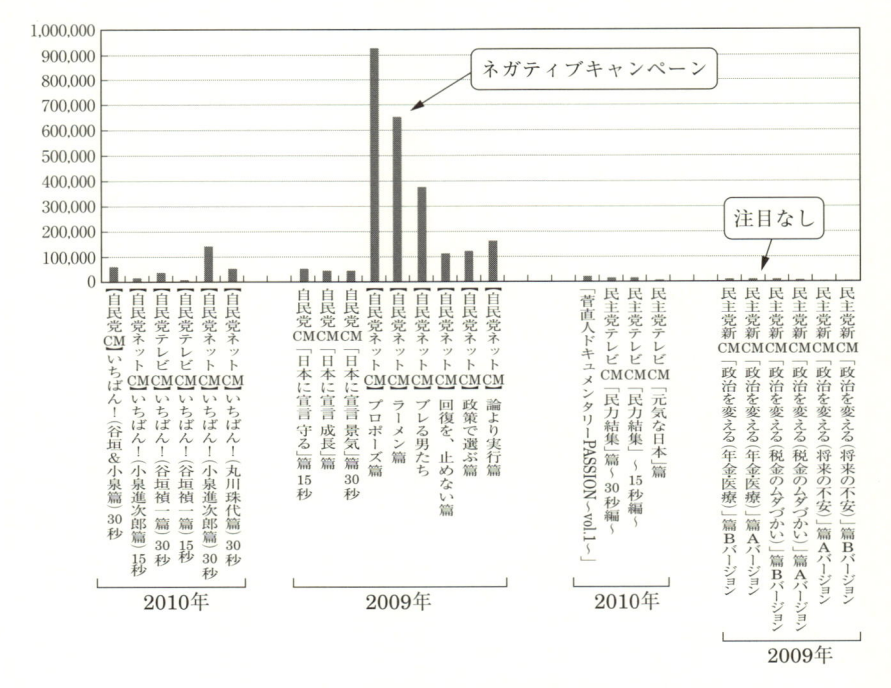

図 6-30 自民・民主　YouTubeでのCM視聴数（2009年 vs. 2010年）

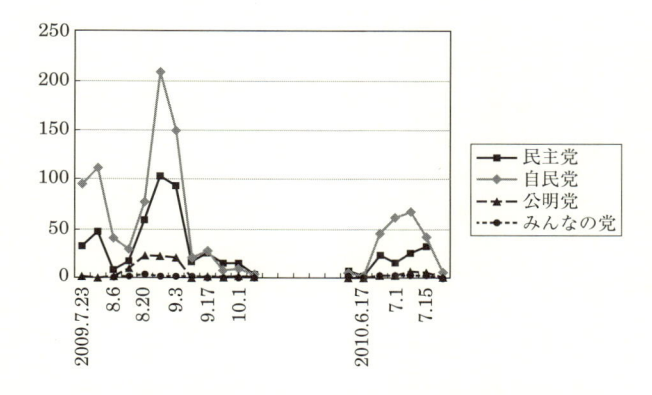

図 6-31　各党のCMに関するブログ記事数推移（2009年 vs. 2010年）

2009年のネガティブ・キャンペーンの視聴数が圧倒的に高く，それに比べて2010年選挙ではCMへの関心が非常に低いことがわかる．

しかも，図6-32は，2010年選挙CMだけのYouTubeでの視聴数を比較したものであるが，視聴数の高いのは，小泉進次郎人気をあてこんだものであり，必ずしも政策とは関係のない作りになっている．結局，2010年の参院選CMに関しては自民・民主両党ともはかばかしい成果はなかったといえる．

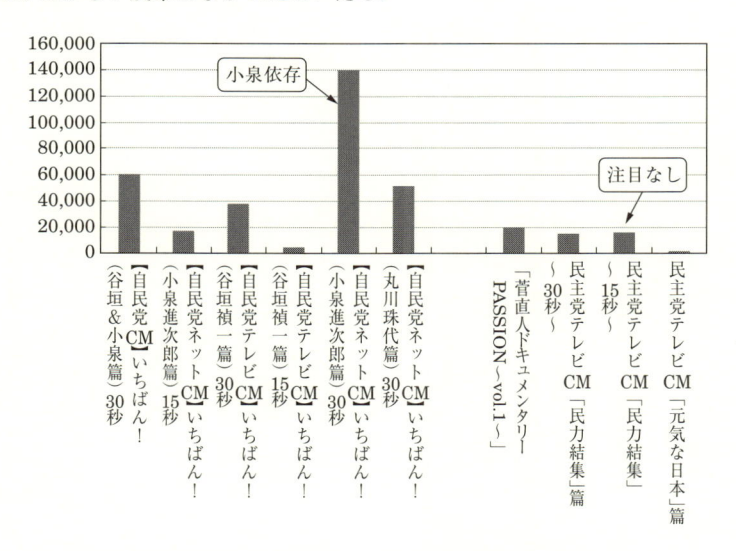

図 6-32　自民・民主　YouTubeでのCM視聴数（2010年のみ）

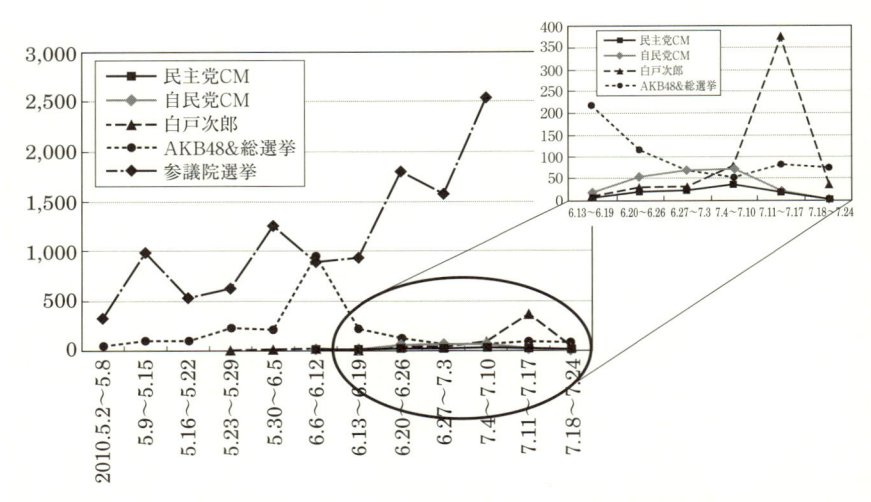

図 6-33　2010年参院選前後における各CMに関するブログ記事数推移（kizasi.jpによる）

　存在感の希薄だった政党CMに比べて圧倒的な支持を受けたのが，AKB48の「17thシングル選抜総選挙」と，「白戸次郎の選挙出馬」だ．図6-33からもわかるように，ブログでは，参院選や政党CMを超える話題となった．
　前者は，去年の「13thシングル選抜総選挙「母さんに誓って，ガチです」」に続いて行われた，シングル曲への参加メンバー選抜投票である．去年は，8月31日の衆院選にあやかった広報活動の感が強かったが，今年はむしろ「選挙」といえばAKBというほど話題を独占したかもしれない．「総選挙」の日程が発表されたのは3月．その後，テレビCMはもちろん，情報満載のAKB48公式サイト，AKB48・SKE48メンバー全員のアピールコメントを配信するDMM.com「AKB48選抜総選挙」サイト，AKB48総選挙マニフェストを配信した日刊スポーツのサイトなど，異なる企業サイトからの立体的な広報がなされた．「開票」の模様が，全国29の映画館で「パブリック・ビューイング」されたのも新しい趣向だ．もともと「会いに行けるアイドル」をコンセプトにしたAKBは，ファンとの距離の近さが売りだが，あえて「選挙」によって彼女たちを崖っぷちに立たせ，ファンたちの自分の一票が彼女たちを救うのだという気持ちをかき立て，それを「投票権」を通じて，商品購入に結びつけた．
　後者は，ソフトバンクのCMで人気のお父さん犬（白戸次郎）が選挙に立候補する，というものだ．ある日突然出馬の要請が来る，という始まりは，ちょうど参院選で次々と（政治に縁のない）有名人たちが出馬表明する状況と重なり合って，視聴者はつい笑

ってしまう．しかも，お父さんは立候補する決意をしたという．このところ，ソフトバンクの孫社長が，Twitterで「やりましょう」を連発したり，Ustreamで株主総会を開いて「300年構想」をぶち上げたりと，ネット上で活発な動きを見せ，さらにそれがマスメディアで大きく取り上げられるなど，注目を集めていた．そんなことから，「お父さん犬」と孫さんのイメージが重なり，視聴者は「もしかしたら，本当に孫さんが出馬するかも……」といった興味を持ったかもしれない．もちろん，このCMは，テレビで放送されるだけでなく，自社サイトで専用ページがつくられ，Twitterアカウントも開設され，間メディア的に広報されたのだ．

　AKB48「総選挙」も，白戸「選挙」も，これほど視聴者の注目を集めたのには共通した理由がある．一つは，多様なメディアの組み合わせによる間メディア性を活かしてCM虚構世界を空間化したこと．二つ目は，CMの「中の人」に消費者が心を寄り添わせる物語があること．三つ目は，視聴者が共感を行動（購買）として表現できること．こうした構造を，さらに見る人びとが共有している現実（この場合は「選挙」）と結びつけることによって（「やりすぎ」との声もあるが），本家の「選挙」がかすんでしまうほどのインパクトを生じたといえよう．選挙CMをそのコストに見合ったものにするためには，こうした商業CMの作りを参考にすることも重要であろう．

　ただし，もちろん，選挙CMと商業CMとの間には違いも大きい．

　選挙CMの場合，単に売り込めばよいというものではなく，むしろ，政党や政治家の理念や政策を明らかにし，またその内容を十分に理解してもらうことに主眼がある．オバマの成功は，ソーシャルメディアと連携し，政策や理念を具体的に「語った」ところにある．選挙では，CMにこそ，高い政治的倫理観が求められることを忘れてはならない．

10. 今後のゆくえ

　いずれにせよ，海外の動きを見れば，インターネットを介したメディア・ポリティクスは世界の趨勢といえる．「コミュニケーションが苦手」とか「ガラパゴス化」と形容されることの多い日本社会はこの潮流に対応できるのだろうか．

　しかし，すでに本章で見てきたように，日本でもさまざまな方向性が探られている．まだ全体としては利用率が低いといわれるソーシャルメディアも，若年層に限ってみれば，すでに情報源としてかなりの影響力を持っている（図6-34）．

　実際，6月30日にネットレイティングス社が発表した調査結果（http://www.netratings.co.jp/）によると，「日本では毎月100万超のアクティブ・ブログを収集しているが，こ

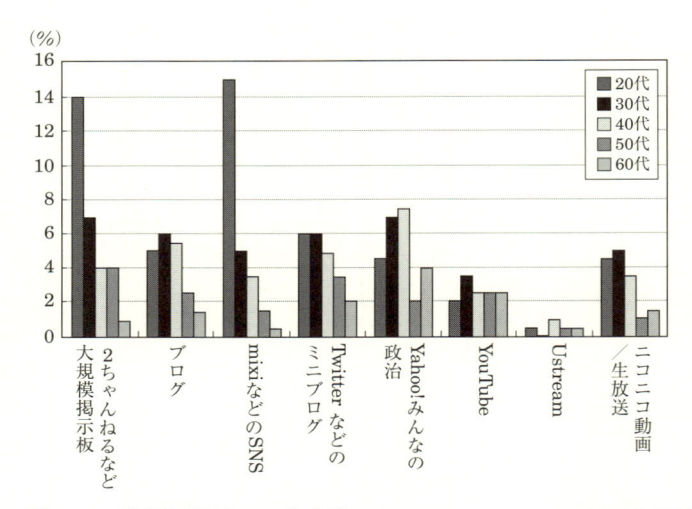

図 6-34 選挙情報源として若者層ではソーシャルメディアの人気が圧倒的
（％，データ出所：「間メディア調査 2010」）

れは他のアジアパシフィック諸国を大幅に上回って」おり，世界の「ブログ大国」となっている．また，「2010年4月時点でのTwitterのリーチは日本では16％，対してアメリカでは10％（アクティブ・インターネットオーディエンスに占める比率）」で，日本はアメリカを上回っている．

選挙とは関係ないが，Twitter公式ブログ（http://blog.twitter.jp/2010/06/2.html）によると，6月のFIFAワールドカップ日本対デンマーク戦で日本が3－1で勝利した直後の秒間ツイート数は，NBA優勝決定戦でロサンゼルス・レイカーズがボストン・セルティックスを破ったときよりも上回り，秒間ツイート数3,283の最高記録を更新したという．日本のソーシャルメディアもあなどれないのだ．

こうしてみれば，次の選挙では，日本でもネットが選挙活動の中心になるに違いない．

とはいえ，先にも述べたように，ネットだけが単独のメディアになって，テレビや新聞を駆逐するとは考えにくい．むしろさまざまな媒体が融合しつつ，新たな情報環境（間メディア社会）を創りだしていくのだろう．そのとき重要なのは，われわれの「リアル」をいかにコミュニケートするか，新しいメディア環境をいかにリアルな人間や生活と接続していくかにある．間メディア社会の政治はメディアを介したどぶ板政治なのかもしれない．

本章では，2010年の参院選を例に，メディアと選挙の関係について概観してきた．

ただし，メディアが変わったからといって，それだけで政治全体が変わるわけはない．また，いかなるメディアも，薬ともなれば，毒ともなる．メディアに振り回されるのではなく，メディアをうまく使いこなして，社会の「政治力」を高めること，それが重要だろう．

　また一方，有権者が情報の公開性を求めることは時代の趨勢でもある．

　2009年総選挙で政権交代を果たした民主党は，財源の確保のために行政刷新会議による「事業仕分け」を公開で行った．「事業仕分け」は手続きや判断についてさまざまな批判もあったが，世論調査では，その公開性が高く評価され，7割〜8割の支持を得た．

　ネットを媒介にした選挙活動は，必ずしもメリットばかりではないことは明らかであるが（対面，新聞，テレビなどによる選挙活動もまたさまざまな問題を含んでいることも忘れてはならない），すでにインターネットが埋め込まれてしまった社会においては，このメディアも含んだ〈社会〉における選挙活動を考えていくことが重要であろう．

終章

間メディア社会の
ジャーナリズムをもとめて

1.　はじめに

「NHK放送記念日番組」とネット上の「裏番組」——間メディア視聴の創発

　2010年3月22日にNHK総合で放送された「NHK放送記念日番組」は，メディアの今後について，それまでになかった方向性を提示した．『激震 マスメディア——テレビ・新聞の未来』というタイトルのこの生討論番組[1]では，画期的な仕掛けとして，番組のTwitterにリアルタイムで寄せられるコメントやメールを随時紹介し，視聴者を巻き込みつつ議論を進めた．Twitterやメールのコメントは数万に及んだ．
　さらに，この番組放送中に，Ustreamでは『激笑 裏マスメディア——テレビ・新聞の過去』という同時生討論番組が流され，2ちゃんねるでも数多くの実況スレが立った．テレビの生討論と，Ustreamの裏生討論と，2ちゃんねるやブログなどを同時並行的に視聴し，書き込みをしたりしていた視聴者も多かった．期せずして，まさに「間メディア」的なメディア利用の形態が創発的に浮上してきたといえる．
　このあと，『新週刊フジテレビ批評』や『ドキュメンタリ宣言』（テレビ朝日）などもTwitterを特集し，テレビ放送とネットとを融合させたコミュニケーションの可能性をさぐった．NHKもその後，『日本の，これから』（2010年5月6日放送）などの参加型討論番組で，当然のようにTwitterの併用を行うようになりつつある．

「事業仕分け」のネット公開——「誰でも双方向メディア」の進展

　政府の側からも新しい動きが始まっている．たとえば，経済産業省によるIT政策に関する意見募集サイト「経済産業省アイディアボックス」(http://www.meti.go.jp/policy/it_policy/e-meti/ideabox_syokai.html, 2010年2月23日～3月15日開設) や，文科省による教育問題に関する意見募集サイト「文科省政策創造エンジン　熟議カケアイ」(http://jukugi.mext.go.jp/, 2010年4月17日開設) などである．

　歴史的政権交代後に鳩山政権が打ち出した国民との対話のかたちとして，最も話題を呼んだのは，行政刷新会議による事業仕分けであろう．2009年11月に行われた最初の仕分けではすべての模様が政府のインターネットTVで生中継された．

　しかも，さらに興味深かったのは，この場に自らPCを持ち込んで，事業仕分けをUstreamで「ダダ漏れ」(完全生中継) する私的な試みがあったことである．これが注目されたことから，2010年4月の第二回事業仕分けでは，政府は事業仕分けを完全生中継する民間インターネット事業者を公募した．最終的に5事業者がTwitterなどのソーシャルメディアと連動した完全生中継を行い，多くのアクセスと書き込みを集めた．

　こうした動きは，誰もが一次情報の発信者になれる点，そして，誰もがその一次情報の現場に居合わせているかのような感覚 (共在感覚) を共有しつつ，広域的な人びとと意見を交換することができる場 (小公共圏) を開いたという点で画期的である．

　2010年7月の参議院選では，本書で見てきたように，ネットとマスメディアとの相互交流的な〈小公共圏〉群の重要性はさらに増しつつある．こうした潮流の中で，「ジャーナリズムはいかにあるべきか」という問いが大きくクローズアップされている．

2.　メディアの現状——希少性という〈価値〉の喪失

希少性の消滅

　かつて，人びとの情報源は，ほぼ新聞とテレビで占められていた．新聞やテレビは，一種の装置産業 (すなわち大資本が必要) でもあり，電波の希少性問題もあり，特権的な立場を占めていた．だが今日，デジタル技術の発展により，情報のチャネルは多様化 (テレビもまたBSなど，チャネルを増加させている) し，また，情報発信の費用も低下した．したがって，希少性を根拠として，多くの人びとの支持を集めることができにくくなっているのが現代である．

　たとえば，図7-1は，国民的番組とさえ呼ばれる大晦日の紅白歌合戦の視聴率推移で

ある．1960年代から80年代半ばまでは，まさに「国民的番組」の名のとおり，70～80％という驚異的視聴率で推移している．しかし，その後，視聴率はつるべ落としに下がって，90年代は40～50％と，それ以前に比べて30％程も低い水準で推移した．さらに2000年代に入るとまた視聴率は10％程度水準を落とし，30～40％となっている．これは紅白歌合戦だけの問題ではなく，ほとんどすべてのテレビプログラムが，かつてのようには高い視聴率をとれなくなっている．

図 7-1　紅白歌合戦視聴率推移
（データ出所：ビデオリサーチ，http://www.videor.co.jp/data/ratedata/program/01kouhaku.htm）

視聴行動の変化

こうした流れにも現れているように，すでに第4章でも触れたが，近年，マスメディアの重要性・信頼感が揺らぎつつある．特に若年層では，マスメディアの脱権威化が進行している．場所や時間などさまざまな制約のあるマスメディア視聴よりも，いつでもどこでもインターネットや携帯から情報取得が可能になっているからである．しかも，ネットや携帯では，受信だけではなく，発信，コミュニケーションもできるのである．

視聴時間などは全体としては大きくは変化していないが，若年層と高年齢層の間でのギャップは大きい（高年齢層のマスメディア依存，若年層（20代）のマスメディア離れ）．ここであらためてデータからその動向を確認しておこう．

マスメディアは健在か――潜行する潮流

まず，図7-2を見ていただきたい．この図は，筆者も参加しているWIP（World Internet Project）[2]日本調査の2000年，2005年，2008年，2010年調査の結果による，各メディアの利用率・信頼度の推移である．これらによれば，利用率，信頼度とも，インターネットが急速に向上している．他方，新聞の利用率およびテレビの信頼度は微減している．とはいえ，それはきわめてゆっくりとした動きである．テレビの利用率や新聞の信頼度はほとんど変わっていない．すなわち，たしかにインターネットの存在感が増しているが，マスメディアも十分健在である，といえるのではないだろうか？

利用率推移（％）

	WIP2000	WIP2005	WIP2008	WIP2010
テレビ	98.4	98.4	98.7	98.3
新聞	88.7	80.9	77.0	73.7
インターネット	33.1	46.8	62.5	84.2

信頼度推移（％）

	WIP2000	WIP2005	WIP2008	WIP2010
テレビ		53.9	52.3	49.7
新聞		70.8	61.3	69.1
インターネット	15.9	17.3	20.2	32.6

インターネットは増大しているが，新聞・テレビもあまり減少していない！？

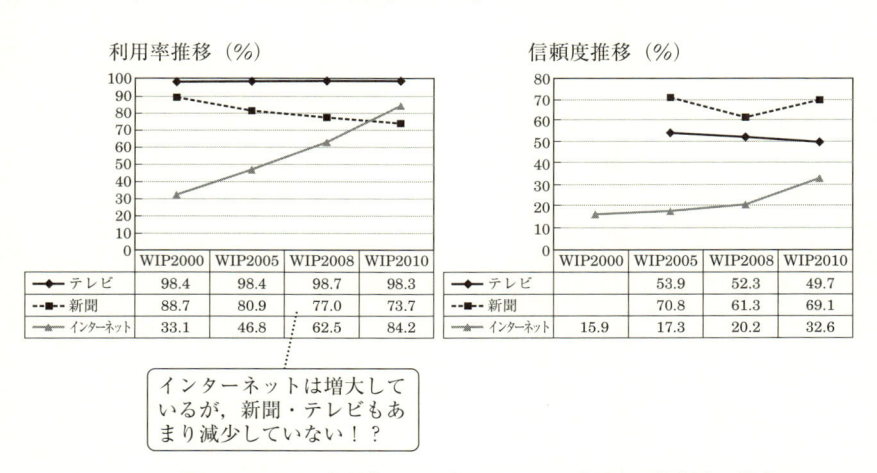

図7-2 WIP日本調査にみる各メディアの利用率・信頼度の推移

同様のデータはほかにもある．図7-3はWIP日本調査にみる各メディアの情報源／娯楽源としての重要度の推移である．ここでも，情報源としても娯楽源としても，インターネットの存在感はたしかに高まっているが，テレビや新聞はほとんど変化がない．結局，大きな目で見れば，既存マスメディアの存在感は堅固であるといえるのだろうか．

情報源としての重要度推移（%）

	WIP2000	WIP2005	WIP2008	WIP2010
テレビ	89.1	91.7	88.4	88.0
新聞	86.4	86.1	75.6	88.8
インターネット	27.4	39.5	52.3	54.9

娯楽源としての重要度推移（%）

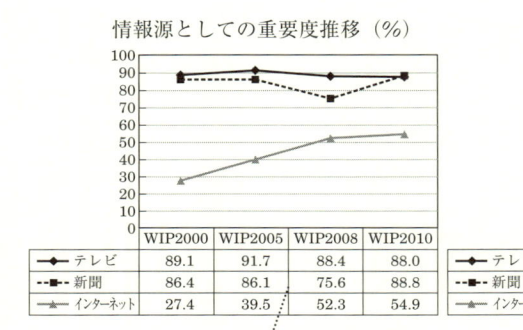

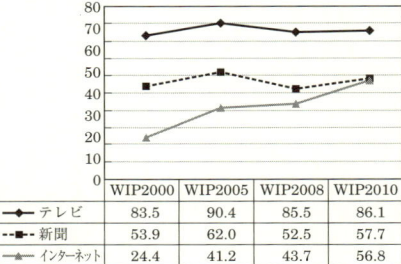

	WIP2000	WIP2005	WIP2008	WIP2010
テレビ	83.5	90.4	85.5	86.1
新聞	53.9	62.0	52.5	57.7
インターネット	24.4	41.2	43.7	56.8

インターネットは増大しているが，新聞・テレビもあまり減少していない！？

図 7-3 WIP日本調査にみる各メディアの情報源／娯楽源としての重要度の推移

年代というマジック

だが，この疑似安定的な状況は，「年代」という要素を入れることによって大きく様相を変える．

図7-4は，2010年に実施したWIP日本調査による年代別メディア利用率であるが，40代～50代で，新聞とインターネットの利用率が大きく交差している．10代，20代の若年層では，新聞を購読しているのは40％程度まで落ち込み，かわりにインターネット利用者は100％近くなっていることがわかる．ここから予想されるのは，これまで高年齢層が支えていた新聞メディアは，世代交代が進むことによってドラスティックに影響力を低下させ，反対に，インターネットのメディアとしての力が急激に大きくなる，ということである．

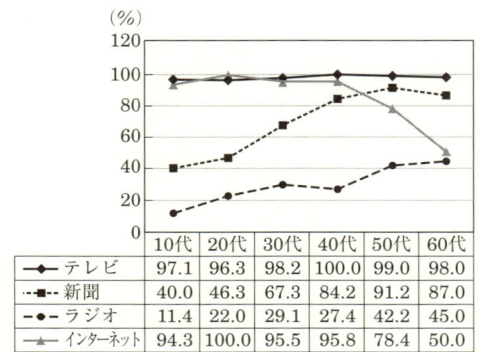

(%)	10代	20代	30代	40代	50代	60代
テレビ	97.1	96.3	98.2	100.0	99.0	98.0
新聞	40.0	46.3	67.3	84.2	91.2	87.0
ラジオ	11.4	22.0	29.1	27.4	42.2	45.0
インターネット	94.3	100.0	95.5	95.8	78.4	50.0

図 7-4 2010年WIP日本調査年代別メディア利用率

同様のことは，図7-5，図7-6にもはっきりと現れている．図7-5は，「年代別情報源としての重要度」の経年推移であるが，インターネットの重要度が若年層に偏っていることは2000年から変わらないが，全年代を通じて年を追うにつれてはっきりと上昇し，2010年調査では，10代，20代で，新聞を追い越している．テレビの優位は変わらないようであるが，全体に下降傾向にある．図7-6は，「年代別娯楽源としての重要度」の

	10代	20代	30代	40代	50代	60代
テレビ	97.3	97.4	96.8	96.2	98.1	96.6
新聞	89.1	93.3	96.8	96.9	97.0	94.3
インターネット	56.5	57.8	48.5	41.3	32.2	21.3

2000年WIP(修)(全国調査)

	10代	20代	30代	40代	50代	60代
テレビ	96.2	95.5	94.9	91.2	96.5	93.6
新聞	52.2	60.9	76.5	77.4	85.9	84.4
インターネット	63.0	64.0	50.2	32.5	21.6	13.6

2000年WIP(修)(全国調査)

	10代	20代	30代	40代	50代	60代
テレビ	98.0	96.2	96.0	96.8	98.6	98.4
新聞	86.8	85.3	91.4	96.8	97.4	98.4
インターネット	71.1	74.5	66.8	67.3	50.0	30.7

2005年WIP(修)(全国調査)

	10代	20代	30代	40代	50代	60代
テレビ	98.0	95.2	96.7	95.1	97.1	97.0
新聞	45.8	53.2	74.7	84.2	92.2	94.3
インターネット	78.1	74.4	74.0	65.3	44.1	22.6

2005年WIP(修)(全国調査)

	10代	20代	30代	40代	50代	60代
テレビ	88.6	84.1	86.4	91.6	89.2	88.0
新聞	65.7	76.8	87.3	95.8	98.0	92.0
インターネット	82.9	81.7	81.8	65.3	57.8	33.0

2010年WIP(修)(全国調査)

	10代	20代	30代	40代	50代	60代
テレビ	88.6	87.8	83.6	78.9	87.2	90.0
新聞	22.9	28.0	58.2	61.1	72.5	75.0
インターネット	74.3	85.4	70.9	50.5	48.0	26.0

2010年WIP(修)(全国調査)

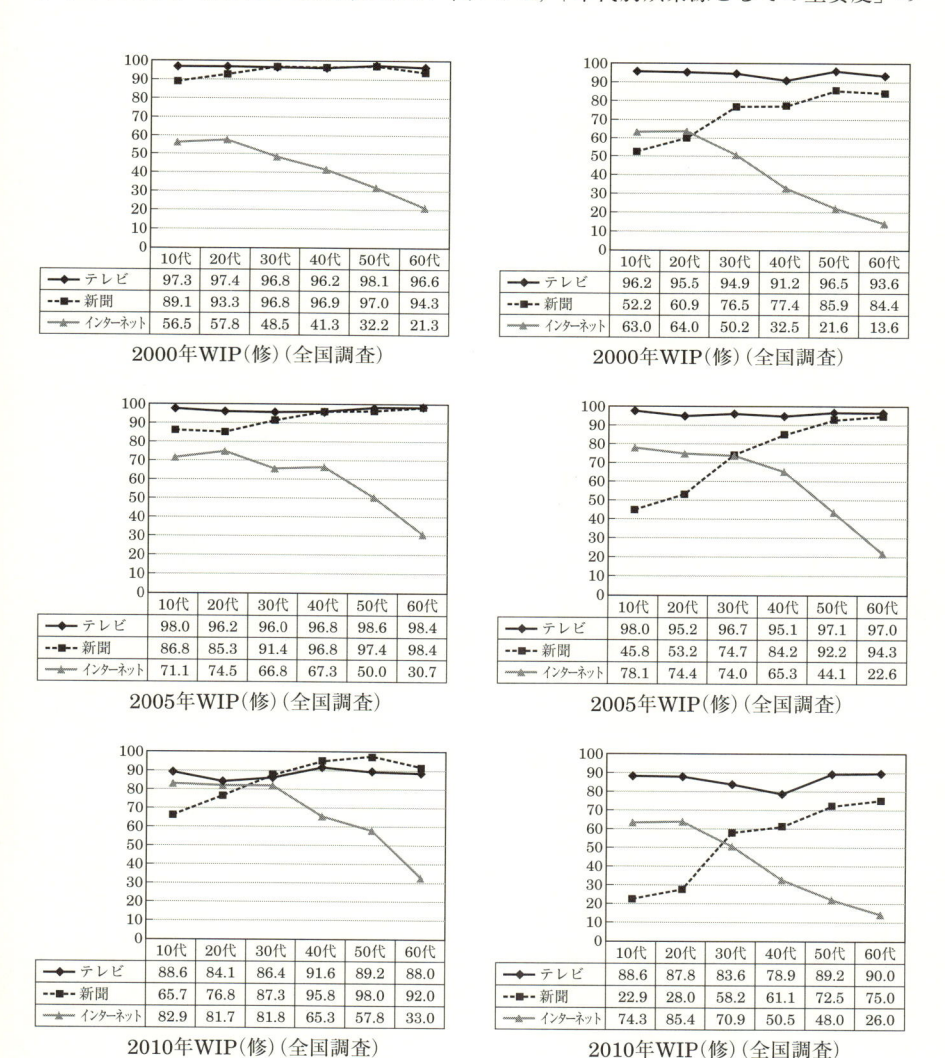

図7-5 情報源としての重要度[3]   図7-6 娯楽源としての重要度[3]

経年推移であるが，娯楽源としては，すでに2000年調査でも，10代，20代でインターネットが新聞を超えている．

結局，現時点で，既存マスメディアの力が変わらないように見えているのは，高年齢層の支持による部分が大きく，今後，メディア交代が急流のように起こる可能性が高い．

3.　マスメディアの公共性

問題の所在――公共性と営利性

しかし，人びとのメディア利用行動が変わることはなにか「問題」なのだろうか？

古代から現代まで，メディア技術は次々と進歩の階段を上ってきたし，人びとは新しい技術を歓迎したり危惧したりしつつも次々と使いこなしていき，その結果として現在のわれわれの社会があるといえる．

過去の時間は変更できない．したがって，いずれにせよ，われわれは現在の状態から考えなくてはならない．われわれの現在は，ある面では必然であったし，またある意味ではわれわれ自身の選択であった．とするならば，メディア利用の今後についても，賢しらな知恵を振りかざすよりも，Let It Be（あるがまま）に任せ，神の手にゆだねるのが，最適の解を導く方法であるかもしれない．すなわち，個々のメディア利用者の選択によるメディア変化をよしとするのも一つの態度である．

その一方，すでに本書で述べてきたように，メディアは人びとの世界認識を左右し，社会の動向に大きく影響する．すなわち，メディアはきわめて公共的な役割を担っている．「市場の失敗」という言葉があるように，公共性は，必ずしも，「自由放任」「市場原理」によっては担保されない，という主張もある．

こうしたことから，現代のメディア状況については，一方でメディアの公共性を維持しつつ，一方で新たなメディアの可能性を開く，という二つの課題をいかにして実現するか，という課題解決が求められているのである．

マスメディアの倫理

これまで，社会的コミュニケーションは，新聞，テレビなどの（既存）マスメディアにゆだねられてきた．繰り返し述べているように，社会的コミュニケーションは公共性の高いものであるため，新聞社やテレビ局は，高度の倫理を自らに課すことを宣言していた．表7-1は，新聞各社の倫理綱領またはそれに相当する宣言である．また，表7-2は，放送法に定められた，放送局が守るべき基本原則である．

いずれも，現代民主主義社会における言論の守るべきルールであり，必ずしも，マスメディア機関だけに限定されるものではないだろう．しかし，これまで，先にも述べた希少性の原理によって，独占的な特権を認められたマスメディア機関は，より厳しい自

表7-1　新聞各社の基本理念

新聞社	朝日新聞綱領	読売新聞社	日本経済新聞社基本理念
内容	一，不偏不党の地に立って言論の自由を貫き，民主国家の完成と世界平和の確立に寄与す． 一，正義人道に基いて国民の幸福に献身し，一切の不法と暴力を排して腐敗と闘う． 一，真実を公正敏速に報道し，評論は進歩的精神を持してその中正を期す． 一，常に寛容の心を忘れず，品位と責任を重んじ，清新にして重厚の風をたっとぶ． （1952年制定）	「当社の社論は　(1)市場経済原理を基本とする経済秩序を守る　(2)議会制民主主義を守る　(3)基本的人権を尊重する――の3点から構築されています．読売新聞は第二次大戦後終始一貫して，理想と現実を一致させつつ，国の繁栄と国民生活を向上させるための社論を提示しています．」 （http://info.yomiuri.co.jp/company/message/）	－ わたしたちの使命は，幅広い経済情報の迅速で的確な提供や中正公平，責任ある言論を通じて，自由で健全な市場経済と民主主義の発展に貢献することである． － わたしたちは，民主主義を支える柱である「知る権利」の行使にあたって，人権とプライバシーに最大限配慮しつつ，真実の追究に徹する． － わたしたちは，社会や市場経済を左右する情報に日々接し，発信する立場にあることを深く自覚し，法令の順守はもとより，常に国際的視野に立って良識と節度を持って行動する． － わたしたちは，力を合わせて創意工夫と精進を重ねて活力にあふれた組織を築き上げ，経営の独立，安定を維持する．

表7-2　放送法（昭和二十五年五月二日法律第百三十二号）
　　　　最終改正：平成二一年四月二四日法律第二二号

第一章　総則
（目的）
第一条　この法律は，左に掲げる原則に従つて，放送を公共の福祉に適合するように規律し，その健全な発達を図ることを目的とする．
一　放送が国民に最大限に普及されて，その効用をもたらすことを保障すること．
二　放送の不偏不党，真実及び自律を保障することによつて，放送による表現の自由を確保すること．
三　放送に携わる者の職責を明らかにすることによつて，放送が健全な民主主義の発達に資するようにすること．

己管理が必要ということである．裏を返せば，これらを遵守しないならば，公共性を基盤として与えられる特権に値しないことになる．

日本では，世界の他の国と比較して，マスメディアに対する信頼感が顕著に高い．日本国民は，新聞やテレビに対して高い公正性を期待しているのである[4]．

メディアは人びとの求める情報を提供したか
―― 2009年衆議院選挙と酒井法子事件

だが，現実には，マスメディアが公共性要件を満たしているか，疑問が生じる事件もある．たとえば，ジャーナリストとしてあるまじき行為（取材中にサンゴを傷つけた事件など）や，一般の倫理観に反するような番組（有害番組），偏った報道内容（報道バイアス），あるいは特定の事件について過剰な量の報道（過剰報道）を行うなどである．

事例として，第3章でも簡単に触れた酒井法子事件について，論じておきたい．2009年8月初旬，幼いころからアイドルとして幅広い人気を誇っていた酒井法子が，夫の覚醒剤取締法違反による逮捕後，行方不明になったことで，マスメディアはこの事件を集中的に追うようになった．この時期は，ちょうど，「政権選択」選挙といわれた総選挙の最中であったが，とくにテレビ報道は，選挙を忘れたかのように，酒井事件を大きくクローズアップした．

図7-7は，2009年衆議院選挙期間中の報道量推移を比較したものである．テレビ報

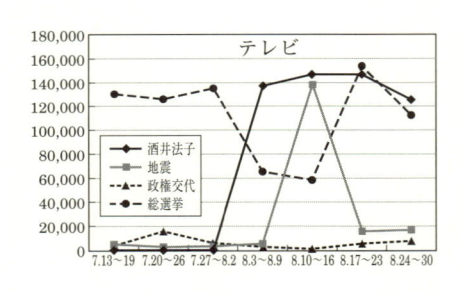

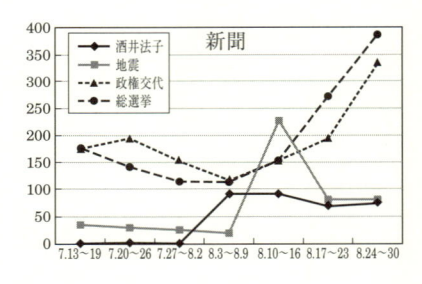

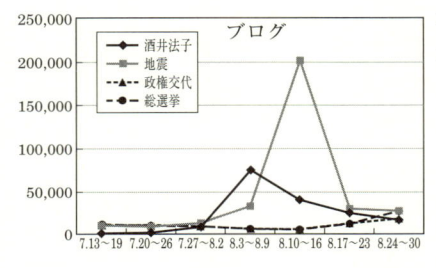

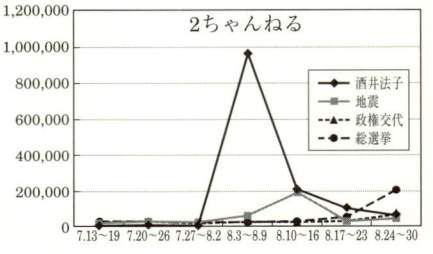

図7-7 2009年衆議院選挙期間中の報道量推移比較

道では，酒井事件の勃発とともに，選挙関連ニュースの量が激減していることがわかる．

このような報道量のあり方について，「酒井事件の方が視聴率がとれる．視聴率がとれるということは，視聴者のニーズはそちらにあるということだ」といった弁解がしばしばなされる．しかし，2009年9月1日に著者らが行った「間メディア調査 2009」の結果（図7-8参照）によれば，酒井法子事件（や，同時期に起こった押尾学事件）に対する一般の関心は，それほど高くはない．一時的に視聴率が上がったからといって，それが公益に資する報道であるとは限らないのである．

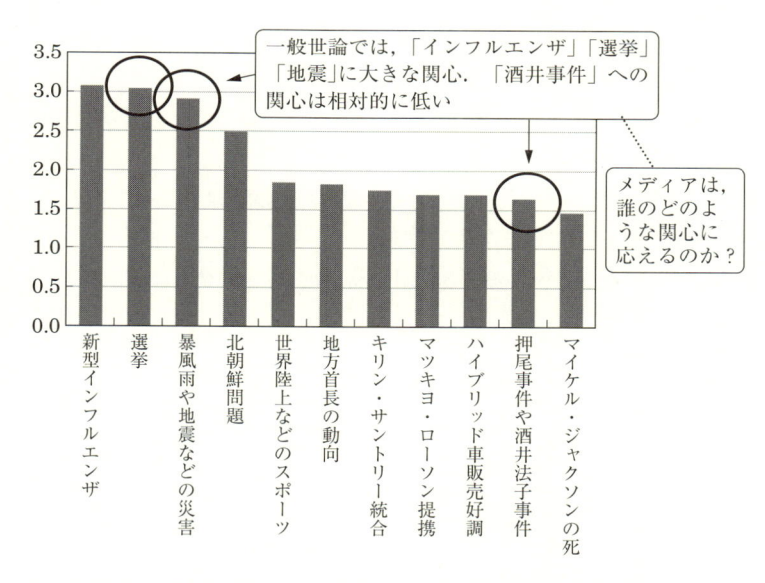

図 7-8 「あなたにとって重要な事件は？」に対する回答（複数）
（データ出所：「間メディア調査 2009」）

グラフ内吹き出し：
- 一般世論では，「インフルエンザ」「選挙」「地震」に大きな関心．「酒井事件」への関心は相対的に低い
- メディアは，誰のどのような関心に応えるのか？

グラフ項目（左から）：新型インフルエンザ，選挙，暴風雨や地震などの災害，北朝鮮問題，世界陸上などのスポーツ，地方首長の動向，キリン・サントリー統合，マツキヨ・ローソン提携，ハイブリッド車販売好調，押尾事件や酒井法子事件，マイケル・ジャクソンの死

4.　マスメディア産業の経営悪化

日本のマスメディア各社の業績悪化

こうした問題の背景に，マスメディア各社の経営悪化があるという議論をよく聞く．

表7-3は，主要テレビ局の2010年3月期業績（前年比）を示したものである．フジテレビを除く4局は，売上高を前年より大きく減らしている（利益が上がっているのは，

表 7-3 主要テレビ局の2010年3月期業績(前年比)
(http://www.garbagenews.net/archives/1393926.html)

	売上高前年比	経常利益前年比	純利益前年比
日本テレビ放送網 (9404)	−8.5%	67.5%	195.2%
TBS (9401)	−5.7%	−80.5%	−239.8%
フジ・メディアHD (4676)	3.6%	−46.1%	−55.0%
テレビ朝日 (9409)	−6.9%	153.8%	276.2%
テレビ東京 (9411)	−11.5%	45.6%	158.7%

本業以外の収益による).フジテレビは,売上高はほぼ前年並みであるものの,利益は大きく前年割れしている.

また,図7-9は新聞三社の2009年3月期決算である.いずれの新聞も10%前後売上高を減らしていることがわかる.

図7-10は,新聞発行部数推移である.長期低落傾向にあることは明らかである.

新聞三社の売上高・販管費の前年比

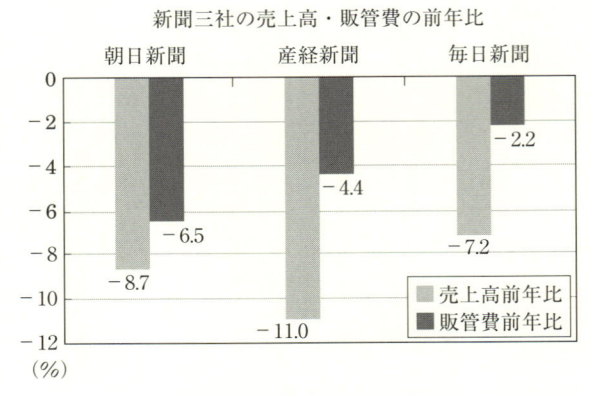

	朝日新聞	産経新聞	毎日新聞
売上高前年比	−8.7	−11.0	−7.2
販管費前年比	−6.5	−4.4	−2.2

図 7-9 2009年3月の各社業績
(http://www.garbagenews.net/archives/824612.html)

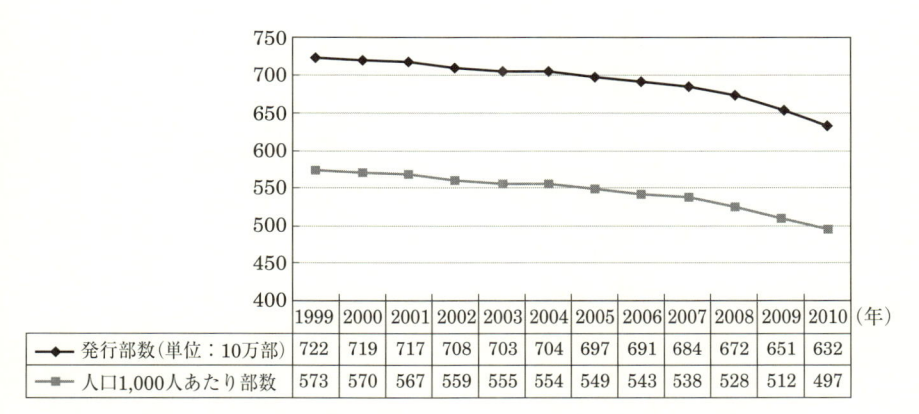

	1999	2000	2001	2002	2003	2004	2005	2006	2007	2008	2009	2010 (年)
発行部数(単位：10万部)	722	719	717	708	703	704	697	691	684	672	651	632
人口1,000人あたり部数	573	570	567	559	555	554	549	543	538	528	512	497

図 7-10　新聞発行部数推移（各年10月，日本新聞協会経営業務部調べ，http://www.pressnet.or.jp/data/circulation/circulation01.html，2011.2.12閲覧）

企業／産業としてのマスメディア——悪化する経営

　マスメディアは公共的な存在であるとはいえ，同時に，経済主体である．利益が上がらなければ立ち行かないのは，一般企業と同様である．
　なぜこのような経営悪化が起こっているのか．
　第一に，先にも述べたように，メディアの多様化によって，情報の希少性が失われ，これまで独占的に情報の流通に携わってきたマスメディア産業の役割が相対的に縮小した．この結果，視聴者離れ，購読者離れといわれる現象が，長期的に進行している．
　第二に，これまでのメディア産業は，基本的に広告収入に基盤をおいていた．しかし，①視聴者離れ，購読者離れは，広告主に，マスメディアへの出稿の広告効果に疑いをもたせる，②長引く不況で，広告主自体が経営悪化に苦しんでおり，広告費も削減する傾向にある，③相対的に広告費が安くすむネット広告へと媒体移行が進んでいる（表7-4），などの複合的な理由によって，広告収入が減少している．
　第三に，全国規模のマスメディアは，一種の装置産業であり，莫大な設備と人材を抱えている．これはきわめて高コスト体質であることと同義であり，また，システムの変更が困難な体質であるともいえる．
　こうした構造的な問題によって，既存マスメディアは，現在，必然的に経営悪化に苦しむことになっている（表7-3，図7-9）．

表 7-4 媒体別広告費の推移

広告費 媒体	広告費（億円）			前年比（％）		構成比（％）		
	2007年（平成19年）	2008年（20年）	2009年（21年）	2008年（平成20年）	2009年（21年）	2007年（平成19年）	2008年（20年）	2009年（21年）
総広告費	70,191	66,926	59,222	95.3	88.5	100.0	100.0	100.0
マスコミ四媒体広告費	35,699	32,995	28,282	92.4	85.7	50.9	49.3	47.8
新　　聞	9,462	8,276	6,739	87.5	81.4	13.5	12.4	11.4
*雑　　誌	4,585	4,078	3,034	88.9	74.4	6.5	6.1	5.1
ラ ジ オ	1,671	1,549	1,370	92.7	88.4	2.4	2.3	2.3
テ レ ビ	19,981	19,092	17,139	95.6	89.8	28.5	28.5	29.0
衛星メディア関連広告費	603	676	709	112.1	104.9	0.8	1.0	1.2
インターネット広告費	6,003	6,983	7,069	116.3	101.2	8.6	10.4	11.9
媒　体　費	4,591	5,373	5,448	117.0	101.4	6.5	8.0	9.2
*広告制作費	1,412	1,610	1,621	114.0	100.7	2.0	2.4	2.7
プロモーションメディア広告費	27,886	26,272	23,162	94.2	88.2	39.7	39.3	39.1
*屋　　外	4,041	3,709	3,218	91.8	86.8	5.8	5.6	5.4
*交　　通	2,591	2,495	2,045	96.3	82.0	3.7	3.7	3.4
*折　　込	6,549	6,156	5,444	94.0	88.4	9.3	9.2	9.2
*Ｄ　　Ｍ	4,537	4,427	4,198	97.6	94.8	6.5	6.6	7.1
*フリーペーパーフリーマガジン	3,684	3,545	2,881	96.2	81.3	5.2	5.3	4.9
Ｐ　Ｏ　Ｐ	1,886	1,852	1,837	98.2	99.2	2.7	2.8	3.1
電 話 帳	1,014	892	764	88.0	85.7	1.4	1.3	1.3
展示・映像他	3,584	3,196	2,775	89.2	86.8	5.1	4.8	4.7

（注）2007年に「日本の広告費」の推定範囲を2005年に遡及して改訂した．(*印が改訂したもの)
出典：電通「2009日本の広告費」
　　　(http://www.dentsu.co.jp/news/release/2010/pdf/2010020-0222.pdf)

二種類の問題群の相互関係

　経営の悪化と公共性の低下が負のフィードバックループを構成していることは明らかだろう．経営が悪化すれば，①低コストでの番組／記事制作，②視聴率／販売部数至上主義，③広告料の増大，などが図られる．結果として番組／記事の質が低下し，マスメディアの公共性が低下する．その結果，マスメディアに対する信頼感が失われるとともに，視聴者や購読者が減少する．その結果，売上が減少し，広告主離れも進んで，経営が悪化する（図7-11）．
　まさに，マスメディアにとって負のスパイラルが，今進行しているのである（もちろん，すべてのマスメディアがこのスパイラルに入っているわけではないと思うが）．

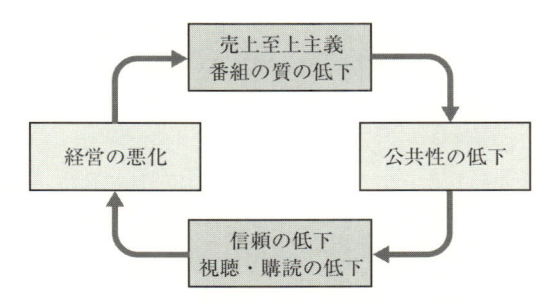

図 7-11　経営の悪化と公共性の低下が負のフィードバックループ

既存マスメディアのオンライン化

このジレンマから抜け出るための一つの方法として，既存マスメディアのオンライン化も進んでいる．現在ではほぼすべての新聞社，テレビ局が，自社サイトを開いている（図7-12）．それだけでなく，YouTubeやFacebook，Twitterなどのソーシャルメディ

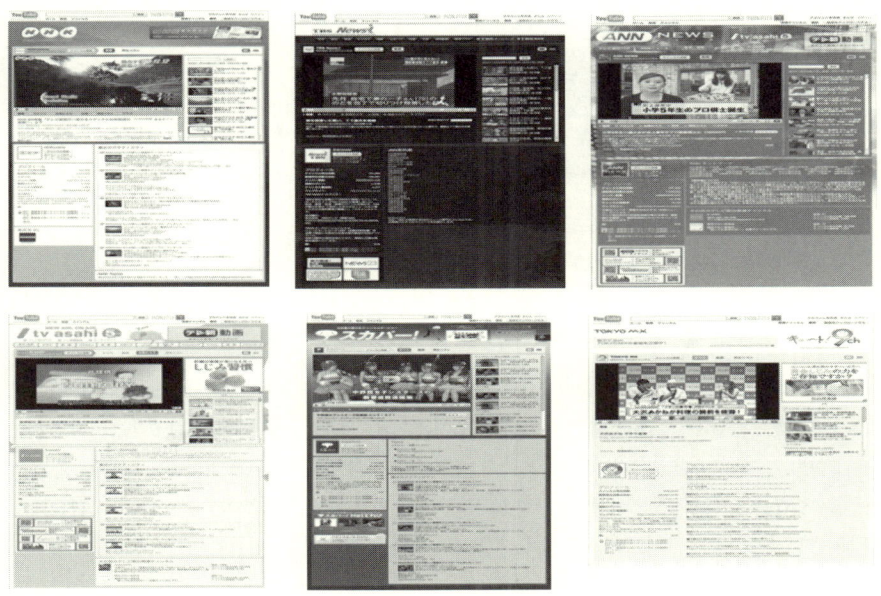

上段 左より
NHKonline（http://www.youtube.com/user/nhkonline）
TBS News-I（http://www.youtube.com/user/tbsnewsi）
ANN NEWS（http://www.youtube.com/user/ANNnewsCH）

下段左より
tv asahi（http://www.youtube.com/user/tvasahi）
スカパー！（http://www.youtube.com/user/skyperfectv）
TOKYO MX（http://www.youtube.com/user/tokyomx）

図 7-12　YouTube上の日本のテレビ局のチャンネル

アを，新たな情報発信の場としているマスメディアも少なくない．

　第1章でも述べたように，とくにアメリカではこの動きが進んでおり，厚みのある報道が，ネット上で得られるようになっている．

　ただし，オンライン情報発信もそれなりのコストがかかる（このコストが，さらに既存マスメディアの経営を圧迫する場合もある）．むしろ積極的に，電子版を有料化することで，将来に向けての活路を見出そうとするマスメディア社もある．たとえば，ニューヨークを拠点とする日刊紙ウォール・ストリート・ジャーナルは早くからオンライン版の有料化に取り組んで，成功を収めている．こうした動きは他紙にも拡大しつつあり，フィナンシャル・タイムズや英タイムズも有料化を進めている．

左より
The New York Times（http://www.youtube.com/user/thenewyorktimes）
TIME.com（http://www.youtube.com/user/TimeMagazine）
The Wall Street Journal（http://www.youtube.com/user/WSJDigitalNetwork）
POLITICO（http://www.youtube.com/user/thepolitico）

図 7-13 YouTube上のアメリカの新聞社のサイト

　日本では，2009年12月に，オンラインのウォール・ストリート・ジャーナルがサービスを開始したが，これも有料を基本としている．また，2010年3月からは，日本経済新聞社が，会員制の月額課金型ニュースサイト「日本経済新聞 電子版」を開始した．

　テレビも，有料のビデオオンデマンド・サービスが各種試みられている．NHKは2008年12月から，有料の「NHKオンデマンド」を提供している．

既存マスメディアの撤退

　このようにさまざまな試みはあるものの，現時点では成功している例は多くない．
　アメリカでは，廃業するマスメディアが増大しており，その前段階としてのジャーナ

リストのリストラも進んでいる．

　図7-14は，Erica Smithというジャーナリストが，アメリカ国内での新聞社の廃業やジャーナリストのリストラに関する統計を公表しているサイトのものである．これによれば，アメリカでは，2007年から2009年までに149社の新聞社が廃業に追い込まれている．しかも，アメリカで活字メディアに関する専門紙であったEditor&Publisher紙までが，2009年12月31日をもって休刊を余儀なくされた．

図 7-14　2007年～2009年までにアメリカで紙媒体での発行をやめた新聞社は149社にのぼる
（http://newspaperlayoffs.com/maps/closed/）

　日本でも，2009年11月26日，毎日新聞は2010年4月から58年ぶりに共同通信社に復帰加盟することを発表した．

5.　旧来ジャーナリズムと新興ジャーナリズム

新しいジャーナリズムのかたち

　2008年，アメリカではオバマ選挙にわいていた．
　オバマ選挙のもう一つの話題は，新しいジャーナリズムのかたちだった．
　その代表が，Huffignton Post（図7-15）とPolitico（図7-16）だった．
　近年，こうした新しいタイプのジャーナリズムが次々と登場している．その代表的なものを表にまとめたのが，表7-5である．これらに共通するのは，①創設者の強いジャーナリスト精神に支えられている，②既存マスメディア企業と異なり組織がきわめて小さい，③既存マスメディアのオンラインサイトとは異なり，最初からインターネットに

適合した構成（画像や動画の多様，ブログ形式など）をとっている，などの特徴である．いわば，既存マスメディアがインターネットという新しい洋服に無理矢理身体を合わせようとしているように見えるのに対して，新しいネット・ジャーナリズムは，「デジタル・ネイティブ」な自由さを持ち合わせているように見える．

表 7-5　アメリカにおける新しいジャーナリズムの形

	Huffington Post	Politico	Drudge Report	ProPublica
創設	2005年5月9日	2007年1月23日	1996年，週刊の電子メールニュースレターとして開始	2007年10月
創設者	アリアナ・ハフィントン	ロバート・アルブットン	マット・ドラッジ	ウォールストリート・ジャーナルの元編集局長
タイプ	各種ニュースサイトからのアグリゲーター＆論説ブログ	政治系新聞	政治系ニュースアグリゲーターサイト	調査報道（記事を無料配信する非営利組織）
	リベラル系		保守系	銀行家による寄付
財務	2009年黒字化	2009年黒字化		
社員数	89人（2009）	77人		記者32人
その他		オンライン＋紙媒体，無料＋有料など，さまざまな形態で提供		2010年ピューリツァー賞　受賞

図 7-15　Huffington Postのトップページ
（http://www.huffingtonpost.com/，左：2005.5.14時点，右：2010.2.1時点）

5. 旧来ジャーナリズムと新興ジャーナリズム　229

図 7-16　Politico のトップページ
（http://www.politico.com/，左：2009.11.30 時点，右：2010.2.1 時点）

図 7-17　Drudge Report
（http://www.drudgereport.com/，2010.2.1 時点）

図 7-18　Propublica
（http://www.propublica.org/，2010.4.27 時点）

User Generated Journalism――ブログ，SNS，Twitter，Facebook

ジャーナリズムの形式をとらなくても，個々人の意見吐露や日常観察が，結果として，ジャーナリズムの役割を果たす場合もある．

とくに近年人びとを夢中にさせているソーシャルメディア――ブログ，動画サイト，SNS，Twitterなどは，多くの人びとの個人的な意見や観察が集積されることによって，自律的に全体状況の見取り図を描き出す．たとえば，Twitterのタイムライン（自分がフォローしている人びとのつぶやきが時系列に表示される画面）をぼんやり見ていると，「雨が降り出した」とか「電車が遅れている」などのつぶやきが勝手に流れてきて，デスクの前に座ったまま，外界の変化が感知できるのである（日常的な事柄だけでなく，エジプト革命の動向などもこうして伝わってくる）．しかも，伝わってくる情報は，それを見る人間の個人的な志向性によって異なる（フォローする相手が異なるため）．ソーシャル・メディアは，いわばUser Generated Journalism（利用者たちによって創り出されるジャーナリズム）とも呼ぶべき機能を果たしているといえるかもしれない．

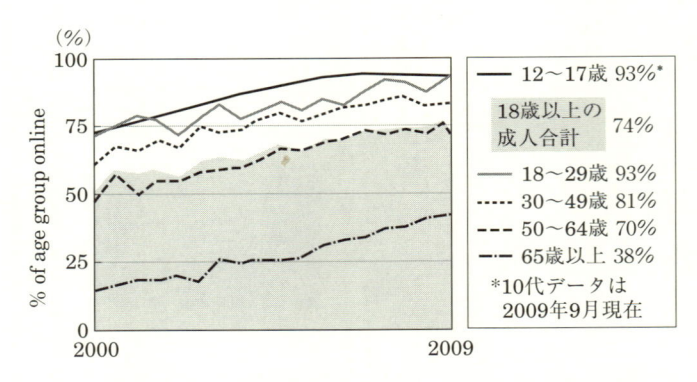

図7-19 アメリカの年代別インターネット利用率（Feb 3, 2010）
（http://pewinternet.org/Infographics/2010/Internet-acess-by-age-group-over-time.aspx）

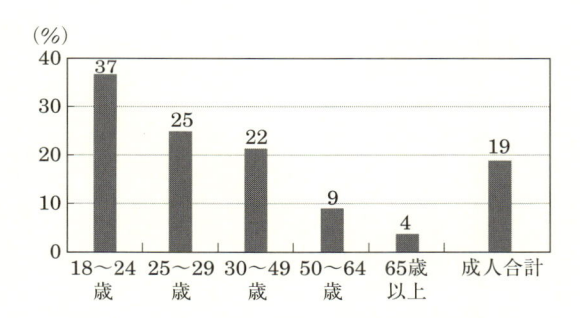

図 7-20 アメリカの年代別Twitter利用率
(http://pewinternet.org/Reports/2010/Social-Media-and-Young-Adults.aspx)

6. 変わる政治発信——ジャーナリズムの中抜き

変化は別の方向からも起こっている．

選挙報道の変化は，既存の報道機関の変化にとどまらない．

メディアの多様化にともなって，政党や立候補者などの政治的主体が，自ら，さまざまな形で，一般の人びとに情報発信を試みている．

首相からの手紙

その最も先端的なパフォーマーがオバマ大統領である．アメリカに比べて，メディアに警戒的な日本の政治家たちも，近年では積極的に方法を模索しはじめている．

2000年に圧倒的な人気で首相になった小泉純一郎は，内閣発足後すぐに，メールマガジンの発行を宣言した．登録読者数は一時200万人を超えるほどだった．

内閣メルマガはその後も安倍，福田，麻生，鳩山内閣へと継承された[5]．

2009年に政権の座についた民主党の鳩山首相は，さらに，「鳩cafe」というブログ（図7-21）と「hatoyamayukio」名義のTwitterも始めた．鳩山は，これらを「自分で書き，自分で読む」と宣言した．2010年5月22日には，フォロワー数は620,811人に達し，それまで日本でのフォロワー数1位であったガチャピンを抜いて，日本1位となった[6]．

2010年に首相になった菅直人氏は，2010年11月18日から「KAN-FULL BLOG」というブログを開設した（図7-22）．

（http://hatocafe.kantei.go.jp/，2010.1.4閲覧）　　（http://kanfullblog.kantei.go.jp/，2011.2.14閲覧）

図 7-21　鳩山首相のブログ　　　　　　　　図 7-22　菅首相のブログ

官邸サイト，政党サイトの変化

　それ以前から，アメリカのホワイトハウスサイトと同様の官邸サイトは開設されていた．図 7-23 は，その変遷を示したものだが，どんどん洗練されていっているのがわかるだろう．情報量も増えている．首相の主要な演説は，過去にさかのぼって随時見ることができる．官邸サイトは，アメリカのホワイトハウスサイトに比べて，情報量の面でも記録性の面でもいまだかなり見劣りするが，今後の充実に期待したい．
　内閣だけでなく，政党も，ネットメディアを活用した情報公開にますます努力してほしいものである．

6. 変わる政治発信　233

（1999.2.24時点）　　　　　　　　　（2007.9.22時点）

（2009.8.16時点）　　　　　　　　　（2009.11.8時点）

図 7-23　官邸サイトの変化

図 7-24　民主党・自民党の公式サイト（2009.12.13時点）

行政の変化

　行政もまた，ソーシャルメディアを用いて，変化しつつある．

　たとえば，経産省は，2010年2月16日，インターネット上で国民からIT政策のアイディアを募集する日本初の国民参加型ネット審議会「アイディアボックス」を公開した（図7-25）．特定の政策に関する「アイディアボックス」は期間限定であるが，次々とさまざまな政策課題に関する「アイディアボックス」が公開されている．

　また文科省も，2010年2月から「政策創造エンジン 熟議カケアイ」を創設している（図7-26）．

図 7-25　経産省アイディアボックス
（http://open-meti.go.jp/，2010.2.18時点）

図 7-26　文科省 熟議カケアイ
（http://jukugi.mext.go.jp/，2010.9.9時点）

政治的発信媒体，発信主体の多様化

　政治的媒体の発信主体も多様化している．国政にかかわることは，内閣の公式サイトが，動画も含め，多くの情報を発信している．

　しかし最近は，その他，さまざまな組織が情報発信を試みている．

　たとえば国会審議については，従来，生放送はほとんどNHKによってになわれていたが，現在は，国会（衆議院と参議院）自身によって，インターネット生放送が行われている（図7-27，図7-28）．

（http://www.shugiintv.go.jp/jp/index.php,2010.2.5時点）　（http://www.webtv.sangiin.go.jp/webtv/infrx.php,2010.2.5時点）

図7-27　衆議院と参議院のインターネット中継

図7-28　国会TV（http://kokkai.jctv.ne.jp/homepage_new/index.html，2010.2.5現在）

インターネットによる政治的イベントの生中継
―― ニコ生，Ustream，ビデオニュース・ドットコム

こうした公式の機関だけでなく，もっと個人的な組織，あるいは本当に個人が，政治的なイベントを生中継することも，さかんに行われるようになってきた．

第4章に述べた，2010年の事業仕分けの生中継は，その先駆的，かつ典型的な例であった．それ以後，あらゆる政治的イベントが，こうした形で公開されるようになりつつある．

たとえば，2010年9月1日，民主党代表選挙の公開討論会が行われたが，その模様は，NHKとフジテレビで生中継されたほか，民主党（スタジオ民主なう），「ビデオニュース・ドットコム」Ustream支局，ニコニコ生放送などで生中継された（図7-29）．こうした試みの視聴者数は，認知度が高まるにつれて増加傾向にある（表7-6）．

視聴者の間で，コメントを交換しながら見ることができるのも魅力とされている．

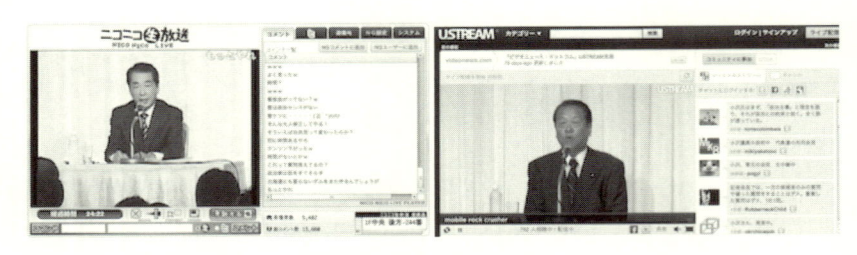

図7-29　民主党代表選討論会生中継（2010.9.1，16:00～17:07）
（左上：ニコニコ生放送，右上：「ビデオニュース・ドットコム」）

表7-6　2010年9月1日民主党代表選挙の公開討論会のオンライン生放送視聴者数

経過時間	スタジオ民主なう[7]	「ビデオニュース・ドットコム」Ustream支局[8]	ニコ生[9]（累計視聴者数）	ニコ生コメント（累計コメント数）
16:11	364	915		
16:20	320	1,373	5,149	
16:35	587	2,786	6,493	
16:50	701	3,610	8,913	
16:55	763	3,833	17,989	32,604
17:00	829	3,900	24,677	38,939
17:05	808	3,998	24,626	37,088
17:07	811	3,997	24,677	38,939

寄付と運動

　こうした動きと関連して，第6章に述べた小口献金が，今後重要な社会的機能を果たすようになるかもしれない．一つには，すでにアメリカで実効力を示した選挙における，大企業と繋がらない政治家支援の方法として．第二には，広告依存型ビジネスモデルとは異なる有料オンラインジャーナリズムの構築のために．そして，第三には，自らの望む社会運動に対するピア・トゥ・ピアの寄付の手法として．

　たとえば，アメリカの非営利組織であるDonorsChoose.orgは，2000年ブロンクスの公立高校の教師によって創設された（図7-30）．この組織を通じて，人びとは公立学校で特定のプロジェクトに直接寄付することができる．2008年2月現在，20,000,000ドル以上が，1,100,000人以上の学生を支援する45,000のプロジェクトに寄付された[10]．

　こうした方法によって，普通の人びとが，直接，特定の政策をサポートすることができるようになると期待される．「日本には寄付文化がない」とよくいわれるが，必ずしも十分な根拠のある説ではない．2011年初頭，タイガーマスクを名乗る人びとが児童施設などへ寄付を行うできごとが相次いだ．日本社会にうまく適合する寄付システムが望まれる．

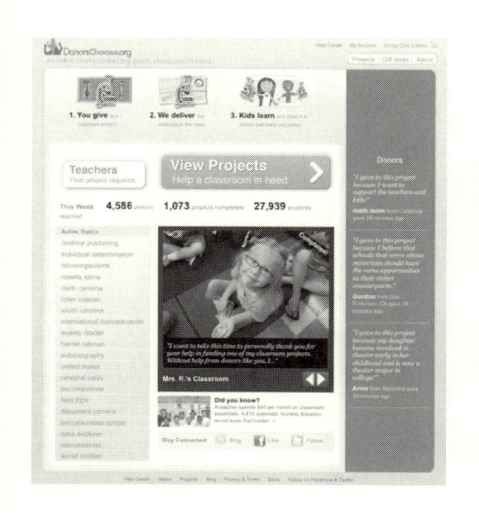

図 7-30　DonorsChoose.org（http://www.donorschoose.org/，2010.8.27時点）

7. 間メディア社会のジャーナリズム——ミクロのジャーナリズム，マクロのジャーナリズム，ミクロ－マクロのジャーナリズム

ネットの力を冷静に評価しよう——鳩山さんの失敗

　ネットメディアを組み込んだ間メディア社会の社会コミュニケーションを構想するには，ネットメディアのリテラシーをすべての人が共有することが必要である．
　その一方，ネットメディアの力を過剰に評価することも，失敗を招く．
　たとえば，一つの事例として，鳩山首相辞任の際に，こんな出来ごとがあった：突然の辞任発表直後の 2010 年 6 月 15 日，鳩山氏は自身の Twitter にこんなつぶやきを載せた．「「新しい公共」が一人歩きをはじめました．こんなに嬉しいことはありません．私に「裸踊り」をさせて下さったみなさん，有り難うございます．その私に続いて「裸踊り」をしようと立ち上がって下さったみなさん，有り難う．この伝播力が必ず社会を大きく動かすでしょう」(図 7-31)．いささか意味不明の文章である．「裸踊り」とは何だろう？と首をかしげた読者が多かった．この疑問に答えて，翌朝鳩山氏は再びつぶやきを載せた．「「裸踊り」答えはこの動画にあります．http://bit.ly/aP3bhd 官だけでなく国民全体が公共を担う「新しい公共」の理念．私はその理念と共に，動画の中の青年のように，踊り続けていきたいと思います」．示された URL をクリックすると，リンク先は，デレク・シヴァーズというアメリカの社会運動家の「社会運動はどうやって起こすか」というタイトルの講演ビデオ (http://www.youtube.com/watch?v=qdwO1l5nKyg) であった．この講演の中で，シヴァーズは，やはり YouTube にアップされている Sasquatch music festival 2009 - Guy starts dance party (http://www.youtube.com/watch?v=GA8z7f7a2Pk) という音楽祭の記録ビデオを引用している (図 7-32)．この音楽祭の最中，観客のひとりが立ち上がって踊り出す．するとやがて，彼に続いて踊り出すものが現れ，踊りは次第に観客全員に伝播していく．シヴァーズは，この模様を紹介しながら，新しいことを始めた者に，フォロワーがつくことによって，大きな社会運動が起こる，と主張するのである．
　鳩山氏はどうやら，自分をこの最初に踊り出した男性に，そして国民をそれに呼応して踊り出した観客たちになぞらえたものであるらしい．しかし，それは必ずしも彼のフォロワーたちにさえ伝わらなかった．一般の人びとだったらなおさらだろう．
　ネットの情報伝播力に過剰に期待すると失敗しがちであることに留意する必要がある．

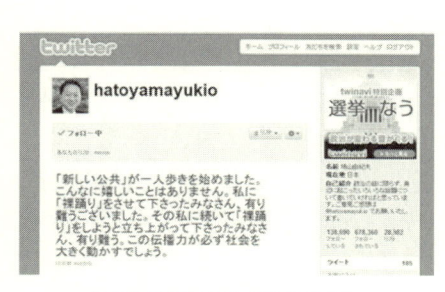

(2010年6月15日の書き込み)　　　　　　　　（2010年6月16日の書き込み）

図 7-31　鳩山さんの失敗

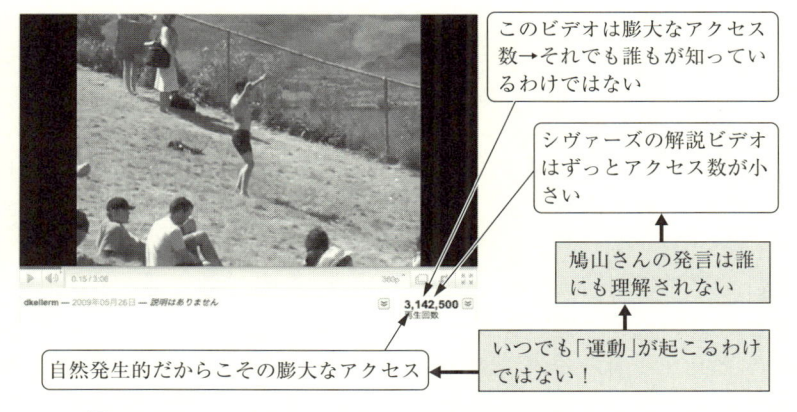

図 7-32　Sasquatch music festival 2009 - Guy starts dance party
（http://www.youtube.com/watch?v=GA8z7f7a2Pk）と鳩山発言

マクロ・ジャーナリズムの再構成

　前項に述べたような問題が生じるのは，TwitterやSNSなどのソーシャルメディアのジャーナリズム機能が，現状ではミクロに偏っていることから来る．すなわち，先にも述べたように，ソーシャルメディア上で集積される情報は，つねに個人に特化する．それがメリットであるが，同時に自分にとって日頃興味関心の薄い事柄は，自然と視野に

入ってこないリスクも生じる．いわば，個人の情報空間が個人化するのである．このようなジャーナリズムを「ミクロ・ジャーナリズム」と呼ぶことができよう．

既存マスメディアは，この反対に，すべての人に一律に同じ情報を伝えることで，「想像の共同体」を構成してきた．今日の既存マスメディアの弱体化は，したがって，まさに，グロバリゼーションにともなう「想像の共同体」＝「国家」のゆらぎとも共振しているといえる．

現状の「国家」が最適なシステムであるか否かは別として，人は，何らかの共同性なしには生きられない（生きられるかもしれないが，それはマンハイムのいう「甲羅を剥がれた蟹」の状態に生きることであり，きわめて苛酷な状態を生きることになる恐れが強い）．

共同性を確保するには，その条件として，人びとがその共同性の核となる情報を共有する必要がある．この共有すべき情報の提供をマクロ・ジャーナリズムと呼ぶならば，マクロ・ジャーナリズムをどのように確保するのかは，忘れてはならない現代の重要課題である．

間メディア的ミクロ-マクロ・ジャーナリズムの創出へ向けて

ただし，ここで注意すべきは，ミクロ・ジャーナリズムとマクロ・ジャーナリズムは決して背反するものではない，ということである．これまで，（主としてメディア技術の制約によって）マクロ・ジャーナリズムばかりがジャーナリズムとみなされてきた．インターネットの日常化は，これまでになかった新鮮なジャーナリズムとして，ミクロ・ジャーナリズムを急速に発展させてきた．

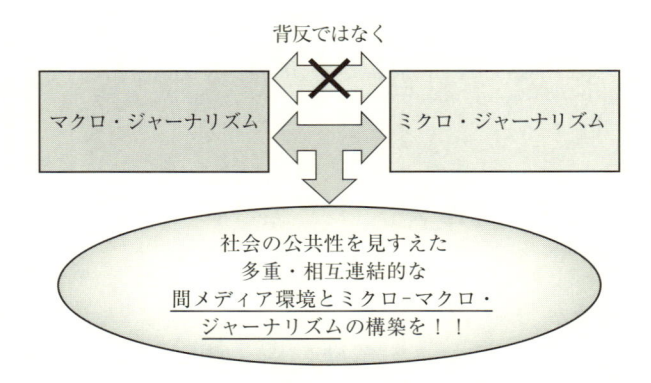

図7-33 間メディア環境を活かしたミクロ-マクロ・ジャーナリズムへ向けて

7. 間メディア社会のジャーナリズム　241

　次の段階は，ミクロ・ジャーナリズムとマクロ・ジャーナリズムを連結させることによって，「個人の自由」と「人びとの共同性」とをつなぐことである．そのために，われわれは，対面コミュニケーション，印刷媒体，電波媒体，デジタル媒体，ネット媒体などさまざまなメディアを，多重・相互連結的に使うことのできる間メディア環境を，すでに手に入れている．

　本書でも紹介してきたように，さまざまな新しい試みも始まっている．間メディア環境を十分に活かしたミクロ–マクロ・ジャーナリズムによって，社会の公共性を再構築することがわれわれに課せられた急務であろう．

注

序章

1. Bolter & Gromala（2003: 9）．ただし，訳文では「メディア」は「デジタル作品」とされている（帯では「メディア」）．
2. 同上．
3. 「間メディア性」が，よく言われる「マルチメディア」や「クロスメディア」とは異なることがおわかりいただけるだろう．

第1章

1. http://www.library.cornell.edu/olinuris/ref/fdrfire.jpg
2. JACAR（アジア歴史資料センター）Ref.B02030751600（第1画像目），8 対米外交関係主要資料集 第二巻（附録一巻補遺）3「(24) 昭和十五年十二月二十九日 日独伊三国ノ新秩序建設ニ言及セル「ルーズヴェルト」ノ炉辺談話」（外務省外交史料館）(http://www.jacar.go.jp/nichibei/popup/19401228a.html)
3. アジア歴史資料センター（http://www.jacar.go.jp/nichibei/popup/19401228a.html）
4. http://pcl.stanford.edu/campaigns/campaign2004（2005.1.31時点）
5. http://people-press.org/commentary/display.php3?AnalysisID=99
6. The Project for Excellence in Journalism, "PEJ Campaign Coverage Index: March 17-23, 2007: The Pastor, The Candidate, And The Speech Lead The News"（http://www.journalism.org/node/10319）（「2007」は原文のまま．「2008」の誤記と思われる）
7. http://www.itu.int/ITU-D/ict/statistics/
8. "Internet's Broader Role in Campaign 2008: Social Networking and Online Videos Take Off（Released: January 11, 2008）(http://people-press.org/reports/display.php3?ReportID=384)
9. MySpace会社概要資料（http://creative.myspace.com/jpn/myspacejapanpr/，2008.3.30閲覧）を参考とした．また，日本では2006年11月に「MySpace

Japan」をスタート，日本の独自サービスとして，携帯電話向けサービス「MySpaceモバイル」を2007年9月よりスタートした．
10. http://www.youtube.com/watch?v=7kPpRb1oK2Y，YouTube掲載：2008.3.1，再生回数：28,207（2008.4.26時点）
11. http://youtube.com/watch?v=4l4_jMyV3mY，YouTube掲載：2008.3.3，再生回数：164,103（2008.4.26時点）
12. http://www.youtube.com/watch?v=dOxaYKHJu3k&NR=1，YouTube掲載：2008.3.8，再生回数：182,595．2008年3月8日Fox News，http://www.youtube.com/watch?v=Xw75Gz9jDz0などのバージョンもある．
13. http://www.youtube.com/watch?v=08hNCjNdGHw，YouTube掲載：2008.3.1，再生回数：52,371（2008.4.26時点）
14. http://www.youtube.com/watch?v=DMs-p5y6cvo，YouTube掲載：2008.2.9，再生回数：7,017,862（2008.4.30時点）
15. http://www.youtube.com/watch?v=jjXyqcx-mYY，YouTube掲載：2008.2.2，再生回数：7,230,287（2008.5.2時点）
16. http://www.youtube.com/watch?v=ghSJsEVf0pU，YouTube掲載：08.2.29，再生回数：1,340,112（2008.5.2時点）
17. http://www.youtube.com/watch?v=3gwqEneBKUs，YouTube再生回数：1,652,758（2008.5.2時点）
18. 時事通信（http://www.jiji.com/jc/zc?k=200804/2008042200681）
19. http://www.hillaryclinton.com/（現在は見られない）
20. 最初のピープルパワーは，1986年にマルコス大統領を失脚させた．
21. 朝鮮日報オンライン版「韓中日，歴史めぐり「サイバー三国志」展開」（2004.4.14）（http://www.chosunonline.com/article/20040114000080）
22. 2008年5月1日現在，この動画は見られなくなっている．

第2章

1. 2002年には，「OKウェブ」（http://www.okweb.ne.jp/uc_ok.html），「パワー・トゥ・ザ・ピープル」（http://www.ptp.co.jp/），「Vote ジャパン」（http://www.vote.co.jp/），「みんな特派員」（http://www.mailvision.jp/culture/tokuhain/ind），「Newsで投票！」（http://www.mailvision.jp/culture/news/index.html）などが創設された．しかし，2004年ごろ，多くのサイトがサービスを終了し，2009年11月現在，このときの事業を続けているサイトはない．
2. http://www.kantei.go.jp/jp/singi/utukusii/abespeech/165.html
3. 前節で記述．

4. http://society3.2ch.net/test/read.cgi/giin/1141823799/
5. http://www.youtube.com/watch?v=unOnIAxAX5s
6. http://www.senkyo.janjan.jp/senkyo_news/0810/0810270273/1.php
7. 遠藤による聞き取り．
8. http://www.reuters.co.jp/financeNewsArticle.jhtml?type=marketsNews&storyID=9461099
9. 「2007自民党総裁選 麻生太郎氏再び秋葉原で演説 1/2」（http://www.youtube.com/watch?v=455QkcJzfpw）より，遠藤がテキストに起こした．段落替えなども，遠藤による（閲覧：2010.2.14）．
10. 国際漫画賞（International MANGA Award）は，2007年5月，当時外務大臣であった麻生太郎の発案によって創設された．第1回の公募には，世界26ヵ国および地域より146作品の応募があり，最優秀賞には李志清（Lee Chi Ching, 43才，中国（香港））の『孫子兵法（Sun Zi's Tactics）』が選ばれた（参照：「国際漫画賞」http://www.manga-award.jp/jp/，2010.2.14閲覧）．
11. 2010年，法廷に立った被告は，こうした見方を否定した．
12. 同様の悲劇として，ロンドン同時爆発事件やジョージア工科大学乱射事件などがある．

第3章

1. White/Anglo-Saxon/Protestant. アメリカでは，アングロサクソン系の白人でプロテスタントの信者が，社会的に優位な地位を占めると考えられている．
2. 遠藤（2008a）参照．
3. 「民主・簗瀬参院国対委員長『内閣はダッチロール』」（2008.11.7 18:39）

　　民主党の簗瀬進参院国対委員長は7日の記者会見で，麻生太郎首相や閣僚の間で定額給付金の所得制限への見解が分かれていることについて「首相が記者会見で（全所帯対象だと）明言したことが崩れているのに，そのことに閣僚が問題意識を持っていない」と批判した．その上で，追加経済対策を裏付ける平成20年度第2次補正予算案の提出時期が決まっていないことに関し，「（麻生内閣発足後）1カ月たったところで完全にダッチロールに陥っているとの印象を持たざるを得ない」と指摘した．（http://sankei.jp.msn.com/politics/situation/081107/stt0811071840003-n1.htm）

4. 遠藤による聞き取り．
5. 遠藤による聞き取り（トーク時間は約58秒）．
6. 総時間の検出は，SPIDER PROシステムによる．
7. 「間メディア社会研究会調査」とは，遠藤が主査を務める研究会である「間メ

ディア社会研究会」が主体となって行った調査で，これまで，2009年9月1日（衆議院選直後）と2010年7月12日（参議院選直後）に実施した，インターネットによるモニター調査．サンプル数1000．
8. 新聞，テレビ，ネットのそれぞれについて，ELNET, SPIDER PRO, クチコミ@係長の各システムを利用して，関連記事数データを抽出した．
9. 「間メディア社会研究会調査」の調査概要は以下のとおり：
   調査主体：間メディア社会研究会（主査：遠藤薫）
   調査方法：インターネット調査（モニター調査）
   調査時期：2009年8月31日〜9月1日
   サンプル数：1000人（20代〜60代の各年代毎に200人）
10. 詳細については，「2008年インターネット利用に関する実態調査」報告書（http://www.soc.toyo.ac.jp/~mikami/wip/year2008.html からも入手可能）参照．
11. 重要度については，「非常に重要」を2点，「ある程度重要」を1点，「あまり重要でない」を−1点，「全く重要でない」を−2点として平均をとった．信頼度についても，「非常に信頼」を2点，「ある程度信頼」を1点，「あまり信頼しない」を−1点，「全く信頼しない」を−2点として平均をとった．

第4章

1. 調査主体：間メディア社会研究会（主査：遠藤薫）
   調査方法：インターネット調査（モニター調査）
   調査時期：2010年7月12日
   サンプル数：1000人（20代〜60代の各年代毎に200人）
2. ライブ動画配信サービスともいう．
3. 2009年2月サービス開始．ピグ（アバター）により，仮想世界内でチャットを楽しむ．仮想空間サービスとしては，2003年にリンデンラボ社によってサービスが開始された「セカンドライフ」が有名だが，必ずしも成功していない．これに比べて，サイバーピグは短期間に多くの会員を集めた．

ネットレイティングス社による利用者数推移（データ出所：ネットレイティングス，2010年6月29日付プレスリリース，http://www.netratings.co.jp/New_news/News06292010.htm）

第5章

1. 2009年12月14日付デイリーニュース，"President Obama tells Oprah Winfrey: I deserve a B+ for my first 11 months in White House"（http://www.msnbc.msn.com/id/38570401/）
2. "Obama's backup birthday date: Oprah Winfrey", NBC, msnbc.com and news services, updated 8/5/2010 5:10:59 AM ET（http://www.msnbc.msn.com/id/38570401/）
3. 遠藤による抜粋．訳文は，在日アメリカ大使館が公表しているもの（http://tokyo.usembassy.gov/j/p/tpj-20090405-77.html）を参考にした．
4. 現職のうちにノーベル平和賞を受賞したのは，韓国の金大中氏に続いて二人目．アメリカ大統領としては，カーター大統領に続いて二人目のノーベル平和賞受賞．
5. "Obama's Inaugural Week: Heavy Media Focus Turns from Symbols to Substance" by Mark Jurkowitz, Associate Director, Project for Excellence in Journalism, January 28, 2009（http://pewresearch.org/pubs/1094/obama-inauguration-media-style-and-substance）
6. 広瀬淳子（2010）「【アメリカ】医療保険改革法成立」国立国会図書館調査及び立法考査局（http://www.ndl.go.jp/jp/data/publication/legis/pdf/02430101.pdf）
7. データ出所：Wikipedia（in English）"United States midterm election"（http://en.wikipedia.org/wiki/United_States_midterm_election，2010.10.25 閲覧）

8. http://www.rasmussenreports.com/public_content/politics/current_events/healthcare/september_2009/health_care_reform
9. ワシントン・ポスト記事（2010年3月23日）による。(http://voices.washingtonpost.com/ezra-klein/2010/03/poll_health-care_reform_more_p.html)
10. USA TODAY記事（2010年3月23日）による。(http://www.usatoday.com/news/washington/2010-03-23-health-poll-favorable_N.htm)
11. 2010年10月2日開催（http://action.onenationworkingtogether.org/content/main）。
12. 1971年に結党。アメリカで第三の勢力を持つ政党。
13. http://nolan.jimeyer.org/nolan_example.php（2010.10.19閲覧）
14. April 14, 2010 "Poll Finds Tea Party Backers: Wealthier and More Educated" (http://www.nytimes.com/2010/04/15/us/politics/15poll.html?ref=todayspaper)
15. "Obama in Command: The Rolling Stone Interview" By Jann S. Wenner, Sep 28, 2010 (http://www.rollingstone.com/politics/news/17390/209395#)
16. http://www.google.com/hostednews/ap/article/ALeqM5iUnU9CszhOoerD2A3eFBalXIBrQD9IQC0TG0?docId=D9IQC0TG0
17. "From witches to 'Aqua Buddha': why Election 2010 ads are so outrageous" (http://www.csmonitor.com/USA/Election-2010/Vox-News/2010/1019/From-witches-to-Aqua-Buddha-why-Election-2010-ads-are-so-outrageous)
18. "Negative Ads Prominent, Increasing in Number, but 2010 No More Negative than Previous Election Year", Oct. 14, 2010, (http://election-ad.research.wesleyan.edu/2010/10/14/release3, 2010.10.27閲覧)
19. 同上。
20. Thursday, Aug. 19, 2010 "TIME Poll: Majority Oppose Mosque, Many Distrust Muslims" By Alex Altman (http://www.time.com/time/printout/0,8816,2011799,00.html)
21. September 10, 2010 "Press Conference by President Obama" (http://www.whitehouse.gov/the-press-office/2010/09/10/press-conference-president-obama)
22. Wesleyan Media Project, "Ad Spending in Federal and Gubernatorial Races in 2010 Eclipses $1 Billion; $250M in Last Two Weeks Alone", Oct. 27, 2010 by efowler (http://election-ad.research.wesleyan.edu/2010/10/27/spending-update/)
23. 原語は"coordinated"。

24. "Moving America Forward: Philadelphia" 2010年10月11日 (http://www.youtube.com/watch?v=mZrLvKTJO8A)
25. "Jon Stewart rally - as it happened" (http://www.guardian.co.uk/world/2010/oct/30/jon-stewart-rally-restore-sanity)

第6章

1. http://law.e-gov.go.jp/htmldata/S25/S25HO100.html (2010.9.7時点)
2. Internet Watch, 2005.9.2, 「民主党, 選挙期間中のネット利用について総務省に質問状を送付」(http://internet.watch.impress.co.jp/cda/news/2005/09/02/9013.html)
3. ただし, 彼の議論には, 近代初期を理想化しすぎているなど, 明らかな問題点も指摘されている. 彼に対する批判については, たとえばThompson (1995) などに, 簡潔にまとめられている.
4. IT時代の選挙運動に関する研究会『IT時代の選挙運動に関する研究会－報告書－』2002, pp.5-6.; 三輪 (2006)
5. 同上.
6. 平成十六年六月九日提出質問第一五一号「インターネットを利用した政権公約 (マニフェスト) の報道に関する質問主意書」など.
7. 『NHK首都圏ニュース』の放送内容:

   　　今月8日に投票が行われる東京都知事選挙の, 特定の候補者の政見放送を複製した映像が, インターネットのホームページに掲載され, 東京都選挙管理委員会はほかの候補者との公平性が保てないとして, このホームページを運営するアメリカの会社に, 映像を削除するよう要請しました. 要請を受けたのは, アメリカのホームページ運営会社「ユーチューブ」です.
   　　「ユーチューブ」は, 利用者が撮影した映像を自由に掲載できるホームページを運営していますが, 東京都選挙管理委員会によりますと, 先月末から東京都知事選挙の特定の候補者の政見放送を複製した映像が掲載されるようになり, その数はこれまでに確認できただけで, 43にのぼるということです.
   　　政見放送は, 公職選挙法であらかじめ決められた方法や回数を守って流すよう義務づけられていますが, このホームページでは, 映像を自由に何度でも見ることができるようになっています.
   　　このため東京都選挙管理委員会は, ほかの候補者との公平性が保てないとして, 5日, 「ユーチューブ」に対して映像を削除するよう要請しました.
   (2007.4.5 佐藤秀都, 「YouTubeに外山恒一氏政見放送削除要請」(http://

注　249

　　　　blog.livedoor.jp/y0780121/archives/50132293.html，2010.01.22閲覧))
8. http://pcl.stanford.edu/campaigns/campaign2004 (2005.1.31時点)
9. http://people-press.org/report/396/campaign-seen-as-less-negative-than-2004-contest
10. パリス・ヒルトンは，もともとは共和党支持だったといわれるが，このマケインCMに対しては，嘲笑的なパロディ動画を直ちに制作し，膨大なアクセスを集めた．
11. The Pew Research Center for the People & the Press，"Campaign Seen As Increasingly Negative: McCain Ads Seen as Less Truthful"，October 16, 2008 (http://people-press.org/report/461/campaign-increasingly-negative)
12. 反対に，当選してほしくない候補者の対立候補に投票することを「ネガティブ投票」という．
13. PewResearchCenter Publications, "Some Final Thoughts on Campaign '08"，December 8, 2008 (http://pewresearch.org/pubs/1049/some-final-thoughts-on-campaign-08)
14. 「アメリカにおけるインターネット選挙運動の歴史」(http://www.toyokeizai.net/business/society/detail/AC/2699d66e213c66cb3b4a89417336d1b1/page/1/)参照．

終章

1. 筆者も討論者として出演した．
2. 世界で10数カ国の研究チームが参加しているインターネット利用動向調査の国際プロジェクト．2000年からほぼ毎年調査を行っている．日本チームの代表は，三上俊治（東洋大学）．WIPに関する調査は，http://www.soc.toyo.ac.jp/~mikami/wip/．
3. （修）は4点法に修正したことを示す．
4. WIP調査参照．
5. 2010年9月9日現在，菅内閣はまだメルマガを発行していない．
6. 首相辞任後の2010年9月9日現在，フォロワーはさらに677,401人に増えている．フォロワー数と支持率の増減は必ずしも一致しない．
7. http://www.ustream.tv/channel/dpj-channel
8. http://www.ustream.tv/channel/videonews-com-live#utm_campaigne=synclickback&source=http://www.videonews.com/press-club/0804/001533.php&medium=2902209
9. http://live.nicovideo.jp/watch/lv25683172
10. http://www.donorschoose.org/

参考文献

序章

Bolter, Jay David and Gromala, Diane, 2003, *Windows and Mirrors: Interaction Design, Digital Aets, and Myth of Transparency*, Massachusetts: MIT Press. (＝2007, 田畑暁生訳『メディアは透明になるべきか』NTT出版.)

遠藤薫編著, 2002, 『環境としての情報空間——社会的コミュニケーションの理論とデザイン』アグネ承風社.

大石裕編, 2006, 『ジャーナリズムと権力』世界思想社.

第1章

遠藤薫編著, 2004, 『インターネットと〈世論〉形成——間メディア的言説の連鎖と抗争』東京電機大学出版局.

———, 2007, 『間メディア社会と〈世論〉形成——TV・ネット・劇場社会』東京電機大学出版局.

———, 2008, 『ネットメディアと〈コミュニティ〉形成』東京電機大学出版局.

The PEW Research Center, Released: January 11, 2008, "Internet's Broader Role in Campaign 2008: Social Networking and Online Videos Take Off" (http://people-press.org/reports/display.php3?ReportID=384).

Thompson, John B., 1995, *THE MEDIA AND MODERNITY: A SOCIAL THEORY OF THE MEDIA*, Cambridge: Polity Press.

第2章

Bolter, Jay David and Gromala, Diane, 2003, *Windows and Mirrors: Interaction Design, Digital Aets, and Myth of Transparency*, Massachusetts: MIT Press. (＝2007, 田畑暁生訳『メディアは透明になるべきか』NTT出版.)

Ehrenreich, Barbara, 2001, *Nickel and Dimed: On (Not) Getting By in America*, (＝2006, 曽田和子訳『ニッケル・アンド・ダイムド——アメリカ下流社会の現実』東洋経済新報社.)

遠藤薫，2000，『電子社会論——電子的想像力のリアリティと社会変容』実教出版．
大石裕編，2006，『ジャーナリズムと権力』世界思想社．
Thompson, John B., 1995, *THE MEDIA AND MODERNITY: A SOCIAL THEORY OF THE MEDIA*, Cambridge: Polity Press.

第3章

遠藤薫編著，2004，『インターネットと〈世論〉形成——間メディア的言説の連鎖と抗争』東京電機大学出版局．
————，2007，『間メディア社会と〈世論〉形成——TV・ネット・劇場社会』東京電機大学出版局．
————，2008a，「メディア変動と世論過程——〈私〉としての〈コイズミ〉，〈世論〉としての〈コイズミ〉」NHK放送文化研究所編『現代社会とメディア・家族・世代』新曜社，156-180．
————，2008b，「ネット映像メディアと米大統領予備選2008」朝日新聞社『朝日総研AIR21』2008年6月号，25-59．
————，2009a，「インターネットと流行現象——〈熱狂〉はどのように生まれるか」『日本情報経営学会誌』31(1): 3-12．
————，2009b，『メタ複製技術時代の文化と政治——社会変動をどう捉えるか2』勁草書房．

第6章

遠藤薫，2000，『電子社会論——電子的想像力のリアリティと社会変容』実教出版．
————，2004，『インターネットと〈世論〉形成——間メディア的言説の連鎖と抗争』東京電機大学出版局．
————，2007，『間メディア社会と〈世論〉形成——TV・ネット・劇場社会』東京電機大学出版局．
————，2009，『メタ複製技術時代の文化と政治——社会変動をどうとらえるか』勁草書房．
IT選挙運動研究会編，2003，『IT社会における選挙運動・選挙管理』国政情報センター出版局．
国立国会図書館 政治議会課（三輪和宏），2006a，「我が国のインターネット選挙運動——の規制と改革」国立国会図書館『調査と情報—ISSUE BRIEF』No.517（http://www.ndl.go.jp/jp/data/publication/issue/0517.pdf）．
————，2006b，「諸外国のインターネット選挙運動」国立国会図書館『調査と情報—ISSUE BRIEF』No.518（http://www.ndl.go.jp/jp/data/publication/issue/0518.pdf）．

国立国会図書館 調査及び立法考査局, 2009, 「国政課題の概要—第171回国会—」国立国会図書館 調査及び立法考査局『調査と情報—ISSUE BRIEF』No.629 (http://www.ndl.go.jp/jp/data/publication/issue/0629.pdf).
PEW Research Center, 2008a, "Gore, Edwards Endorsements Would Have Modest Impact: CAMPAIGN SEEN AS LESS NEGATIVE THAN 2004 CONTEST" (http://people-press.org/reports/pdf/396.pdf).
―――, 2008b, "McCain Ads Seen as Less Truthful: CAMPAIGN SEEN AS INCREASINGLY NEGATIVE" (http://people-press.org/reports/pdf/461.pdf).
白井京, 2006, 「韓国の公職選挙法におけるインターネット関連規定」国立国会図書館調査及び立法考査局調査企画課『外国の立法 227 (2006.2)』(http://www.ndl.go.jp/jp/data/publication/legis/227/022706.pdf).
渡辺豊, 2007, 「インターネットと選挙運動」『RESEARCH BUREAU 論究 (第4号)』229-244.

終章

原田武夫, 2003, 『劇場政治を超えて――ドイツと日本』ちくま新書.
金井辰樹, 2003, 『マニフェスト――新しい政治の潮流』光文社新書.
御厨貴, 2006, 『ニヒリズムの宰相　小泉純一郎論』PHP新書.
サミュエル・ポプキン／蒲島郁夫／谷口将紀編, 2008, 『政治空間の変容と政策革新5 メディアが変える政治』東京大学出版会.
Thompson, John B., 2000, *Political Scandal: POWER AND VISIBILITY IN THE MEDIA AGE*, Cambridge: Polity Press.
上村敏之・田中宏樹編著, 2006, 『「小泉改革」とは何だったのか』日本評論社.

あとがき

　本書を脱稿した2010年秋以降，立て続けに大きな事件が起こっている．
　たとえば，尖閣ビデオ流出事件であり，WikiLeaks事件である．
　さらに，2010年末にはチュニジアでジャスミン革命が起こり，続いて近隣アラブ諸国で独裁政権に対する抗議行動が連鎖的に発生した．その結果，エジプトのムバラク政権も倒れた．
　そして，3月11日，マグニチュード9.0という巨大地震が東北から関東にかけての広い範囲を襲い，津波による被害は目を覆うばかりである．しかもこの地震の影響で，福島の原子力発電所で事故が起こっている．われわれはいままさに歴史的な激動の中にいる．
　激動の中で，社会の注目を集めているのが，本書でも取り上げた，一般にソーシャルメディアと呼ばれているインターネット上のサービスである．ソーシャルメディアは，個々人からの情報発信を集積し，配信する．そのことによって，人びとが互いに情報を共有し，心を重ね合い，ともに困難な現実に立ち向かうためのツールとなる（時によっては，自らを傷つける刃ともなる）．
　私たちは，ソーシャルメディアについて，さらにその特性——機能と逆機能——を知り，公共社会のために役立てる方法を考えていかなければならない．
　刻々と変化する災害情報を，一人一人の肉声で告げるTwitterのタイムラインから知りながら，あらためてメディア研究の重要性をひしひしと感じている．

　本書もまた，編集部の坂元真理さんにはたいへんお世話になった．坂元さんは，本書執筆中に松崎さんから坂元さんにお名前が代わった．この場を借りてお祝いを申しあげます．
　また同じく，いつも支えてくれている家族にも感謝を述べたいと思う．

2011年3月　東北関東大震災のさなかで
遠藤　薫

索引

英数字

2008年アメリカ大統領選挙　1, 145, 191
2009年総選挙　64, 82
2009年日本衆議院選挙　1, 133
2010年アメリカ中間選挙　1, 160, 171, 175
2010年日本参議院選挙　1, 112
2ちゃんねる　50, 107, 212
386時代　40

AKB48　208

Cool Japan　57

DonorsChoose.org　237

e国政　136

Facebook　141, 143
fireside chats　5, 147

Google 未来のためのQ&A　98
Google 未来を選ぼう　136

Huffignton Post　227

JANJAN ザ・選挙　136

KY（空気読めない）　48

LOVE JAPAN　98, 136

MySpace　20

Politico　227

SNS　20, 69, 133

Twitter　69, 98, 133, 138, 141, 209, 212

Usenet　180
User Generated Journalism　230
Ustream　69, 113, 134, 209, 212, 236

visibility　11, 13

WELL　180
WikiLeaks　6
WIP（World Internet Project）　215
Wired President　149

Yahoo! みんなの政治　98, 136, 185
Yes We Can　31, 150
YouChoose '08　21
YouTube　20, 69, 96, 133, 141, 184
YouTube 日本の政治　98

あ

秋葉原　53, 55
朝まで生テレビ　44
あなたとは違うんです　49

意思決定　　102, 117
医療保険改革法　　158
医療保険制度改革　　157, 163, 166, 173
インターネット　　7, 14, 92, 95, 133, 179, 215, 236
インターネット選挙　　196

ヴァーチャル・コミュニティ　　180
ウィル・アイ・アム　　31, 150
美しい日本　　47
映像コミュニケーション　　145

大きな政府　　173
オープン・ガバメント　　3
オタク文化　　56
お父さん犬（白戸次郎）　　208
オバマ・ガール　　29
オプラ・ウィンフリー　　150

か

可視性（visibility）　　11, 13
過剰報道　　220
勝手に応援　　32
過熱報道　　84
間メディア環境　　11, 33, 127
間メディア社会　　1, 110, 179, 210
間メディア社会研究会調査
　　間メディア調査 2009　　87, 93, 102, 105, 106, 109, 126, 187, 197
　　間メディア調査 2010　　114, 117, 125, 197, 202
間メディア性　　108, 129
間メディア的　　209, 212
間メディア分析　　70

希少性　　213, 219, 223

草の根（グラスルーツ）　　32, 167
草の根民主主義　　32, 167
グローバリゼーション　　68, 69

経営悪化　　223
景気対策法　　156
経済産業省アイディアボックス　　213, 234
激笑 裏マスメディア　　212
劇場型犯罪　　60
激震 マスメディア　　212

小泉政権　　44
公共性　　218, 220
広告収入　　223
広告費　　175
公職選挙法　　95, 144, 179, 196
公正性　　220
広報戦略　　10, 19
コーヒーパーティ運動　　169
国際的信頼感　　154
小口献金　　201

さ

ザ・コルベール・レポート　　177
ザ・政治　　98
ザ・デイリー・ショー　　177
サイバー三国志　　41
酒井法子　　83, 107, 220

事業仕分け　　133, 211
市場原理　　218
市場の失敗　　218
支持率　　71, 72, 159, 162
失業率　　161
ジャーナリズム　　3, 213
社会変動因子　　65
重要性認識　　121, 125
重要度　　94
少額の献金　　8, 136
象徴的身体　　43, 155
情報源　　14, 92, 105, 127, 136, 215
情報の公開性　　211
人種主義的　　172
信頼度　　94

政権交代　65, 70, 83, 90
政権選択　70, 81, 83
政治主導　133
政治的祭儀　36
政治的身体　43, 155
セレブ　145
選挙ウォッチ2009　98
選挙用サイト　95

相関分析　108
総選挙はてな　185
装置産業　223
ソーシャル・コミュニケーション空間　94
ソーシャル・ネットワーキング・サービス
　（SNS）　20, 69, 133
ソーシャルメディア　3, 69, 133, 139,
　145, 209, 225, 239
ソフトパワー　57

た
ダダ漏れ　134, 213
脱権威化　214
太郎ちゃんねる　62

チベット報道　41
地方首長選挙　74
直接民主制　199

椿発言　44

ティーパーティ運動　166, 167, 169, 170
デジタル・デバイド　199

動画共有サイト　20, 133
東京都議会議員選挙　74
投票行動　102

な
生中継　236
ニコニコ動画　63, 96
ニコニコ生放送　113, 134, 236

ニュースサイト　14, 105, 127, 139
ニュースステーション　44
ニューハンプシャー演説　31

ネオリベラリズム　66, 67, 68
ネガティブ・キャンペーン　8, 36, 171, 186
ネガティブCM　188
ねじれ国会　48, 114
ネチズン　144
ネットメディア　6, 20, 45
ネットルーツ　3, 145, 167
年代　216

は
パロディ動画　36
ハワード・デレク　151
反ネガティブ・キャンペーン　192
反捕鯨活動団体　41

比較広告　189
ひな菊を摘む少女（Daisy Girl）　189

プラハ演説　152
フレーミング　70, 79, 82, 83
ブログ　9, 47, 107, 133

報道バイアス　220
ポジティブ投票　195
ボランティア要員　8

ま
マクロ・ジャーナリズム　240
マスメディアのオンライン化　225
マニフェスト　70, 83, 84, 90, 106, 118
マニフェストマッチ　98

ミクロ・ジャーナリズム　240
ミクロ−マクロ・ジャーナリズム　241

メールマガジン　45
メディア交代　218

メディア・バイアス　82
メディア・ポピュリズム　36
メディア・ポリティクス　2，63
メディア・リテラシー　96
メディアに対する重要度認識　125
メディア露出　13，86

森政権　44
文科省政策創造エンジン　熟議カケアイ
　　213，214

や・ら・わ
有害番組　220
郵政選挙　54，66，82
有料化　226

楽天 LOVE JAPAN　136

リバタリアニズム　169
リバタリアン　171
リベラリズム　169
リベラル　171
倫理綱領　218

炉辺談話（fireside chats）　5，147

ワーキングプア　60

【著者紹介】

遠藤　薫（えんどう・かおる）

略歴　東京大学教養学部基礎科学科卒業（1977年），東京工業大学大学院理工学研究科博士課程修了（1993年），博士（学術）．
信州大学人文学部助教授（1993年），東京工業大学大学院社会理工学研究科助教授（1996年）を経て，学習院大学法学部教授（2003年～現在）．日本学術会議連携会員．

専門　理論社会学（社会システム論），社会情報学，文化論，社会シミュレーション

著書　『書物と映像の未来――グーグル化する世界の知の課題とは』（共編著，2010年，岩波書店），『社会変動をどうとらえるか1巻～4巻』（2009～2010年，勁草書房），『ネットメディアと〈コミュニティ〉形成』（編著，2008年，東京電機大学出版局），『間メディア社会と〈世論〉形成――TV・ネット・劇場社会』（2007年，同），『グローバリゼーションと文化変容――音楽，ファッション，労働からみる世界』（編著，2007年，世界思想社），『インターネットと〈世論〉形成――間メディア的言説の連鎖と抗争』（編著，2004年，東京電機大学出版局），『環境としての情報空間――社会的コミュニケーション・プロセスの理論とデザイン』（編著，2002年，アグネ承風社），『電子社会論――電子的想像力のリアリティと社会変容』（2000年，実教出版），ほか多数．

間メディア社会における〈世論〉と〈選挙〉
日米政権交代に見るメディア・ポリティクス

2011年 5月10日　第1版1刷発行　　　ISBN 978-4-501-62670-9 C3036

著　者　遠藤　薫
　　　　© Endo Kaoru 2011

発行所　学校法人 東京電機大学　〒101-8457　東京都千代田区神田錦町2-2
　　　　東京電機大学出版局　　Tel. 03-5280-3433（営業）　03-5280-3422（編集）
　　　　　　　　　　　　　　　Fax. 03-5280-3563　振替口座 00160-5-71715
　　　　　　　　　　　　　　　http://www.tdupress.jp/

JCOPY　<（社）出版者著作権管理機構 委託出版物>
本書の全部または一部を無断で複写複製（コピーおよび電子化を含む）することは，著作権法上での例外を除いて禁じられています．本書からの複写を希望される場合は，そのつど事前に，（社）出版者著作権管理機構の許諾を得てください．また，本書を代行業者等の第三者に依頼してスキャンやデジタル化をすることはたとえ個人や家庭内での利用であっても，いっさい認められておりません．
［連絡先］Tel. 03-3513-6969, Fax. 03-3513-6979, E-mail: info@jcopy.or.jp

印刷：三立工芸㈱　　製本：渡辺製本㈱　　装丁：大貫デザイン
落丁・乱丁本はお取り替えいたします．　　　　　　　　　Printed in Japan